建築家のための耐震設計教本 新訂版

日本建築家協会・耐震総合安全機構 編

彰国社

「建築家のための耐震設計教本　新訂版」編集委員会

委員
浅野美次、安達和男、大越俊男、庫川尚益、黒田渉、中田準一、平山昌宏、深澤義和

執筆者一覧
浅野美次（日建ハウジングシステム）
安達和男（日本設計）
阿部一尋（AB住計画一級建築士事務所）
阿部芳文（日本設計）
荒　真一（織本構造設計）
飯田正敏（織本構造設計）
井田　寛（日本設計）
稲生　宏
井上　博（井上博設計事務所）
梅野　岳（久米設計）
大越俊男（東京ソイルリサーチ）
大沢幸雄（FMC）
桂木宏昌（日本設計）
金子美香（清水建設）
菊地　守（アーキタイプ建築設計事務所）
岸﨑孝弘（日欧設計事務所）
庫川尚益（くらかわプラニング設計）
黒田　渉（日本設計）
河野　進（河野進設計事務所）
郡山貞子（郡山建築設計事務所）

輿　　尉（日本設計）
島田喜男（島田建築事務所）
高木恒英（インターセクション）
田部井哲夫（東京ソイルリサーチ）
富松太基（日本設計）
中田準一（前川建築設計事務所）
南條洋雄（南條設計室）
服部範二（KR建築研究所）
平山昌宏（環境システック）
深澤義和（三菱地所設計）
長谷川裕能（日本設計メディカルコア）
平井　堯（元日建設計）
三木　哲（共同設計・五月社一級建築士事務所）
村尾成文（建築家）
森岡茂夫（アルフィ建築デザイン）
山口秋子（織本構造設計）
山崎和広（織本構造設計）
吉川寛文（織本構造設計）
米本孝志（織本構造設計）

コーディネーター
佐藤寿一（耐震総合安全機構）、筒井信也（日本建築家協会）、中田亨（耐震総合安全機構）

装丁・本文基本デザイン
伊原智子（るび・デザインラボ）

推薦のことば

矢野克巳（元耐震総合安全機構代表）

使う人のための耐震

　東日本大震災で私がショックを受けたのは東北6県の「社団法人・高層住宅管理業協会」が発表した被災データである。マンション1,642棟の調査で「建築学会の被災度判定基準」による判定は「大破0棟」で、被災者生活再建支援法に基づく「罹災証明書」の場合は「全壊100棟」であった。この違いは、建築「物」の被害の大きさで計る場合と、住む「人」の立場で判断する場合の違いである。

　これまでも、高層建築の上層階は揺れが激しく人口密度が増えると指摘され、対策を総合的にするべきと言われてきた。東京のような過密大都市は火災被害が大きいと言われているが、建築界の多くは防火に対しては法令に頼るだけであった。

　これらのことを考えると、改善すべき事項は、構造設計者は「揺れから人を守る」ために速度応答値を求め（加速度・変位のみでなく）、適切な水準であることを確認すること、設備設計者は、ライフラインから建築物へ導入・排出するところを十分に備えたうえで、機能保持を目指すことではないか。屋外の主要施設は、建築物が杭打ちならば杭打ち基礎とする対応が必要であろう。また、建築物と周りの地盤との相対変位差も、これまでの想定値が不十分である場合が極めて多いと愚考する。

　建築家は、仕上げ材の耐震性については構造設計者と十分協議検討したうえで対策を決めてほしいと思う。現在の建築は多様である。使用者もまた多様である。老人と若い人では揺れや避難の対応能力に大差がある。したがって、低層階と高層階、揺れやすい地盤、火災危険度の高いまちなどのことを配慮する建築家でないと社会は信頼してくれないであろう。

　医師は人に応じた診断と対策をとる。建築家は、地震に対して法令のみに逃げ込まず、名医と同じく名建築家であってほしいと思う。構造・設備技術者も、法や規準などに逃げ込まず、個別の判断に悩み・苦しみながらベストを尽くす人をパートナーとしてほしい。

　これまで、構造設計者用の耐震教本は数多くあったが、設計、設備、施工などそれぞれの立場から建築を総合的にとらえたこの教本のような本はほとんどなかった。今回、各執筆担当の方々の熱意が、このように素晴らしい本として結実したことを心より慶賀する次第である。

まえがき

中田準一（耐震総合安全機構理事長、元日本建築家協会災害対策委員会委員長）

　本書は、『建築家のための耐震教本（1997年、彰国社）』の新訂版である。本書の初版は、1995年1月17日未明に阪神地区で起こった兵庫県南部地震により引き起こされた阪神・淡路大震災の経験をふまえて、建築家として備えておくべき耐震に関する素養を日本建築家協会（JIA）が総力をあげてまとめたものであった。

　阪神・淡路大震災は、近代都市を襲った巨大地震による災害であり、当時の建築家および建築関連の技術者にとって衝撃的な出来事であった。日本建築家協会は、地震に対し建築を総合的にとらえる必要性があると認識し、構造・設備・建築などをはじめとして建築関連の分野に働きかけ、地震をさまざまな視点からとらえた連続シンポジウムを開き、そこから得た知見を『建築家のための耐震設計教本』としてまとめた。

　このたびの2011年3月11日14時46分に起きた東北地方太平洋沖地震（マグニチュード9）による東日本大震災は、今日まで大地震の震源が予測されなかった東日本の太平洋沖で、南北500km、東西200kmにおよぶ地域の断層が連動して破壊されることによって発生した巨大地震であった。戦後日本の発展に伴い拡大した「まち」や「むら」を震度7の巨大地震が引き起こした津波が襲った。大都会である東京においても震度5強をカウントした。亡くなられた方々1万5,854人、行方不明者3,155人、避難者34万3,935人（2012年3月11日時点）と未曾有の被害をもたらした。被害の範囲は、山間部、沿岸部から平野部、田舎から都市部へと広範囲に広がった。

　また、想定していた以上の地域で液状化が起こった。都心部においては、長周期地震動で超高層ビルも損傷している。建築の駆体の被害は、非構造部材に及んだ。現在の建築を構成する非構造部材のほとんどは、経済の成長や建築生産の近代化に伴って工場で生産され均一化されたもので、工法的にも耐震性能は確保されていたと思われていたが、その多くに多大な損傷がもたらされた。

　戦後の発展に伴って近代化した今日の住環境である「まち」や「建築」が、今回の地震に襲われた。震源地に近いところはもとより離れた首都圏でも、マンション住まいの一般的な問題が一挙に顕在化し、コミュニティーのあり方や高齢化問題までもあぶり出した。インフラが損傷し、帰宅困難者が多数発生し、電化された機能は停止し、日常生活に影響を及ぼす事態を引き起こした。

　今回、初版を刊行した1988年以降、2011年の東日本大震災にいたる経験を踏まえ、新たに明らかになった構造上の問題、東日本大震災で大きな被害をもたらし建築の問題ではないと今日まで横に置いてきた津波の問題、首都圏でも大きな被害になった液状化の問題、および、高層の建物で問題になった長周期地震動を含めて初版の見直しを行い、来たる首都直下地震を見据えての火災に備える地域計画、および、防災上有効なまちづくりの新しい概念やBCP対策を新たに加え、全面的に書き直しを行った。また、インフラとエネルギーの問題および災害時の通信機能についての最新の知見を加え、設備関連の耐震性についても充実を計っている。

　今日の日本は、地震の活動期に入っているといわれ、震度3以上の地震が毎日数度起こっている。首都直下地震はいつ起きてもおかしくないといわれ、その対策が進められている。また、西日本にいても、東海・東南海・南海地震の三運動が起こることを想定して、その対策が検討されている。日本建築家協会と耐震総合安全機構は、耐震性の高い社会環境を築いていく上での一助になればと願い、新たな執筆者を加え、人々の生活環境の整備に関わる建築家・構造家・設備技術者などの専門家を始めとして、一般の人々にも活用していただければとこのたび『建築家のための耐震設計教本』を新訂版として刊行するに至った。

　より安全で安心して住める環境の整備に一歩を踏み出していただけることを願っている。

初版まえがき

池田武邦（日本建築家協会都市災害特別委員会委員長（1997年初版時））

　1995年1月17日午前5時46分阪神・淡路地方を襲った地震による激震域は、六甲山地や淡路島の形成と深く関わっている活断層と海岸線とに沿って、幅1～2km、長さ20～30kmに及ぶ帯状地帯に集中している。その大部分が人口密度の高い都市部と重なっており、6,300人余りの犠牲者のほか、物的被害総額も少なくとも10兆円を超すといわれている。

　建築も都市も、本来人々の生活を守り育むことがその究極の使命であり、その目的を達成することを職能としているのが、私たち建築家である。にもかかわらず、今回の大震災では、その建築、都市自身が一瞬のうちに人々の生活を破壊し、生命を奪う凶器と化してしまった。この現実を私たち建築家は厳粛に受けとめなければならない。

　同時に、30万人を超す被災者の痛みや苦しみ、犠牲者の尊い生命との引換えによって与えられた震災の数々の教訓は、私たち建築家にとっては、決して無にしてはならない、貴重な存在であるということはいうまでもない。

　JIA都市災害特別委員会は、この大自然からの教訓を可能な限り学びとり、これからの建築や都市のあるべき姿を模索し、21世紀への道を求めるために、地震発生直後から独自の活動を展開してきた。

　その間、緊急性の高いものは、そのつど「提言」という形で広く社会に公表してきた。そして1995年10月に阪神・淡路大震災・総括報告会を行い、その内容を191ページに及ぶ報告書にまとめた。また、ほとんど同時期に建築家・クライアントのための耐震補強セミナーを行い、それも160ページのQ＆A形式のテキストにまとめた。しかし、今回の震災を調査する過程で改めて関東大震災をはじめ、近年の地震の記録や調査報告書を読み返してみると、この度初めて体験した新しい事実と思っていたことのかなりの部分がすでに報告されていたということを知った。貴重な記録や報告書が存在しながら、それらはごく一部の地震や耐震構造を専門とする分野の人々に読まれていても、建築や都市の設計・計画に関わる私たち建築家はほとんど無関心であったという深い反省を促された。

　今回の災害を通して、建築や都市の設計・計画に、既存の貴重な体験が十分に生かされていなかったことが、あまりに多くあったということは、社会的責任を負うべき職能人として深く心に留めておかねばならないことといえよう。多くの尊い犠牲者と被災者とを出した今回の大震災に対して、再三にわたる同じ過ちをこれ以上繰り返すことはもはや許されない。都市災害特別委員会としても、阪神・淡路大震災の総括報告書をまとめ上げただけでは、まだ完全に任務を果たしたとはいえないのではないかと思うにいたった。

　震災発生以来、1年余りにわたる委員会活動によって知り得た震災の貴重な教訓を、今後JIA会員の活動に可能な限り生かすためには、建築家の立場で、建築家のための耐震設計教本としてまとめ、会員一人一人の参考に資するのがよいのではないかと考えた。

　この教本はJIAとしてはもちろん、日本の建築教育の歴史の中でも初めての試みであり、極めて短期間にまとめ上げたので、決して完璧なものではない。しかも地震という自然現象には、まだ未知の分野が極めて多く、今後の多方面にわたる研究成果をまたねばならない課題が数多く残されている。しかし、世界でも有数の地震国日本における建築家にとって、最小限身につけなければならない貴重な課題が充実している教本であることに間違いない。

　今後機会あるごとに内容を深め改訂を重ね、一層充実した教本へ発展させ、さらに建築界に役立つことを期待する。

建築家と耐震設計

村尾成文（元日本建築家協会会長、元日本建築家協会都市災害特別委員会幹事）

　第二次世界大戦が終結してから早くも半世紀が経過した。その間わが国は多くの幸運に恵まれて、戦後の廃墟の中から奇跡的な復興と経済成長を達成することができた。わが国の建築界もこの歩みと軌を一にしてきたのはよく知られている。しかし、20世紀最後の10年間に入ってからわが国は再び大きな変革に直面することになった。東西冷戦構造の終結と東アジアの興隆に象徴される国際環境の激変であり、1980年代のわが国を特徴付けたバブル経済の破綻とそれに続く社会・政治・経済構造全体の質的転換であり、地球環境問題の顕在化や、阪神・淡路大震災や東日本大震災を引き金にした建築技術のあり方の基本的見直しの必要性などである。この60年間の経済成長を支えたさまざまな制度の制度疲労も大きな課題として取り上げられるようになった。多くの領域にわたって私たちはこれまで当たり前と思い込んでいたさまざまな事柄を謙虚な姿勢で見直すべきターニングポイントにいるようである。建築や建築家のあり方についても、建築空間のあり方の基本に立ち戻った見直しが必要になっている。言い換えるならば、多くの人々にとって望ましい生活環境をつくり出し、安全で安心して暮らせる都市や建築をつくり出すことへの建築家の社会的責任が改めて問われている。

　木造住宅のように建築家が自ら耐震設計をする領域が広く存在しているとはいえ、高度化した現代建築の多くのものは建築家を中心としたさまざまな専門家のチームワークで設計されている。専門領域の急速な技術的進歩の成果を取り入れ、各々の領域やその集積体としての建築の総合的な品質を確実なものにするためには当然のことといえる。チームワークの中では各々の専門領域を尊重し合いながら、なお、相互の提案やコミュニケーションを積み上げていく中で、建築の創造活動は展開されていく。このチームワークの流れの中で、建築主との接点にいてチーム全体を統括し、建築空間の基本的なあり方を提案し、決定し、日常的な使い勝手の詳細を具体化し、視覚的・空間的なデザインやその実現のためのディテールを展開し、工事施工者の選定や施工段階の体制づくりをし、設計の意図通り施工されているかの確認をし、必要な場合にはまちづくりに対して働きかけをするといった多彩な仕事をしているのが建築家と呼ばれている人たちである。

　この多彩な領域の中でも全体を統括するという建築家の役割は多くの専門技術の集積体である建築の総合性という点から見て極めて大切なことである。建築家にはさまざまな専門分野の問題を各々の専門領域だけの問題とは考えずに全体の中で把握するといった、建築のあり方全体に責任を持っている者としての自覚と判断と行動とが求められている。設計チームがトータリティを喪失したために建築に欠陥が生じたとすれば、それは何よりも建築家の責任なのであるし、専門技術者の責任でもある。狭義のデザインワークのみが建築家の仕事と思っている人はその社会的責任を果たすことができないし、デザイナーとは呼ばれても建築家とは呼ばれないのである。こうしたチームワークの中で直接的な構造躯体の耐震設計は構造技術者の領域であって建築家の領域ではない。建築の耐震性能を向上させていくには何よりも構造技術者に負うところが大きいのは当然のことである。しかし建築家が中心になってつくり出す建築空間の基本的なあり方が構造躯体の耐震性能を大きく左右しているし、構造躯体の耐震設計だけでは生活環境全体の安全を保証することにはならない。建築家は、生活環境全体としての安全性のあり方、耐震技術の現状とその基本的な考え方などを十分に理解した上で、チーム全体の統

括や建築空間の基本的あり方の提案と決定をしていくべきなのである。

　生活環境全体に関わる総合的な視点から考えると直接的な耐震技術を越えた極めて多くの領域が存在していることを阪神・淡路大震災や東日本大震災は私たちに教えてくれた。特に、木造密集住宅地のあり方など、まちづくりに対する積極的な関与の必要性を強く実感させてくれた。建築家は建築と建築の集合体としてのまちとの両面にわたって幅広く生活環境創造の要の役割を期待されていることを痛感させてくれたともいえる。

　耐震技術はハードな側面にこだわらざるをえない宿命をもっている。そのためにともすれば建築が本来目的としている人間の生活そのもののことが忘れられがちになる。震災発生直後も生活そのものは継続することが忘れられがちなのもこの一例である。人命のほかに機能を重視すべきことが叫ばれているのはこのためであるし、人々の生活という視点から見ると建築と都市は一体のものであって、建築の耐震だけを考えればよいといったものではないのも明らかなのである。

　また、建築も都市も安全のためだけにつくられるものではない。日常的な機能の充足や望ましい生活環境の提供のためにつくられる。安全とともにこれらを総合的にとらえてつくり出すことを建築家は求められている。建築家はこうした総合的な視点をもって耐震のことを考えていかなければならない。

　地震国日本にあっては建築の専門領域の中でも耐震技術は最も深く追求されてきたものの一つである。それを耐震技術の専門家ではない建築家が詳細に論ずるのは不可能に近いというのも事実かもしれない。しかし、耐震に関して法は最低基準を示しているだけであるという現実が忘れられがちである上に、大きな地震災害や津波や液状化や発電設備の異状が発生するたびにこの法的基準ですら改訂されてきているように地震災害については不明なところが少なくない。こうした状況の中で最低基準だけを守ればよいという姿勢は、人々の生活を守り、生活を育む環境を創造することを社会的使命としている建築家がとるべき道ではないことは明らかである。建築主との対話において建築家は耐震に関してもわかりやすく説明し説得することが求められているし、より広く社会と建築界との接点にいるのも建築家である。

　現代文明を特徴付けているのは高度化した専門技術であることは疑う余地のないことである。しかし、建築家は専門化と技術進歩という観念に流されて、それを自らの総括的な責任のもとにある大切な領域の一つとして自覚するのを忘れていたのではないだろうかという反省のもとにこの『建築家のための耐震設計教本』はつくられている。先輩建築家から次世代を担う中堅建築家への申しつぎといった趣旨と、構造技術の専門家によるのと違って建築家自身が書くほうが建築家にとってより適切なものができるのではないかという意識に支えられている。

　こうした考えをベースにして、極めて多忙な日本建築家協会と耐震総合安全機構のメンバーを中心にしてまとめ上げたものである。建築家をはじめとする多くの方々に目を通していただき、活用していただき、また、ご批判をいただきたいと思う。

　最後に、阪神・淡路大震災や東日本大震災の壊滅状態の中で建築界に身を置く者として感じた何とも遣る瀬のない気持ちを出発点にして多くの活動を展開してきたが、この教本を作成したことによって一つの区切りとすることができたのかなと思っている。

目次　建築家のための耐震設計教本　新訂版

　　推薦のことば …………………………… 3
　　まえがき ………………………………… 4
　　初版まえがき …………………………… 5
　　建築家と耐震設計 ……………………… 6

1　地震と震災
- 1-1　地震と震災 ……………………………… 10
- 1-2　海洋型地震と内陸型地震 ……………… 12
- 1-3　兵庫県南部地震 ………………………… 14
- 1-4　東北地方太平洋沖地震 ………………… 16
- 1-5　歴史上の地震と津波 …………………… 18
- 1-6　地震と地震動 …………………………… 20

2　地盤による耐震性能の違い
- 2-1　こんな地盤に注意したい ……………… 22
- 2-2　地盤によって揺れ方が違う …………… 24
- 2-3　液状化の起こる敷地 …………………… 26
- 2-4　液状化による被害を防ぐ ……………… 28
- 2-5　造成地の地盤被害 ……………………… 30
- 2-6　構造計算上の地震力の割増し ………… 32
- 2-7　地盤調査は設計の基本 ………………… 34

3　津波による災害
- 3-1　津波の原因と種類 ……………………… 36
- 3-2　津波の威力 ……………………………… 38
- 3-3　津波ハザードマップ …………………… 40
- 3-4　津波に耐えたまち ……………………… 42
- 3-5　津波に耐えた建築 ……………………… 44

4　求められる性能設計
- 4-1　造形性や日常機能と防災・耐震性能 … 46
- 4-2　耐震設計法の変遷 ……………………… 48
- 4-3　海外の耐震設計の考え方 ……………… 50
- 4-4　阪神・淡路大震災以降の法改正 ……… 52
- 4-5　耐震性能と構造躯体コスト …………… 54

5　建築物による耐震性能の違い
- 5-1　人命と機能を守る建築 ………………… 56
- 5-2　機能確保と事業継続 …………………… 58
- 5-3　公共の要請と建築主の要求 …………… 60
- 5-4　建物の重要度レベル …………………… 62
- 5-5　各部位の耐震性能を整合させる
　　　　構造・設備・非構造部材 …………… 64

【用途ごとの課題】
- ⑴　共同住宅 ………………………………… 66
- ⑵　超高層住宅 ……………………………… 67
- ⑶　学校 ……………………………………… 68
- ⑷　美術館・博物館・図書館 ……………… 69
- ⑸　病院 ……………………………………… 70
- ⑹　ホール・集会場・体育館 ……………… 72
- ⑺　市庁舎 …………………………………… 73
- ⑻　地域防災センター ……………………… 74
- ⑼　ホテル …………………………………… 75
- ⑽　避難所 …………………………………… 76

6　構造方式の多様化とその選択
- 6-1　耐震構造の計画 ………………………… 78
- 6-2　免震構造の計画 ………………………… 80
- 6-3　制震構造を目指す ……………………… 82
- 6-4　高層建築の耐震計画 …………………… 84

7　建物の形態と耐震性能
- 7-1　耐震性能上バランスのよい建物とは … 86
- 7-2　平面的にバランスのよい建物をつくる … 88
- 7-3　剛性の低い階をつくらない …………… 90
- 7-4　エキスパンション・ジョイントの効用と
　　　注意点 …………………………………… 92
- 7-5　地下室の効用と注意点 ………………… 94
- 7-6　その他の留意点 ………………………… 96

8　非構造部材の耐震設計
- 8-1　躯体から非構造部材の耐震性へ ……… 98
- 8-2　ガラスを落下させないために ………… 100
- 8-3　カーテンウォールは意匠とともに性能を … 102
- 8-4　ALCとパネル外壁の耐震設計 ………… 104
- 8-5　天井崩落を防ぐ ………………………… 106
- 8-6　内壁・内装の耐震設計 ………………… 108
- 8-7　家具・備品の固定とレイアウト ……… 110

9　設備の耐震設計
- 9-1　耐震設計のポイント …………………… 112
- 9-2　地震被害例と被害を受けやすい部位と設備　114
- 9-3　地震後の設備機能の確保 ……………… 116
- 9-4　免震建物における設備計画のポイント … 118
- 9-5　エレベーターの耐震対策（1）………… 120
- 9-6　エレベーターの耐震対策（2）………… 122

10 木造住宅の耐震設計
- 10-1 木造住宅の耐震設計と工法 …………… 124
- 10-2 木造住宅の耐震改修 …………………… 126
- 10-3 木造密集地の居住環境と防災 ………… 128

11 工事監理と竣工後のフォロー
- 11-1 工事の良否で耐震性能に差が出る ……… 130
- 11-2 施工者選択のポイント ………………… 132
- 11-3 建築・構造・設備の工事監理 ………… 134
- 11-4 竣工時の性能保証と情報管理 ………… 136
- 11-5 メンテナンスとリニューアル ………… 138
- 11-6 既存建物の耐震診断 …………………… 140
- 11-7 既存建物の耐震補強 …………………… 142
- 11-8 災害における建築家の役割 …………… 144
- 11-9 地震保険と建築家賠償保険 …………… 146

12 構造技術者、設備技術者との協働
- 12-1 建築家の統括力とチームワーク ……… 148
- 12-2 建築家と構造技術者、設備技術者 …… 150
- 12-3 構造技術者および設備技術者の役割 …… 152

13 都市施設の限界と自律的防災体制
- 13-1 都市インフラの限界 …………………… 154
- 13-2 防災と環境を両立するインフラ整備 …… 156
- 13-3 自分で賄う機能を身につける ………… 158
- 13-4 情報インフラの限界と活用 …………… 160

14 まちづくりと震災対策
- 14-1 建築とまちは社会の資産である ……… 162
- 14-2 まちに防災機能を組み込む …………… 164
- 14-3 火災に備える地域計画 ………………… 166
- 14-4 外部空間の防災機能 …………………… 168
- 14-5 土木構造物・工作物などの耐震性 …… 170
- 14-6 復興計画の考え方 ……………………… 172

15 これからの生活空間と震災対策
- 15-1 ライフスタイルと災害 ………………… 174
- 15-2 高度情報化社会と災害対策 …………… 176
- 15-3 高齢化社会と災害対策 ………………… 178

付録 …………………………………………… 180
あとがき ……………………………………… 182

●インデックスについて
このインデックスは本書の内容を建築の時系列的フェーズから引けるように分類されています。各章は建築の流れに沿って読み進めていくことができますが、それにこだわらず関心のあるところ、必要なところを検索し、利用してください。

調査	計画時に調べる事項に関係すること
企画	設計の前段階に関係すること
設計	設計に関すること
施工	施工に関すること
維持	建物の完成後に必要なこと
その他	地震の仕組み、災害の調査報告、高度な専門知識、異業種や行政、市民との連携など

1 地震と震災

1-1
地震と震災

地震は地球活動の一環であり、プレートテクトニクスによって解明されるようになった。発生メカニズムの違いによって、内陸型地震、海洋型地震、火山地震などに分類される。地震は、地殻変動、斜面崩壊、液状化、震害、火災、津波、津波火災などの災害を引き起こす。

プレートテクトニクス

地球全体の仕組みがわかってきたのは50～60年前である。第二次世界大戦中にアメリカ海軍が行った海底ボーリングを分析した結果、どんなに古い地層でも2～3億年という単位で、地球年齢46億年と整合しない。さらに海底が移動しており、その速度は年間2～3cmで、動力源は海嶺部分、沈み込む先は海溝部分らしいということが明らかになった。すなわち、地表面の地殻と呼ばれる厚さ2～3kmの薄い卵の殻のような部分が、その下部のマントル層の熱対流によりゆっくりと水平移動するという理論で、これらをプレートテクトニクスと呼ぶ。戦後急速に進歩した研究領域であり、1960年代に一応の完成を見た。これにより、1912年のウェーゲナーの大陸移動説が立証され、ヒマラヤの高いわけや、日本海溝やフィリピン海溝が深い理由も説明された（図1）。

（服部範二）

日本のプレート構造

日本列島は、中央地溝帯（フォッサマグナ）で、北米プレートに乗る東北日本と、ユーラシアプレートに乗る西南日本に分かれている（図2、3）。その西縁には糸魚川―静岡構造線があり、東縁には柏崎―千葉構造線がある。

重い太平洋プレートは、東北日本で西に向かい、北米プレートの下に潜り込み、日本海溝を形成している。フィリピン海プレートは、西南日本で北西に向かい、ユーラシアプレートの下に潜り込み、駿河トラフ、南海トラフを形成している。

相模湾以南では、フィリピン海プレートが北米プレートの下に潜り込み、相模トラフを形成している。太平洋プレートは小笠原海溝でこの下に潜り込み、フィリピン海プレート東縁に七島・硫黄島海嶺を形成している。この海嶺の伊豆半島は北上し、ユーラシアプレートの下に潜り込めずに衝突し、日本海に通ずる海であった中央地溝帯を押し上げ、陸にした。

日本の地震

日本列島は四つのプレートの上にあり、それらの活動により、常に変形し続けている。陸地では、断層と呼ばれる亀裂が無数にあり、そこでは摩擦力が働き、変形を抑えているが、摩擦力が限界に達すると突然滑り、地震となって歪みエネルギーを解放する。これが内陸型地震である。

海洋プレートは潜り込むところで下向きに曲げられ、プレート内地震が発生する。プレート境界面には固着した部分があり、ある摩擦応力以上になると摩擦が切れ、プレート境界面地震が発生する（図4）。これが海洋型地震である。急激な滑りや変形は新たな変形を生み、地盤が安定するまでしばらく余震が発生する。

地震と災害

地震による災害は、地殻変動によるものと人工物によるもの、津波によるものとに分けることができる。

地殻変動による災害は、地盤の横ずれ、沈下、隆起、斜面崩壊、土石流、液状化、側方流動などがある。造成地では、これらが同時に起きることがある。沿岸部の沈下は、地盤が海面下になる。人工物による災害は、地震動による倒壊・大破、それに伴う火災などがあり、耐震性のない建造物や耐火性のない建築物によって多くの犠牲者が生じる。

津波による災害は、家屋の流失や溺死などがあるが、限られた地域で生じ、津波の浸水深さによって明暗が分かれる。津波火災は、オイルタンクの浮き上がり、転倒、オイルの流出、発火により発生し、船舶や自動車、瓦礫、山林に引火する。

被害による地震の呼び方

地震の呼び方は、地震の大きさや震源位置によらず、被害の程度や場所によって決まる。巨大地震でも、無人の地域で被害が少なければ、大地震と呼ばれないし、中小地震でも、耐震性の低い建築物で多くの犠牲者が出れば、大地震と呼ばれる。

関東の地震は、元禄大地震、関東大震災と呼ばれる。三陸の地震は、明治三陸地震、昭和三陸地震などがあり、津波による被害が大きく津波地震と呼ばれている。兵庫県南部地震は、阪神・淡路大震災と呼ばれ、東北地方太平洋沖地震は、東日本大震災と呼ばれる。

（大越俊男）

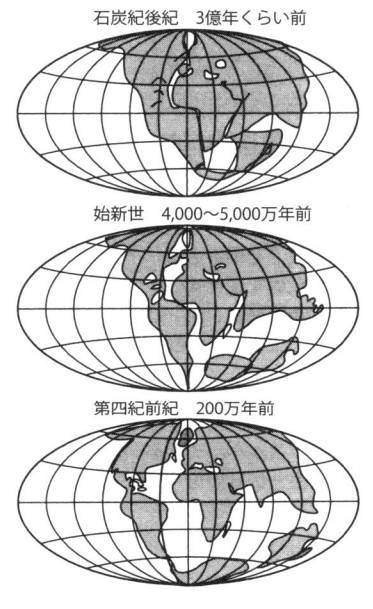

図1 ウェーゲナーによる大陸塊変遷状況観測図[1]

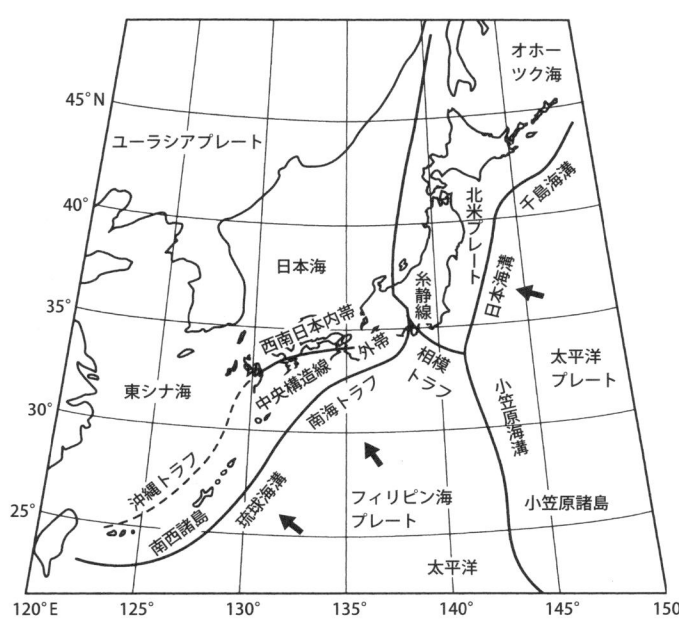

図2 日本列島周辺の四つのプレートの境界と相対運動[1]

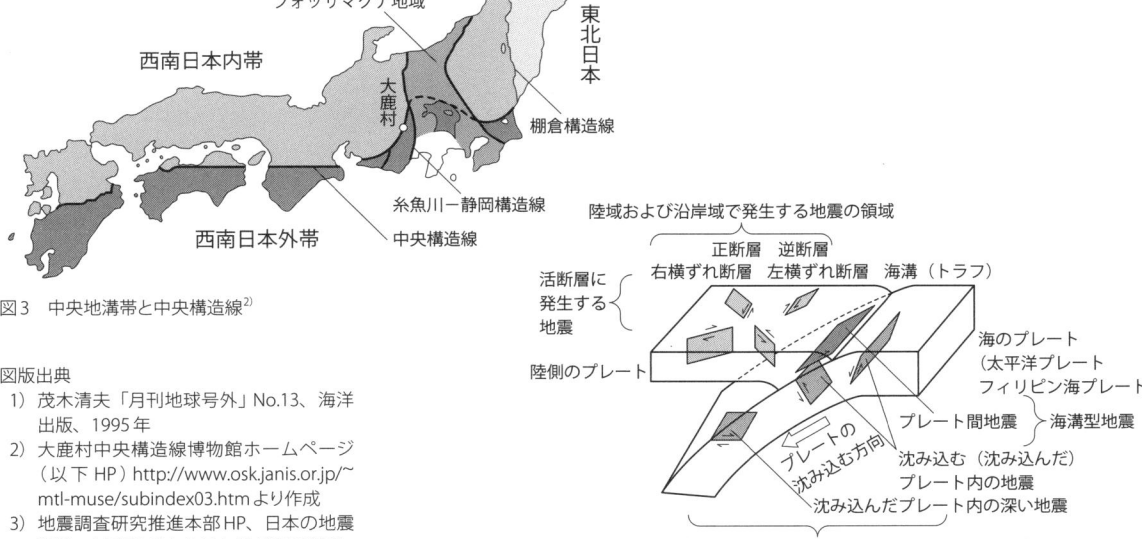

図3 中央地溝帯と中央構造線[2]

図4 沈み込み帯で起きる地震のタイプ[3]

図版出典
1) 茂木清夫「月刊地球号外」No.13、海洋出版、1995年
2) 大鹿村中央構造線博物館ホームページ（以下HP）http://www.osk.janis.or.jp/~mtl-muse/subindex03.htm より作成
3) 地震調査研究推進本部HP、日本の地震活動　被害地震から見た地域別の特徴、2009年（電子出版のみ）　http://www.jishin.go.jp/main/p_koho05.htm

1-2
海洋型地震と内陸型地震

海洋プレートは大陸プレートに潜り込む位置で曲げられ、プレート内で地震が起こる。プレートは一定の速度で滑るが、境界面の一部が固着し、摩擦が切れると地震が発生する。大陸プレートは押され、ねじられ、亀裂が入って断層となり、断層が滑って地震が発生する。

プレート活動と地震

東北日本は東西に押され、南北に褶曲山脈が形成され、その過程で逆断層（圧縮）の内陸地震が発生する。西南日本は、北西に押され、東西・南北方向のせん断変形を受け、東西方向に中央構造線、南北方向に糸魚川―静岡構造線や濃尾断層帯が形成され、横ずれ断層の内陸地震が発生する。中央構造線は諏訪湖で糸魚川―静岡構造線と交差する（図1）。

九州には、別府―島原地溝帯や鹿児島地溝帯があり、巨大なカルデラが形成され、正断層（引張り）の内陸地震が発生する。

東北日本の内陸型地震

太平洋プレートは、年間10cm程度西に移動し、北米プレートの下に潜り込んでいる。境界面は破砕帯を形成し滑っているが、摩擦力が働き、北米プレートは境界面で引きずり込まれ、押されている。東北日本は東西方向に押され、南北方向にしわ（山脈）を形成し、縮んでいる。このとき、弱い部分に亀裂（逆断層）が発生し、急激に滑るとM7程度の地震が発生する（図2）。

西南日本の内陸型地震

フィリピン海プレートは、年間3cm程度北西に移動し、ユーラシアプレートの下に潜り込んでいる。同じようにして、ユーラシアプレートは北西に押されているが、このプレートに乗っている西南日本では、北西方向に押され、ねじられるように変形し（せん断変形）、南北方向（糸魚川―静岡構造線など）と東西方向（中央構造線など）に横ずれ断層が生じている。急激に水平にずれるとM8程度の地震が発生する（図2）。

海洋型地震

海洋型地震には、プレート内地震とプレート境界面地震がある。

海洋プレートは大陸プレートの下に潜り込む位置で曲げられ、プレート内のひずみ応力が限界に達すると、滑って、プレート内地震が発生する。

海洋プレートが潜り込む面には、固着面（アスペリティー）があり、その摩擦力が限界に達すると、それが滑り、プレート境界面地震が発生する。プレート境界面地震の震源は、想定震源域と呼ばれ、周期的に、M8程度の地震が発生するが、単独に発生するわけではなく、連動してM9程度の地震が発生する。

海洋の深さは4km、海溝の深さは8km程度である。深さ6km以下の海溝をトラフと呼ぶ。

日本海溝

日本海溝の想定震源域が、図3に示される。

これらの震源域の地震は、地震動は小さいが津波による被害が大きく、津波地震と呼ばれる。貞観地震、明治三陸大津波（1896年）、昭和三陸津波（1933年）などがある。

相模トラフ

フィリピン海プレートの北東端は、年間3cm程度北西に動き、南東に動く北米プレートの下に潜り込み、相模トラフを形成している。太平洋プレートは、北西方向へ、年間7cm程度フィリピン海プレートの下に潜り込

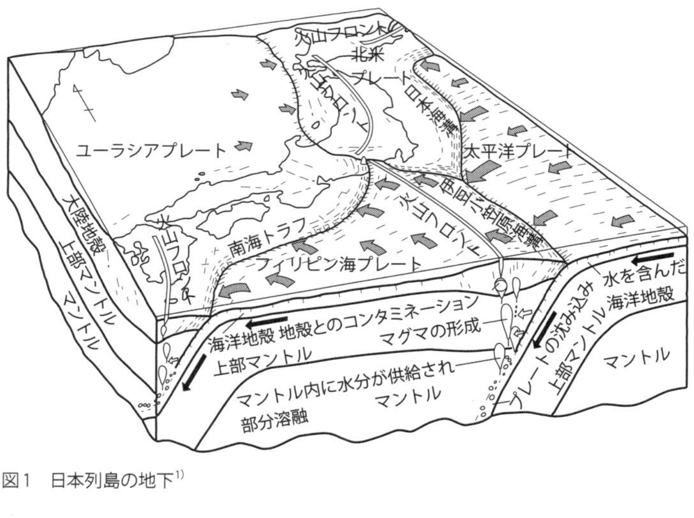

図1 日本列島の地下[1]

み、小笠原海溝を形成している。周辺は、四つのプレートが関係し、横ずれ断層があり、地震多発地帯として有名で、元禄大地震（1703年、M8.1、野島崎）、安政大地震（1855年、M6.9）、関東地震（1923年、M7.9、相模湾）の震源域でもある。

南海トラフ

南海トラフの想定震源域を、図4に示す。

慶長地震（1605年、M8.0）は、津波地震であった。

宝永地震（1707年、M8.4）は、東海・東南海・南海連動型地震であり、安政東海地震（1854年、M8.4、東南海を含む）は、約32時間後に起きた安政南海地震（M8.4）とともに、一連の東海・東南海・南海連動型地震として扱われる。

〈大越俊男〉

図2　日本の活断層地図[2]

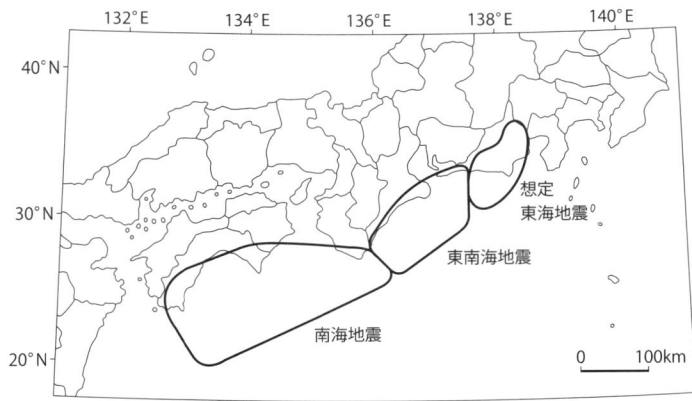

図4　南海トラフの海溝型地震の震源域[4]

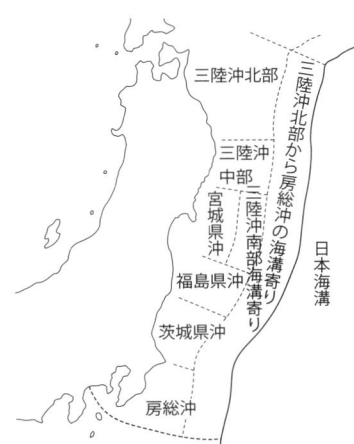

図3　日本海溝の海溝型地震の想定震源域[3]

図版出典
1) 全国地質調査業界連合会HP、豊かで安全な国土のマネジメントのために、より作成　http://www.zenchiren.or.jp/tikei/index.htm
2) 地震調査研究推進本部HP、地震に関する調査、活断層の長期評価、2006年より作成　http://www.jishin.go.jp/main/p_hyoka02.htm
3) 地震調査研究推進本部HP、地震調査委員会、三陸沖北部から房総沖の評価対象領域、より作成　http://www.jishin.go.jp/main/chousa/02jul_sanriku/f01.htm
4) 纐纈一起、来るべき直下地震・海溝型地震と首都圏の強い揺れ、より作成　http://www.eri.u-tokyo.ac.jp/daidai/exabs_koketsu.htm（「地震調査委員会、2005」の記述あり）

1-3 兵庫県南部地震

兵庫県南部地震は、1995年1月17日に起きた明石海峡を震源とするM7.3の都市直下型地震である。1年前の同日に米国西海岸でノースリッジ地震が発生し、高速道路が落橋し、日本では、このようなことは起きないと耐震工学研究者は国会で答弁していた。

阪神・淡路大震災

兵庫県南部地震は、淡路島や阪神間、あるいは、兵庫県・東播磨地方を中心に大きな被害をもたらした。特に、神戸市市街地は壊滅状態に陥った。地震による揺れは、阪神間および淡路島の一部において震度7が初めて適用された（図1）。被害の特徴としては、都市の直下で起こった地震による災害であるということが挙げられる。

発生メカニズム

この地震は、神戸市から淡路島北部に延びる六甲―淡路断層帯の右横ずれ断層破壊により引き起こされた（図2）。

関西地域では地殻に東西方向の力が作用して、その斜め方向に断層破壊が生じたためである。関西地域では、これらの断層の活動が六甲山や大阪湾などの地形を生み出してきた。兵庫県南部地震においても、明確な地盤の隆起と沈降が計測されている。

断層破壊は最初に断層面のほぼ中心部で生じ、次に淡路島方面に破壊が進展し、最後に神戸方向に破壊が進展した。破壊した断層の総延長は50kmと推定され、震央は、明石海峡の地下約16kmの位置であった。

震度7の地域は、六甲山麓にとどまらず、神戸市東部の西宮市や宝塚市にまで広がっている。東側に「震災の帯」が広がっている理由は、地震波の指向性（ドップラー効果）のためと考えられている。

地震動

地震動の特徴は、速度応答スペクトルに見られるように、周期1秒に山があり、キラーパルスと呼ばれている。木造建築の固有周期は0.5秒程度であるが、塑性変形が進むと1秒以上に長くなり、この応答スペクトルでは周期が伸びるほど入力が増え、変形が1/10程度になると$P-\delta$効果で倒壊に至る（図3）。

被害

兵庫県南部地震は、死者6,434名、行方不明者3名、負傷者4万3,792名という被害をもたらした。全壊が約10万5,000棟、半壊が約14万4,000棟にも上った。住宅全焼は6,148棟、罹災世帯は9,017世帯である。

都市型震災としては、大都市を直撃した東南海地震（1944年）以来であり、道路、鉄道、電気・水道・ガス、電話などのライフラインは寸断され、広範囲においてまったく機能しなくなった。

被害総額は10兆円規模であった。

木造家屋と家具転倒

死者の80%相当、約5,000人は、木造家屋が倒壊し、家屋の下敷きになって即死した。特に1階で就寝中に圧死した人が多かった。老朽木造家屋がなければ、死者は1/10に減っていたと思われる。

犠牲者のおよそ1割に当たる約600人が、室内家具の転倒による圧死と推定する調査があった。

阪神・淡路大震災の教訓

最大の教訓は、旧耐震基準による建築物や、老朽木造住宅の危険性であった。同年10月には、建築物の耐震改修の促進に関する法律が制定された。国、地方公共団体および国民に、建築物の地震に対する安全性

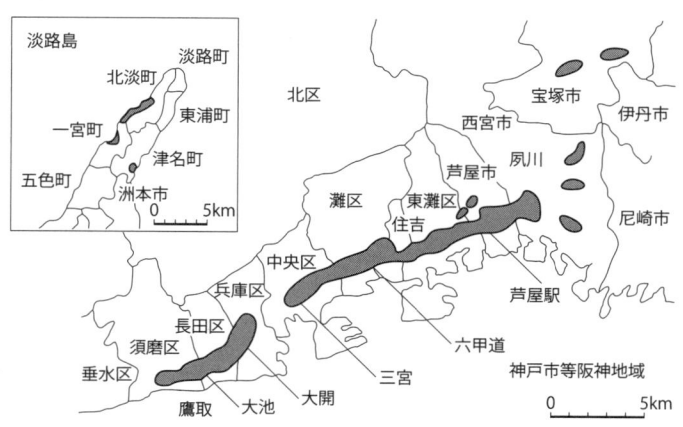

図1 震度7の分布[1]

を確保するとともに、その向上を図るよう努める努力義務を課した。

もう一つの教訓は、1981年以降の耐震基準は、ピロティを除き十分であることがわかったが、非構造壁や外装の損傷が建物解体の理由になったことで、構造設計者は所有者の意識との乖離を痛感させられた。

地震の事前予知から解明へ

政府は、兵庫県南部地震を契機に、地震調査研究推進本部を設立、東海地震の予知から、主要活断層帯で発生する地震や海溝型地震の長期的な発生可能性の評価や強震動予測、それらを統合した全国地震動予測地図の作成などを実施し、地震の解明へと方針を変えた。

高密度地震観測網の設置から、津波地震やスロー地震を解明し、震源特性や地震動伝播を解明できるようになった（図4）。しかし、発生した地震を解明することはできるが、地震の予知はできない。　　（大越俊男）

図版出典
1) 神戸市消防局HP、阪神・淡路大震災より作成　http://www.city.kobe.lg.jp/safety/fire/hanshinawaji/index.html
2) 佐藤一幸「砂防設備の被害、兵庫県南部地震に伴う土砂災害に関する緊急報告会資料」砂防学会、1995年
3) 東京大学地震研究所（古村による）http://outreach.eri.u-tokyo.ac.jp/eqvolc/201103_tohoku/
4) 山中浩明編著『地震の揺れを科学する』東京大学出版会、2006年

図2　崩壊の分布と断層の位置[2]

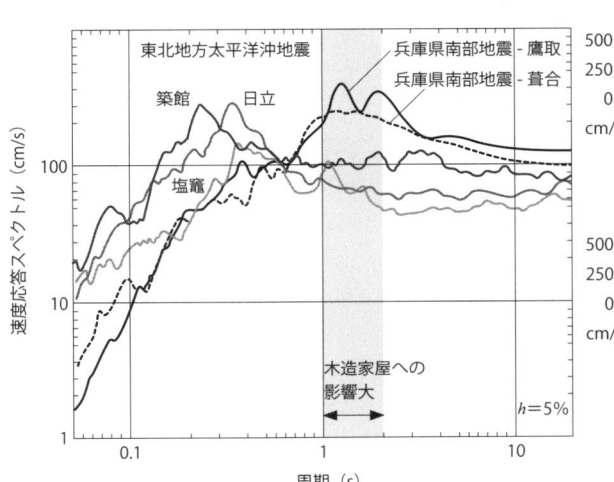

図3　兵庫県南部地震と東北地方太平洋沖地震の速度応答スペクトル[3]

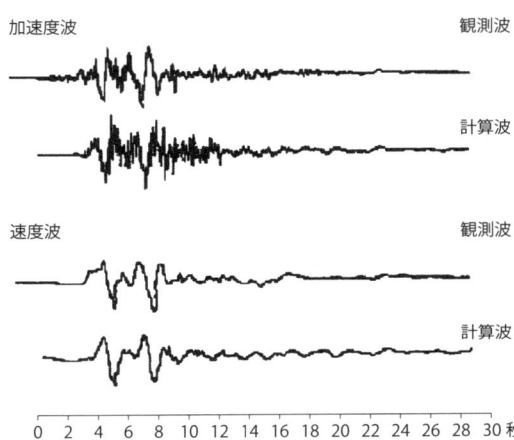

図4　経験的グリーン関数法による1995年兵庫県南部地震の強震記録の再現[4]

1-4
東北地方太平洋沖地震

東北地方太平洋沖地震は、2011年3月11日、太平洋三陸沖を震源として発生した地震である。それに伴って発生した津波および液状化、その後の余震によって、東北から関東にかけての東日本一帯に甚大な被害をもたらした。さらに東京電力福島第一原子力発電所の事故が被害を空前絶後のものにした。

東日本大震災

この地震により、波高10m以上、最大遡上高40.5mにも上る大津波が発生し、東北・関東地方の太平洋沿岸部に壊滅的な被害をもたらした。

大津波以外にも、地震の揺れや液状化現象、地盤沈下、ダムの決壊など、広大な範囲で被害が発生し、各種ライフラインも寸断された。

死者・行方不明者は約2万人。建築物の全壊・半壊は合わせて27万棟以上、漁船の被害2万2,000隻、農地の流失・冠水面積2万3,600haで、震災による被害額を16～25兆円と試算している。

東京電力福島第一原子力発電所では、3基の原子炉が冷却不能となり、メルトダウンを起こし、ベントと水素爆発により大量の放射性物質の放出を伴う重大な原子力事故が発生した。これにより、原発のある浜通り地域を中心に、周辺一帯の福島県住民は長期の避難を強いられている。

発生メカニズム

宮城県牡鹿半島の東南東沖130kmの海底を震源として発生した地震は、M9.0を記録し、震源域は岩手県沖から茨城県沖までの南北約500km、東西約200kmの広範囲に及んだ。断層の滑り量は最大30mである。

防災科学研究所の強震計(加速度)記録を、太平洋岸に沿って南北に並べることにより、本地震の約500kmにわたる断層破壊過程を直接かつ詳細に知ることができる。最初の大きな断層破壊は宮城県沖で起き、強い地震波が東日本全体に放射された。その数十秒後に陸から遠く離れた宮城県沖で大きな断層破壊が再び起きて強い地震波が放出された。それから間髪を入れずに、三つ目の断層破壊が茨城県北部の陸に近い沖合で起き、茨城県から栃木県に強い揺れが放射された[1](図1)。

津波と強震動

地震動が強かった宮城県石巻での地動加速度と地動変位では、40～50秒の長周期のパルスが2波見られ、その振幅は50～100cmを超える(図2)。百数十秒間にわたる長い揺れ時間は、巨大地震の長時間の断層破壊過程を表している。宮城県沖と岩手県沖の2カ所の大きなアスペリティーから、強い地震波が放出されたものと思われる[1]。

海洋研究開発機構によると、震源近くから海溝付近では、南東～南南東に約50m、上方に約7mの地殻変動があった可能性がある。広大な海底の隆起が巨大な津波を起こし、10mを超す津波が押し寄せた。

宮古市姉吉地区では40.4mの遡上高を記録した。南北198kmに及ぶ範囲で津波の痕跡高が30mを超え、南北290kmでは20mを超え、425kmでは10mを超えていることが報告された[2]。

津波火災

岩手県の山田町、大槌町などでは、津波襲来後に大規模な火災が発生し、山田町の中心部は焼け野原となった。宮城県気仙沼市では、大津波によって転倒したタンクから流出した漁船用燃料の重油に引火して、大規模な火災が発生し、市内全域が延焼した[3]。

長周期地震動

東京大学地震研究所の記録による速度応答スペクトルでは、新潟県中越地震と同程度の強い速度応答が、0.5～20秒の広い周期帯で発生し(図3)、木造家屋から超高層ビルなどすべて大きく揺れた[1]。

震源から800km離れた大阪府咲洲庁舎は、高さ256mの西日本一の超高層ビルであるが、震度3で大きな被害が出た。長周期地震動の影響と思われる振幅1.36mの横揺れが約10分間生じ、壁や天井、防火戸など360カ所が破損した[3]。

斜面崩壊と液状化

関東・東北地方の広い範囲で、長時間の地震動により斜面崩壊と液状化現象が発生した。宮城県白石市の造成宅地では、斜面崩壊と液状化、盛土被害が生じた(図4)。東京湾岸の埋立て地や水郷地帯での被害が目立ち、特に千葉県浦安市では市内の85%が液状化した。

東日本大震災の教訓

津波は広範囲に及んだが、津波高や遡上高は明治三陸大津波と同じ程度であるにもかかわらず、犠牲者が2万人にもなり、教訓が生かされていない。復興に当たっては、大規模な津波火災を考慮する必要がある。RC造の建物や住宅は、旧基準のものを除き、目立った被害がなく、津波にも強いことがわかった。

(大越俊男)

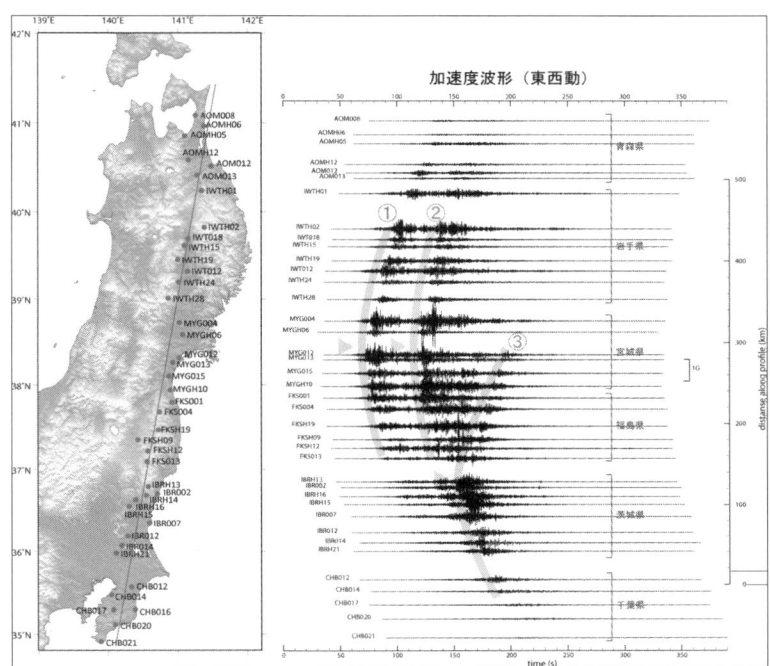

図1　地震動分布から直接見る震源断層の破壊過程[1]

図4　宮城県白石市の造成宅地の被害[4]

参考文献
(1) 東京大学地震研究所HP、東北地方太平洋沖地震の特集サイト、2011
(2) 東北地方太平洋沖地震津波合同調査グループ研究成果、2012年4月26日 http://www.coastal.jp/ttjt/index.php?FrontPage
(3) 国土技術政策総合研究所・建築研究所「平成23年東北地方太平洋沖地震調査研究（速報）」2011年

図版出典
1) 東京大学地震研究所（野口・古村による）http://outreach.eri.u-tokyo.ac.jp/eqvolc/201103_tohoku/#gmsource
2) 東京大学地震研究所（URL同上）
3) 東京大学地震研究所（古村・竹村による、URL同上）
4) 日本建築学会編『2011年東北地方太平洋沖地震災害調査速報』2011年

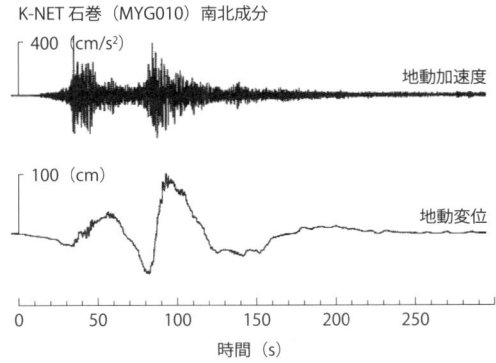

図2　宮城県石巻の地動の加速度と変位の記録[2]

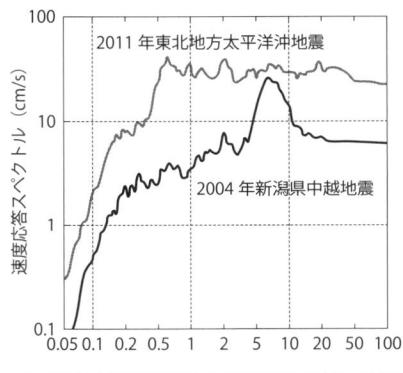

図3　東京大学地震研究所記録の速度応答スペクトル[3]

1-5
歴史上の地震と津波

日本人は、歴史的に見て記録を残す民族で、地震や津波の記録も残されている。また、断層の発掘や津波の痕跡の発掘が行われ、地震や津波の記録が確かめられている。しかし、地震や津波がいつ、どこで、どの程度の規模で発生するかは、わからない。

日本海溝の地震

三陸地震には、貞観地震（869年、M8.3〜8.6）、慶長三陸地震（1611年、M8.1〜8.5、震度4〜5）、明治三陸地震（1896年、M8.5、震度4）、昭和三陸地震（1933年、M8.1、震度5）などがある。地震動が小さく、津波による被害が大きく、津波地震と呼ばれ、明治三陸大津波、昭和三陸津波とも呼ばれている（図1）。東北地方太平洋沖地震（2011年、M9.0、震度7）は、500kmに及ぶ震源域から生じ、強震動と巨大津波を発生させ、東日本大震災をもたらした。

相模トラフの地震

トラフ沿いの巨大地震は、元禄関東地震（1703年、M8.1、野島崎）の後、220年間は平穏で、大正関東地震（1923年、M7.9、相模湾）が発生している。小田原地震には、寛永小田原地震（1633年）、天明小田原地震（1782年）、嘉永小田原地震（1853年、M7）がある。内陸側の大地震には、慶安武蔵地震（1649年、M7強）、安政江戸地震（1855年、M6.9）、明治東京地震（1894年、M7.0、東京湾北部〜東京都東部）がある（図2）。

大正関東大震災は、神奈川県では、10mを超す津波や土石流で大きな被害を出し、全壊6万3,600棟、焼失3万5,400棟、圧死者5,800人、焼死者2万5,200人であった。東京府では、全壊2万4,500棟、焼失17万6,500棟、圧死者3,500人、焼死者6万6,500人で、東京の火災被害に注目が集まったが、神奈川の地震である。

駿河—南海トラフの地震

慶長地震（1604年、M8.0）は、津波による溺死者が約5,000人で、地震による揺れは小さく、津波地震であった。宝永地震（1707年、M8.4）は、東海・東南海・南海連動型地震で、記録に残る日本最大級の地震とされてきた。

1854年に安政東海地震（M8.4、東南海を含む）が発生、震度7、津波高さ22.7m。約32時間後に安政南海地震（M8.4）が発生、震度7、津波高さ16.1m。共に巨大地震で、一連の東海・東南海・南海連動型地震として扱われる。2日後には豊予海峡地震（M7.4）が発生。また翌年には安政江戸地震（M6.9、荒川河口）が起きた。「安政三大地震」とも呼ばれる（図3）。

信越の内陸型地震

信濃川断層帯は、新潟県から長野県境に存在する断層帯で、九つの断層から構成される。北東方向への延長線上では、長野県北部地震（2011年）、中越地震、三条地震、中越沖地震、新潟地震、日本海中部地震などの大規模地震が発生している。

歴史的には、越後高田地震（1665年）、糸魚川地震（1714年）、高田地震（1751年、M7.0〜7.4）、越後三条地震（1828年、M7弱）、出羽・越後・佐渡地震（1833年）が発生している。越後三条地震では、全壊1万2,900棟、半壊8,300棟、焼失1,200棟、死者1,560人であった。

善光寺地震（1847年、M7.4）では、参詣客が宿泊していた旅籠町を中心に、市中では家屋の倒壊・焼失2,100棟、震災を免れたもの142棟、死者は市中のみで2,486人に達した。全震災地を通じて死者総数8,600人余り、全壊家屋2万1,000棟、焼失

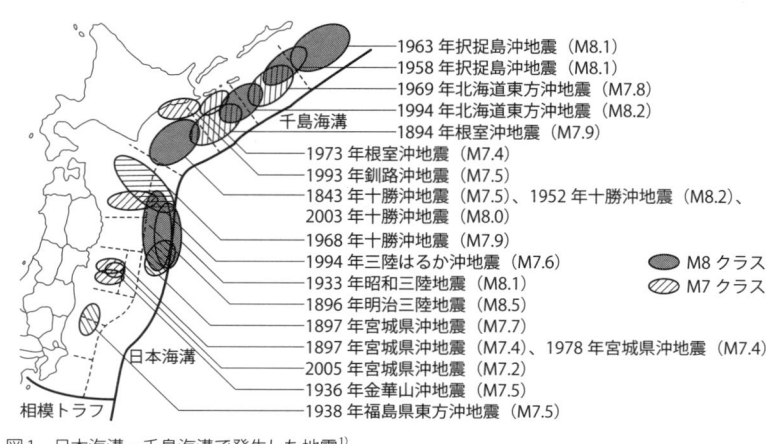

図1　日本海溝—千島海溝で発生した地震[1]

家屋は約3,400棟を数えた。

西南日本の内陸型地震

濃尾地震（1891年、M8.0）は、濃尾断層帯の活動によって発生し、総延長約76kmの断層が出現し、最大で上下6m、横8mのずれができた。圧死者7,000人以上、倒壊家屋14万棟以上であった。

福井地震（1948年、M7.1）は、福井平野東縁断層帯の西部の左横ずれ断層で生じた。死者930人、全壊家屋1万2,000棟、焼失家屋2,069棟、全壊率79.0％、焼失面積64万1,000坪、鎮火までに5日を要した。

四大地震

第二次世界大戦終戦前後に、死者1,000名を超える鳥取地震（1943年、M7.2）、昭和東南海地震（1944年、M8.0）、三河地震（1945年、M6.9）、昭和南海地震（1946年、M8.0）の四大地震が起こった。

昭和東南海地震では震度6の揺れが生じ、近畿から中部まで震度5を観測、東京でも長周期地震動が10分以上続いた。

昭和南海地震では、直後に津波が発生し、主に紀伊半島・四国・九州の太平洋側などに襲来した。死者・行方不明者1,440人、家屋全壊1万1,600棟、流失1,500棟、焼失2,600棟に及んだ。

（大越俊男）

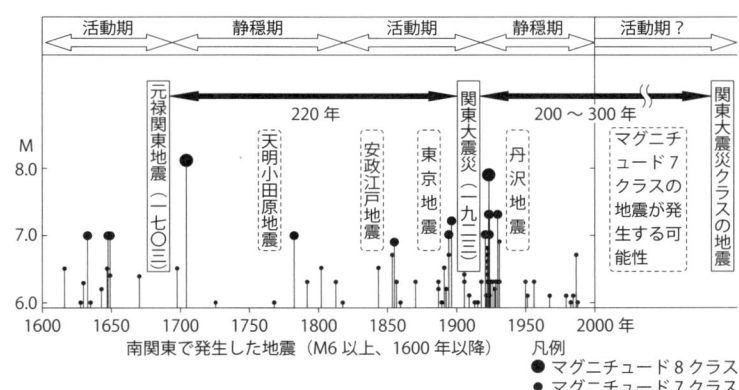

図2　南関東で発生した地震[2]

参考文献
(1) 宇佐美龍夫『最新版日本被害地図総覧』東京大学出版会、2003年

図版出典
1) 中央防災会議HP、日本海溝・千島海溝周辺の海溝型地震対策、資料 http://www.bousai.go.jp/jishin/chubou/taisaku_kaikou/pdf/gaiyou/gaiyou.pdf
2) 中央防災会議HP、首都直下地震対策専門調査会、資料 http://www.bousai.go.jp/jishin/chubou/taisaku_syuto/pdf/taisaku.pdf
3) 消防防災博物館HPより作成 http://www.bousaihaku.com/cgi-bin/hp/index2.cgi?ac1=B432&ac2=B43201&ac3=3791&Page=hpd2_view

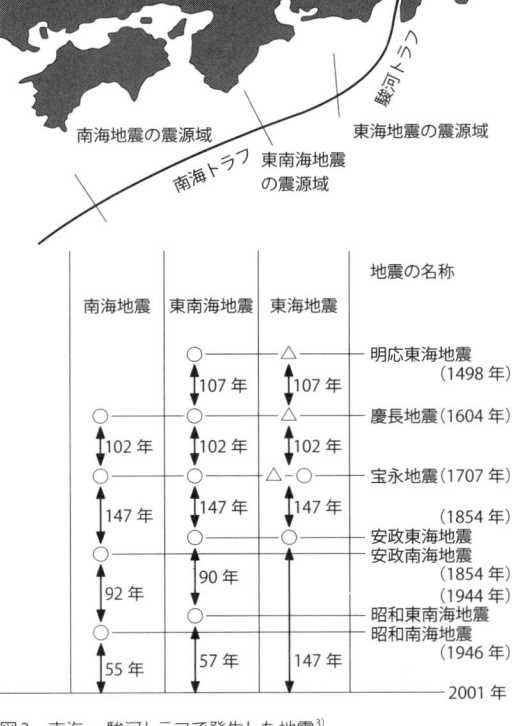

図3　南海―駿河トラフで発生した地震[3]

1-6
地震と地震動

地震は、断層の一部の固着面（アスペリティー）が摩擦応力の限界に達し、滑り破壊が生じ、それが引き金になり、その滑り破壊が断層面を伝播し、摩擦エネルギーが振動エネルギーになって、地震基盤から、工学基盤、表層地盤に伝わり、地震動となって現れる。

岩石の滑り試験

震源の発生メカニズムは、岩石の滑り試験によって、再現される。典型的な脆性岩石の滑り破壊は、変位が進み、せん断強度のピーク値に達すると滑り、残留摩擦応力になって止まる。この滑り変位を損傷変位量と呼ぶ（図1）。

マグニチュード

地震が発するエネルギーの大きさとマグニチュードの関係は、マグニチュードが1大きいとエネルギーは約32倍大きくなる。マグニチュードには、リヒター、モーメント、気象庁などがある。

気象庁マグニチュードは、周期5秒までの強い揺れを観測する強震計で記録された地震波形の最大振幅の値を用いて計算する方式で、地震発生から3分ほどで計算できる。一方、マグニチュードが8を超える巨大地震の場合は、より長い周期の地震波は大きくなるが、周期5秒程度までの地震波の大きさはほとんど変わらないため、マグニチュードの飽和が起き正確な数値を推定できない。東北地方太平洋沖地震では、正確に計算できず、巨大津波の警報を出せなかった。

地震波の見方

地震動は、震源で発生し、P波・S波となって地殻を進み、深部地盤、表層地盤に入り、地表面に到達する（図2）。この間に、表面波が発生し、屈折・回折・反射を繰り返し、地表面の地震波が複雑になる。

地震波は、加速度計、速度計、変位計によって観測されるが、加速度を積分すると速度になり、速度を積分すると変位になる（図3）。

地震波は連続体を伝播するので、すべての周期を含み、フーリエ変換によって周期成分に分解できる。長周期成分は変位が顕著で、減衰が小さく遠くまで伝わる。短周期成分は加速度が顕著で、減衰が大きくすぐに消滅する。速度はエネルギーを表し、破壊力を示す。

震度

震度階級には、気象庁、メリカリ、ヨーロッパ、中国などがある。

気象庁震度階級は、加速度波形から計算され、加速度の大きさ、揺れの周期や継続時間が考慮される。最大加速度が大きい場所が震度も大きくなるとは限らない。

震度は、人の体感や、室内の状況、木造建築物や鉄筋コンクリート造、インフラの損傷の程度などと対応するようにつくられている。

応答スペクトル

地震波の特性は、応答スペクトルを用いて評価される。用いる波によって、加速度応答スペクトルや速度応答スペクトルが求められる。

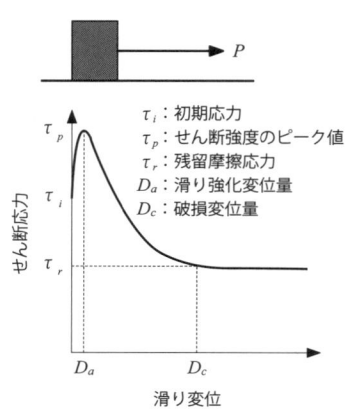

図1　岩石の滑り試験によるせん断応力と滑り変位の関係[1]

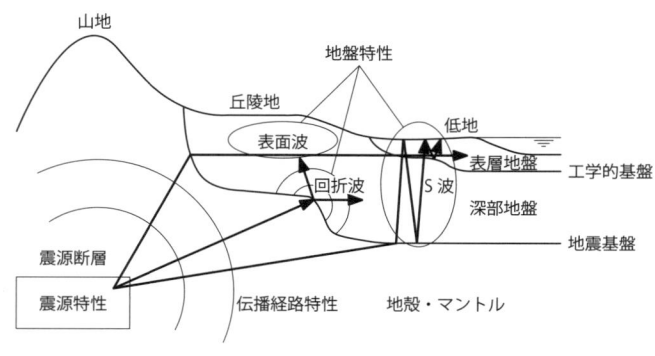

図2　地震基盤、工学的基盤、深部地盤、表層地盤の概念[2]

応答スペクトルは、減衰定数ごとに、周期の応答値を求め、曲線にしたものである。破壊に関しては、減衰定数5％の速度応答スペクトルで評価する。

応答スペクトルの見方

建物の固有周期は、変形のレベルに応じて変わる。木造住宅では、稀に起きる地震動に対しては0.5秒程度であるが、ごく稀に起きる地震動に対しては1.0秒以上になる。変形が大きくなるにしたがい応答スペクトルが大きくなると、阪神・淡路大震災のように木造住宅が倒壊・崩壊する。逆に小さくなると、東日本大震災のように、軽微な損傷になる（図4）。

長周期地震動

地盤の固有周期は表層地盤の周期や深部地盤の周期で決まる。表層地盤は地震増幅率で評価される。地震基盤の深さが数kmの平野では長周期の地震動が発生する。東京の7秒、名古屋の3秒、大阪の5〜7秒が有名である。

長周期地震動が生じるためには、地盤の固有周期の地震波が10波程度以上入力する必要がある。同様に、長周期の構造物が応答するためには、長周期地震動が10波程度以上入力する必要がある。すなわち、巨大地震による長い時間の地震動が必要で、短い時間の長周期地震動には応答しない。

平成15年十勝沖地震（2003年、M8.0）では、苫小牧の石油タンクがスロッシングで損傷・炎上し、東京湾の石油タンクも同様に損傷した。東北地方太平洋沖地震（2011年、M9.0）では、東京の超高層が10分間揺れ続け、東京湾の石油タンクが炎上した。震源から800km離れた大阪でも超高層が約10分間揺れ続けた。

（大越俊男）

図版出典
1) 大中康誉・松浦充宏『地震発生の物理学』東京大学出版会、2002年より作成
2) 山中浩明編著『地震の揺れを科学する』東京大学出版会、2006年
3) 源栄正人、2011年東北地方太平洋地震における建物被害の実態、JSCA建築構造士のための講習会、2011年

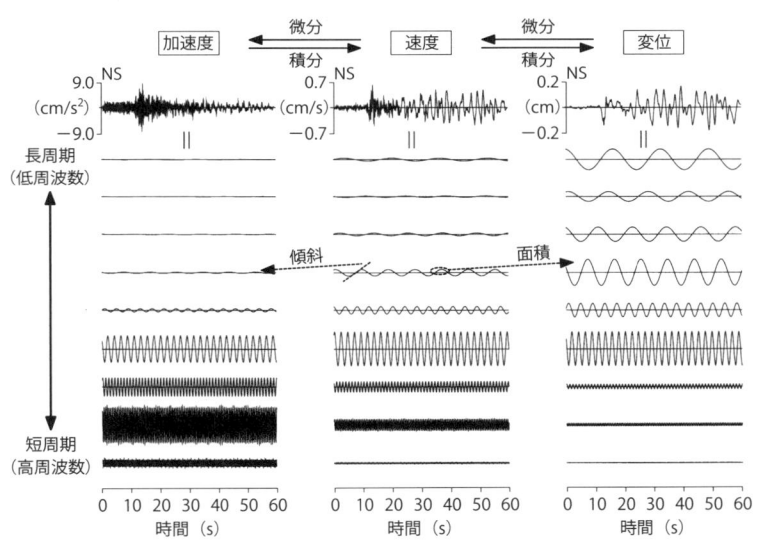

図3　周期関数の重ね合わせによる振動の表現[2]

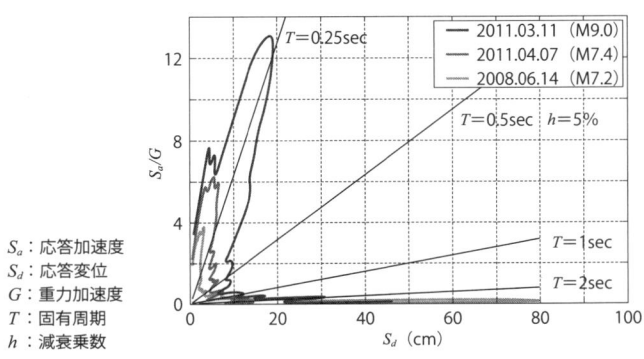

S_a：応答加速度
S_d：応答変位
G：重力加速度
T：固有周期
h：減衰乗数

図4　K-NET築館のS_a-S_d図[3]

2 地盤による耐震性能の違い

2-1 こんな地盤に注意したい

東日本大震災では、敷地地盤の液状化現象がかつてない広大な範囲で発生し、宅地を中心に大きな被害が発生した。丘陵部でも宅地の地盤変状が多発した。また、強い揺れにより杭基礎の損傷を疑わせる建物の傾斜被害も生じた。

東日本大震災での地盤震害

東日本大震災では、敷地地盤にも大きな変状が発生し、建物を倒壊に至らせるような被害も生じた。主な地盤被害は、次の2点に集約される。
①過去に例のない広い範囲での地盤の液状化が発生。
②丘陵部造成宅地での大規模な地盤崩壊。

なお、今回の地震では、震度7の観測点が1カ所で、概ね被災地域の震度は6強～弱と評価できることから、杭基礎被害の報告は数例にとどまっている。阪神・淡路大震災では、表層地盤の堆積条件も影響して震災の帯と呼ばれる震度7の激震地が生じ、非木造建物にも大きな被害が生じた。杭の損傷で解体に至った事例も発生したことから、大地震時の基礎の耐震設計の重要性が再認識されている。ここでは、主に地形的視点で、注意すべき地盤について述べる。

湾岸埋立て地、河川後背低地の液状化

今回の震災では地盤の液状化現象が、震源から数百キロ離れた東京湾岸の埋立て地で多数発生し、住宅の傾斜や不同沈下による基礎の損傷などの被害が多発した。また非木造では本体は無事でも、周辺地盤が沈下して、杭基礎の抜け上りや、外構部分に大きな被害を発生させた。

また、関東内陸でも利根川水系などの河川周辺地域で被害が多発した。旧河川とその氾濫原に当たる後背低地、沼沢地などを造成した敷地では、元々緩い砂地盤であったこと、また河川堆積の砂層が埋立てに用いられていたことなどが原因と推測される。

液状化は、「地下水位の高い沖積の緩い砂地盤で発生しやすい」と説明されてきた。今回はこれに、M9の大地震で地震の継続時間が極めて長くなり、せん断繰返し力の作用回数が飛躍的に増加したことが、被害を大きくした原因とされている。

丘陵造成宅地での宅地崩壊

今回の地震では、仙台市の丘陵地などで造成宅地の地滑りや崩壊も発生した。図1は地盤工学会資料による宅地地盤の地震被害パターン分類図である。東日本大震災ではa)に当たる自然地盤の地滑り被害は少なく、b)の谷や沢を埋立て・盛土した「谷埋め盛土部」の被害が多かった。また、地震の継続時間が長かったことから、振動の影響の出やすいe)「切盛り境界部」や、f)「締固め状態の緩い部分」などに、地盤の沈下・傾斜などに伴う建物の倒壊・損傷などの被害が多数観察されている。

また、被害宅地の多くは、1962年の宅地造成等規制法施行以前の既存不適格宅地であったことが指摘されている[1]。同法は、新潟県中越地震などを受けて2006年に改正され、設計震度0.2と0.25とする二段階の耐震規定が導入された。同時に地方公共団体による宅地ハザードマップの公表や、宅地の耐震化事業も動き出している。丘陵部宅地では、造成前の地形と造成年代の把握が重要である。

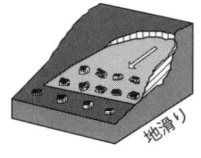
a) 地滑り地形

b) 谷埋め盛土

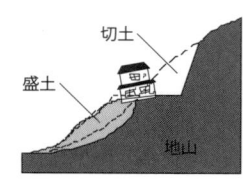
c) 腹付け盛土

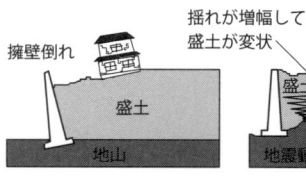
d) 擁壁の倒壊・変状

e) 切盛り境界

f) 盛土の締固め不足

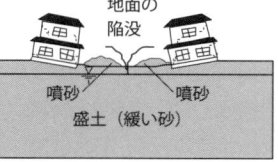
g) 基礎地盤の液状化

図1　宅地の基礎地盤の地震被害のメカニズムによるパターン分類[1]

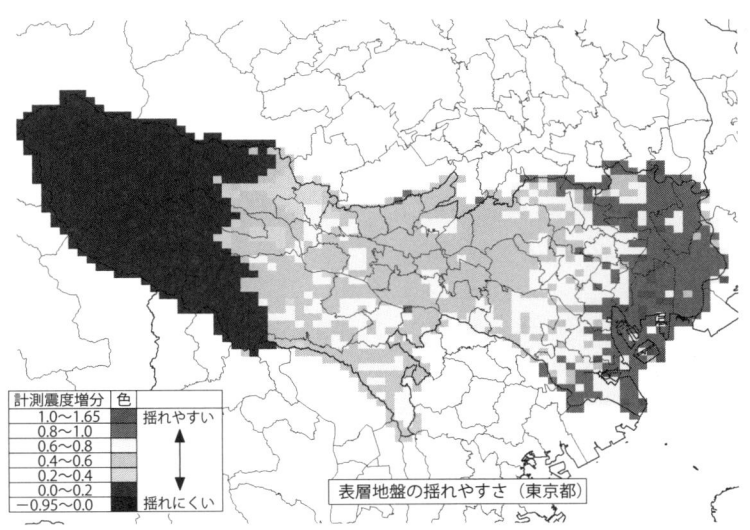

図2 表層地盤の揺れやすさマップの例（東京都：表層地盤による震度増分の分布図）[2]

表1 表層地盤の揺れやすさマップで考慮された微地形区分と想定地盤状況[2]

微地形区分	色	地盤の状況
デルタ・後背湿地（D≦0.5）	赤	軟らかい ↑ ↓ 硬い
埋立て地・干拓地		
谷底平野		
砂州・砂丘	橙	
自然堤防		
ローム台地	黄	
第四紀火山・他の地形		
人工改変地		
デルタ・後背湿地（D>0.5）	黄緑	
砂礫台地		
扇状地		
丘陵地		
新第三紀	青	
古第三紀		
中生代		
古生代	濃紺	

振動増幅を生じやすい地層・地盤

建物に入力する地震動は、表層地盤が軟らかいほど増幅され、基礎を含む建物被害も増大させる。地盤の地震動増幅の程度は、地層固有のせん断波伝搬速度で評価でき、特に軟弱な場合には100m/sを下回る。一般に地表から深いほど、形成年代の古い地層が堆積しており、地盤は硬く、伝搬速度も速くなるが、地球の長い歴史において褶曲運動や海面の上下に伴いさまざまな地形が形成された。その地形から敷地の揺れやすさを評価して、地震防災に生かそうと各都道府県で「表層地盤の揺れやすさマップ」が作成されている。図2は一例で表層地盤の増幅程度を気象庁震度の増加値として表示している。

表1は、このマップ作成に用いられた微地形区分と地盤の硬さの関係である。地盤が軟らかいほど揺れやすくなるので、表層地盤による揺れやすさを示していることになる。この区分の中で「新第三紀」など古い地質年代の呼称をそのまま用いている区分は、山地、山麓部などの地形に当たる。砂礫台地、扇状地などは、最終氷河期以前に形成された良質地盤、おなじみの「洪積層」に当たり、それより揺れやすい地形は、「沖積層」や人工造成地、埋立て地である。なお、デルタ・後背湿地のDは海岸からの距離（km）を指す。

丘陵頂部や崖上などの局所的地形

崖地突端や丘頂部、あるいは、地中基盤層の凹凸縁などでは、地震動が局所的に増幅される。今回の地震でも丘陵地にある東北大学の被害について、地震動強さが平地観測点の2倍に達し、地形効果をうかがわせるとの指摘がなされている。極端な地形変化部の敷地では、専門家に相談し余裕のある耐震設計を心掛けたい。

活断層近傍の敷地

直下型地震に対する地震リスクを把握するため、活断層マップを確認することが推奨されるが、その際に、近傍に活断層の存在することがある。その場合の参考情報を挙げる。横須賀市では、断層両側50フィート（15m）の建設を規制したカリフォルニア州「活断層法」に倣い、市内で確認された北武断層の両側25mでの建設を、全国で初めて地区計画で規制している。また、西宮市では条例で大規模開発時に活断層のトレンチ調査などの実施を指導している。

（梅野 岳）

参考文献
(1) 科学技術振興機構、サイエンスニュースHP、「シリーズ東日本大震災・学協会の提言」地盤工学会、2011年10月 http://sc-smn.jst.go.jp/playprg/index/3100

図版出典
1) 地盤工学会「地震時における地盤災害の課題と対策」2011年東日本大震災の教訓と提言（第一次）、2011年
2) 内閣府、地震防災マップ作成技術資料、2005年3月 http://www.bousai.go.jp/oshirase/h17/yureyasusa/tokyo.pdf

2-2
地盤によって揺れ方が違う

地表の揺れは、震源の発震機構や震動の伝搬特性にも関係するが、表層部の地形、地質に大きく影響を受ける。また、建物への地震動の入力は、建物と地盤の振動特性との相互作用によって変化する。

表層地盤の地震動

地震動は、硬い岩盤で断層がずれて放射されて発生する。その地震動は、岩盤に沿って伝搬し、軟らかい堆積物で構成される地表面に伝えられ、表層地盤と建物を揺らすことになるが、地震動そのものの大きさは、一般には震源から離れるにしたがい小さくなる。しかし、揺れ方は地表近くの地盤特性により大きく異なる。これは、地震動にはいろいろな周期成分が含まれており、表層地盤の特定の周期(卓越周期)で地盤が振動するからである。これを、「地盤の増幅効果」と称している。現行の建築基準法では、地震動の表層地盤による増幅効果を、建物直下の地盤種別に応じて建物の周期特性の関数(振動特性係数:R_t)として表したり、あるいは地下深部の工学的基盤(せん断波速度:$V_s \geq 400\,\mathrm{m/s}$の地層)で設計用の地震動特性を定義して、そこから上部の地盤による増幅を評価することを規定したりしている。最近の地震観測やその解析から、工学的基盤よりもさらに深い位置にある地震基盤($V_s = 3{,}000\,\mathrm{m/s}$程度以上の岩盤)からの増幅も長周期建物(超高層や免震建物)では考慮する必要性が指摘されている。

建物と地盤の振動特性

地表の地震動は、表層地盤の厚さと軟らかさの程度によって決まる。表層地盤が軟弱で層が厚いほど増幅程度が大きくなり、大きな振幅となる(図1)。大きくなる振幅は、一般的には、加速度振幅であるが、地層によっては加速度は減少するが速度が増幅する場合もあるので、注意を要する。

建物と地盤の関係で見ると、地表面(あるいは、基礎底)に到達した地震動は、建物の中に入っていく波(入力波)とまた地中に戻っていく波(逸散波)に分割されるが、この割合は建物と地盤の相互作用を受けて変化する。建物はその振動特性に合った成分を拾い、取り込んで共鳴する性質を持っていることから、地盤と建物の振動特性(基本的なものとしては固有周期)を把握しておくことは、重要なことである。

地盤種別と耐震基準

現在の耐震基準では、建物の地震層せん断力係数(設計用地力の建物重量に対する割合)を算定する関係式の中に、地盤の卓越周期T_cと建物の固有周期の関係から振動特性係数(R_t)の大きさが定められている(図2)。図の横軸は建物の一次固有周期(T)、縦軸が振動特性係数(R_t)を表している。R_tの最大値は1.0であるが、一般に地盤が硬くなるとR_tは小さくなり、すなわち建物の地震力は小さくなることがわかる。地盤種別は、3種に分かれており、
① 第一種地盤:岩盤、硬質砂礫層その他主として第三紀以前の地層。
② 第二種地盤:第一種および第三種以外のもの。
③ 第三種地盤:腐植土、泥土などの沖積層が概ね30m以上のものおよび30年未満の埋立て地層となっている。

地震応答と共振

1923年の関東大震災の際、軟弱地盤の下町で加速度が300～400galに対して、硬質地盤の山の手では100gal程度といわれてきた。表層地盤の違いによる揺れの大きさの違いと考えられる。その結果、下町では比較的長周期の木造建物の、山の手では短周期の土壁建物の被害率が高くなっていたのは、建物の固有周期(一次周期)と相関性があるものと考えられている(図3)。

また、一例として図4は、一般的な地震波に対する建物応答の関係を固有周期(T)をパラメーターとして表したものである。$T = 0.5$秒の短周期の低層建物では、大きな加速度の激しい揺れとなっており、$T = 2.0$秒の長周期の超高層建物では、小さな加速度のゆったりした揺れとなっている。$T = 1.0$秒の中層建物は、その中間である。地震動の周期特性は複雑であり、単純に建物の一次周期との関係で建物の応答が支配されるわけではないが、図からは、地震動の周期がかなり短いのに対し、周期の短い建物が大きく反応し、周期の長い建物があまり反応していないことが見て取れる。地震動の支配的な周期と建物の固有周期が近いときに建物が共振して大きく揺れるため、耐震設計においては、共振現象を生じさ

せないようにすることが重要である。

　2003年の十勝沖地震や2011年の東北地方太平洋沖地震では、長周期地震波形が観測され、震源より数百km離れた場所で、長周期構造物が共振し大きく揺れ、超高層建物や免震建物などへの影響が懸念されているのも、共振現象によるものである。

（浅野美次）

図版出典
1) 日本建築家協会都市災害特別委員会編『建築家のための耐震設計教本』彰国社、1999年
2) 安藤雅孝、吉井克俊編『地震（理科年表読本）』丸善、1993年

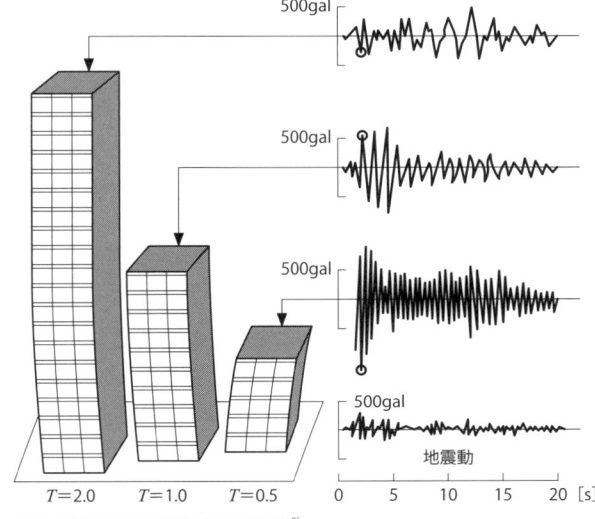

図4　建物の固有周期Tと地震応答[2]

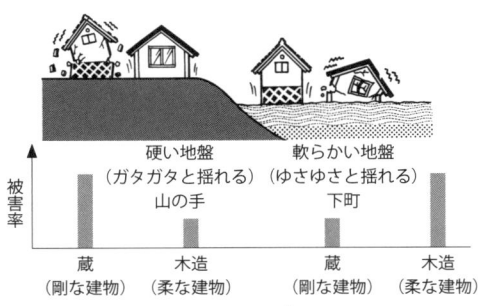

図3　関東大震災による建物の被害[1]

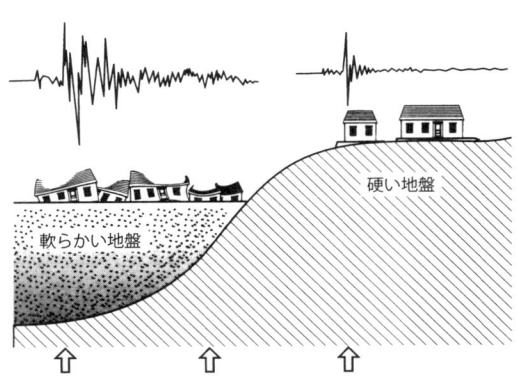

図1　地震の波[1]

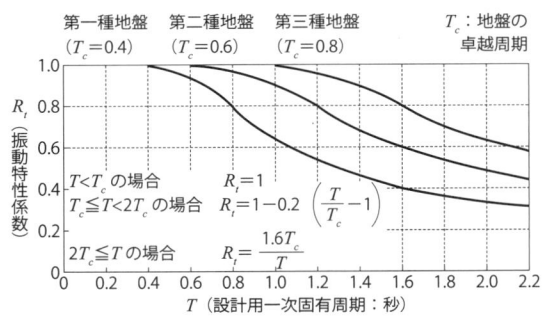

図2　新耐震設計基準での振動特性係数[1]

2-3
液状化の起こる敷地

液状化は、緩い砂地盤が堆積し、地下水位が浅い湾岸地域の埋立て地や大規模な河川沿いの低地とそれを埋め立てた造成地で多く発生する。液状化マップや過去の液状化発生履歴も参考となる。建築関係の指針でより詳細な液状化の判定を行い、地表面沈下や側方流動についても検討する必要がある。

液状化が起こりそうな地盤

液状化は、堆積してからあまり時間が経っていない緩い砂地盤の、地下水位が浅い箇所で発生する。時間が経っていないといっても、地質年代でいえば約2万年前以降に堆積した沖積層は液状化の対象となる。

このような条件を満たす地盤は、湾岸地域の埋立て地や大規模な河川沿いの低地（特に河川の蛇行跡や旧沼地）とそれを埋め立てた造成地である。これらの情報は、国土地理院が提供している古地図や土地条件図で入手することができる。対象とする敷地がこれらの条件に該当する場合は、液状化発生の危険性があると考えてよい（図1）。

また、多くの地方公共団体（都道府県や政令指定都市など）では、液状化マップを作成し、一般に公開している（図2）。ただし、ホームページ上で公開している場合と、役所に行って閲覧が必要なケースとがあり、前者については、「国土交通省ハザードマップポータルサイト」で一括して確認することができる。

液状化マップは、それぞれの地区で想定される地震ごとに作成されており、一つの地方公共団体に複数の液状化マップが存在する。また、対象地域を平面的に50～500mメッシュで分割し、メッシュ内の代表的な地形・地層に対して液状化の危険度を判定し、表示しているものが多い。一つのメッシュの中で地形条件や個別宅地の造成状況が大きく異なる場合があるので、ピンポイントで建築敷地の液状化危険度を評価する場合は注意が必要である。

また、過去に液状化を生じた地盤は、次の地震で再度液状化が発生する確率が高い。液状化履歴マップが市販されており、参考とすることができる。

液状化の簡易判定法

建築構造設計者が設計で使用する「建築基礎構造設計指針（日本建築学会）」（以降基礎指針という）には、ボーリング調査と室内土質試験の結果に基づいて液状化の危険度を簡易判定する方法（FL法）が示されている。これは、深度20mまでの沖積層を対象に、標準貫入試験結果（N値）、砂地盤に含まれる細粒分の割合、地下水位、地震動の大きさと継続時間を指標として発生危険度を評価する方法である。

一方、「小規模建築物基礎設計指針（日本建築学会）」（以降小規模指針という）では、四号建築物（戸建住宅などの小規模建築物）を対象としてスウェーデン式サウンディング試験の結果を用いて、液状化の影響が地表面に及ぼす影響の評価法が示されている（図3）。この評価法は、地表面にある程度の厚さの非液状化層が存在すれば、その下の地盤が液状化しても噴砂などによる地表面に及ぼす影響は少ないという考え方に基づいている（図4）。ただし、小規模指針の方法は条件の単純化を図っているために、特性の異なるさまざまな地震動や地盤条件をすべてカバーするものではない。使用に当たっては、その適用条件の違いに留意する必要がある。

液状化に伴う地盤の沈下・水平変位

前述したFL法により当該敷地が液状化する危険性が高いと判定されても、その程度がわからなければ基礎の設計や対策工法の必要性を判断することができない。

基礎指針では、液状化が発生した地盤の地表面沈下量の予測手法が示されている。予測沈下量が大きければ何らかの液状化対策を検討することになるが、小さければこれを許容し、構造物側で対症療法的な対応をとることもある。地表面沈下は、地盤の液状化以外の要因も加わって生じるので、基礎指針の方法で求めた地表面沈下量は、必ずしも精度が高いとはいえないが、目安としては十分な適用性を有する。

液状化が発生すると地表面沈下だけでなく、河川や海岸に隣接する敷地、緩い傾斜地盤では地盤の側方流動が発生する。1964年の新潟地震では、信濃川の護岸が最大10m程度水平方向に動いた記録がある（図5）。護岸の水平変位に伴って、内陸側に100m程度離れた敷地までその影響が及ぶので注意が必要である。

（田部井哲夫）

2　地盤による耐震性能の違い

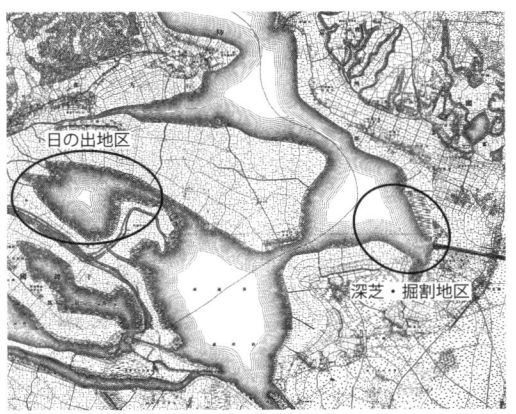

図1　明治時代の古地図（2011年東北地方太平洋沖地震で液状化が発生した茨城県潮来市日の出地区などは、海域を埋め立てた造成地）

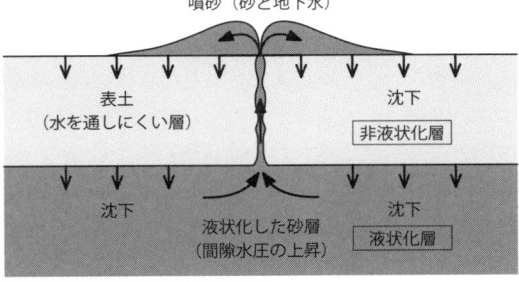

図4　噴砂現象のイメージ

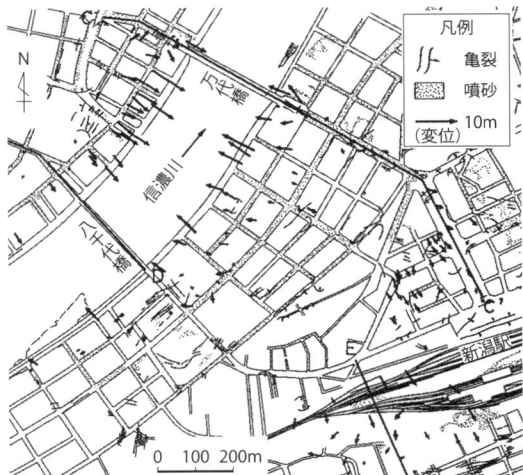

図5　河川周辺地盤の側方流動（1964年新潟地震）3)

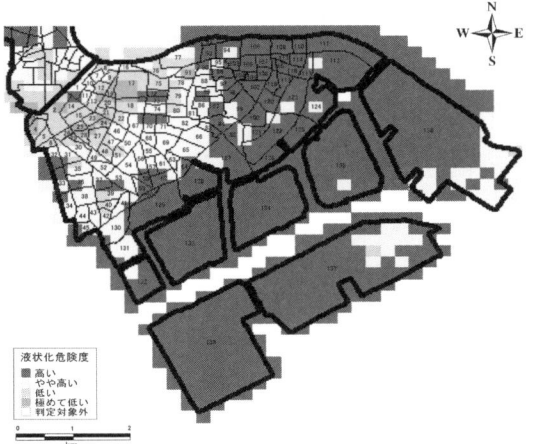

図2　液状化マップ（神奈川県川崎市川崎区）1)

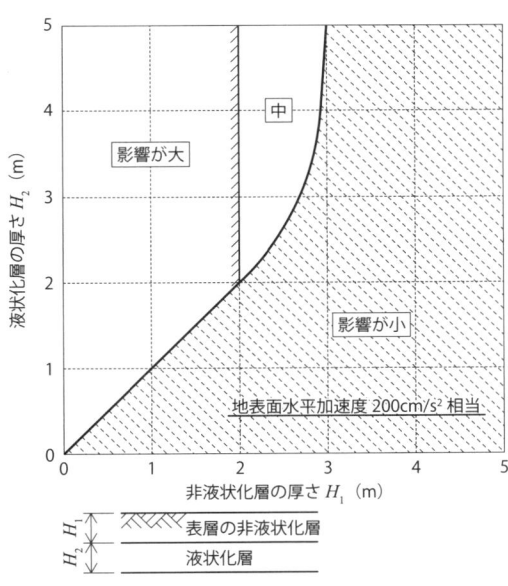

図3　液状化が地表面に及ぼす影響の程度2)

図版出典
1) 川崎市HPより
2) 日本建築学会編『小規模建築物基礎設計指針』2008年
3) 浜田政則・安田進・磯山龍二・恵本克利「液状化による地盤の永久変位の測定と考察」土木学会論文集、No.376、Ⅲ-6、1986年

2-4
液状化による被害を防ぐ

液状化対策の対象となる構造物は、建築物、ライフライン、野外施設、工作物などであるが、新築・既存建物、宅地単独・周辺道路との一体改良などの条件によっても対策工法は異なる。また、液状化を許容して構造物で不同沈下を最小限にとどめる方法、地震保険をかけて無対策とする方法も対策の一種である。

液状化発生のメカニズム

砂地盤は、砂粒子とその間隙を埋める地下水で構成されている。硬い岩石を起源とする砂粒子が互いにしっかりと接触し支え合っているため、普段は、沈下が生じることはほとんどなく、建築物の支持地盤としては良質なものに分類される。

地震時に、繰り返しせん断応力が作用すると、緩い砂地盤では、砂粒子間の移動が生じて、砂粒子がより密に詰まった状態に移行する。このとき、砂粒子間の間隙が小さくなるので、ボイルの法則により間隙水の圧力が上昇する（図1）。この状態では、砂粒子と砂粒子の接触力が水圧上昇に応じて減少し、水圧がその深度の土全体の重量（上載圧）に達すると砂粒子間の接触力がゼロになり、砂地盤全体としては泥水のように振る舞うことになる。これが液状化現象である。

液状化対策の基本的な原理

液状化を防止するには、①緩い砂地盤をあらかじめ締め固めることで、地震時の体積減少を抑え、間隙水圧の上昇を低減する、②間隙水をセメントミルクなどで置換して固化する、③上昇した間隙水圧を何らかの方法で消散させる、④間隙水に空気やマイクロバブル（微小な泡）を混入して、間隙水圧の上昇を抑える、⑤地震時の地盤の水平変位（せん断変形）を抑制する、などの原理に基づいて、対策が行われる（表1）。

液状化対策の工法分類

液状化対策には、大きく次の三つの方法がある。
①液状化対策を行って液状化発生の危険度を低減する方法。
②建物基礎構造で対応する方法。
③無対策。

①には、前述した液状化対策の基本的な原理に基づいて考案された各種工法がある。

②は液状化が発生しても建物の不同沈下を最小限に抑える、あるいは不同沈下が発生しても容易に補修できる構造とする方法である。具体的には、①杭基礎を液状化地盤の下方に十分な深さまで打設する、②べた基礎など不同沈下が生じにくい基礎構造とする、③基礎下にあらかじめジャッキを設置したり（図2）、被災後に容易に設置できる構造とする、などの対処である。

③は、地震保険をかけておいて、液状化被害が発生した時点で液状化対策や沈下修正を行うとするものである。建物の耐用年数と液状化が発生する確率、戸建住宅の場合は建築費用に比較して液状化対策費用が高価であることなどを考慮した合理的な考え方である。

液状化対策の対象と範囲

建築物には、超高層ビルから戸建住宅まで大小さまざまなものがあり、ライフラインとして上下水道、電気・ガスなどの埋設管がある。また、団地では、通路、防火水層、ピット式駐車場、斜面擁壁などの野外施設や工作物も存在する。液状化対策は、それらの規模や重要性、液状化被害が生じたときの影響の大きさ、補修の難易度などを考慮して選定する。

また、建築物、ライフライン、野外施設、工作物には、これから設計施工を行うもの（新設）と、すでにある構造物（既設）とがあり、液状化対策もそれぞれの施工環境に応じて、適切な工法を選定する必要がある。

2011年の東日本大震災では、千葉県浦安地区で道路も大きな被害を受けた。このケースでは、宅地に液状化が生じなかったとしてもライフラインが破壊されたために生活に大きな支障が生じた。このような事例から、宅地だけの液状化対策ではなく、周辺道路と一体となった対策、ある地域をまとめて対策する方法なども議論に上っている。

また、浦安地区は広域地盤沈下が生じていた地区でもあった。そのため、基礎杭を使った建築物では、将来、周辺地盤との段差が生じることを念頭に上下水道やガス管の取付け部をフレキシブルなものにしていた。しかし、液状化により周辺地盤が50cm以上沈下した地域があり、取付け部が破断して土砂が管内に流入し、復旧に支障をきたした事例があった。取付け部は、フレキシブルなものに加えて伸縮性を持たせたり、取付け箇所数を極力減らすなどの対策も必要である（図3）。

（田部井哲夫）

2 　地盤による耐震性能の違い

図版出典
1) 吉見吉昭・福武毅芳著『地盤液状化の物理と評価・対策技術』技報堂出版、2005年
2) 日本建築学会編『小規模建築物基礎設計の手引き』1988年

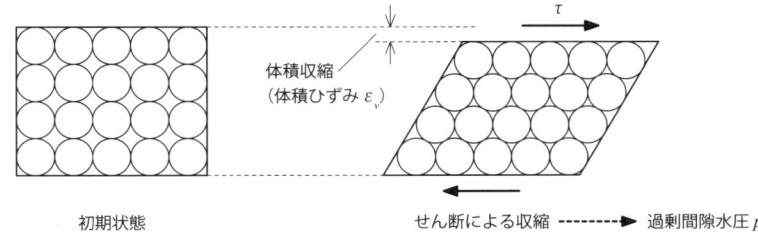

図1　緩い砂のせん断による体積収縮[1]

表1　主な液状化対策工法一覧

工法区分	代表的な工法名	工法概要	施工実績（効果確認）	適用構造物	既設建物への適用性
密度増大（締固め）	サンドコンパクションパイル	砂杭の強制圧入と振動で緩い砂を締固め	実績多く、効果も確認済み	振動が発生するので、郊外の広い敷地の液状化対策に適している	建物直下の地盤改良が困難なため不適
	バイブロフローテーション	振動棒による締固め、砕石を柱状に投入。ドレーン効果あり	同上。最近は施工実績少ない		
	コンパクショングラウチング	低流動性のソイルモルタルを圧入、球根状の固化体を連続的につくる過程で砂地盤を締固め	空港などの実績多い。効果も確認済み	空港、一般建築物、あるいは既設の倉庫など狭小地での施工	床スラブに孔をあけることで、室内から建物直下地盤の改良が可能
固結	深層混合処理	セメント等固化材を土と撹拌混合して柱状の改良体を作製	実績あり、効果も確認済み	一般建築物の基礎と併用して利用	建物直下の地盤改良が困難なため不適
	薬液注入	緩い砂地盤に薬液を低圧で浸透注入させ、間隙水を置換	実績多く、効果も確認済み	材料費が高いので狭小地など特殊条件で使用	室外からの斜め注入により建物直下の地盤改良可能
間隙水圧消散	グラベルドレーン	オーガーケーシングを用いて、地盤中に砕石の柱を形成	実績少なく、効果も不明	沈下を許容する構造物（地震後に沈下発生）	建物直下の地盤改良が困難なため不適
	周辺巻立てドレーン	オーガーにより形成した孔に人工ドレーン材を所定の間隔で設置	マンホールに実績あり、効果も確認済み	マンホール沈下を許容する小規模野外施設	マンホールなどの小規模な構造物であれば対策効果あり
飽和度低下	マイクロバブル注入	井戸より空気やマイクロバブルを注入、構造物下の地盤の不飽和化を図る	研究開発途上により実績なし	小規模建築物	建物の両サイドに注入・揚水井戸を設けることで直下地盤の改良が可能
せん断変形抑制	格子状改良	セメント等固化材を土と撹拌混合して格子状の改良体を作製	実績多く、効果も確認済み	1〜3号建築物	建物直下の地盤改良が困難なため不適
	シートパイル締切り	構造物周囲にシートパイルを打設し、その頭部をタイロッドで連結	道路・鉄道盛土での実績多く、効果も確認済み	道路、鉄道などの細長い盛土構造物	シートパイル頭部の連結が困難なため不適

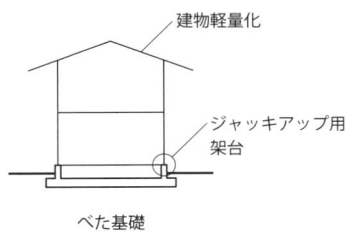

図2　ジャッキアップ架台のあるべた基礎[2]

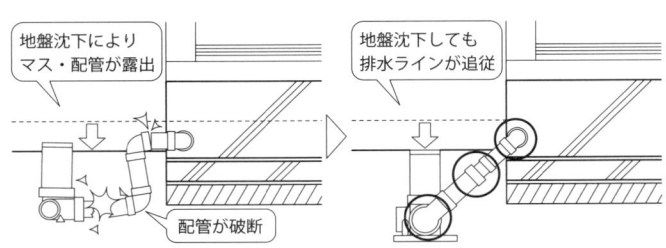

図3　自在継手と伸縮継手

2-5
造成地の地盤被害

丘陵地の尾根を削り谷部に埋めた大規模造成地や低地（特に旧河道や沼地、三角州など）を埋めた造成地では、大規模な地震のたびに斜面の滑動や液状化被害を繰り返している。国は対策工事の補助金制度を設けているが、個人の負担が大きいために進まないのが現状である。違法擁壁の対策も必要である。

斜面地の大規模造成地の地盤被害

都市の近郊では、古くから丘陵斜面地を造成して宅地がつくられている。多くの場合、尾根を削った土砂を谷部に埋め（切盛造成という）、斜面に沿ってひな壇状に平坦地をつくる。

1978年の宮城県沖地震では、宮城県仙台市や白石市などで比較的古いひな壇状の造成宅地が被害を受けた（図1）。特に谷埋め盛土部は全体が地滑り状に移動し、頭部の沈下と滑落崖の形成、端部のはらみ出し、サイドクラックが認められた。これらの地域では、2011年東北地方太平洋沖地震でも、再度、地盤の変状が生じている。また、1995年の兵庫県南部地震では、神戸市、芦屋市を中心に各所で谷埋め盛土の地滑り被害が発生したほか、2004年の新潟県中越地震においては、谷埋め盛土上の崩壊に加えて建築物の基礎杭のせん断破壊が確認されている（図2）。

このように地震のたびに繰り返される谷埋め盛土の被害はなぜ生じるのであろうか。それは、谷部は地形的に水が集まりやすく、盛土内部の地下水位が上昇して盛土の重量が増すとともに、盛土と地山（元の地盤）との境界部が緩んでせん断抵抗（滑り抵抗）が減少するためと考えられている。また、斜面部は、平坦部と違って地震時の水平加速度が大きくなることも原因の一つである。なお、盛土の下部に砂が使われていると、地震時に液状化が発生し、この部分が滑り面となって、造成盛土が大きく下方へ移動した事例もある。

大規模造成地に対する国の施策

1995年の兵庫県南部地震では、谷埋め盛土を含む斜面上の大規模造成地において、地震被害が広範囲に発生し、その耐震性の問題が注目を浴びるようになった。これを受けて2006年には宅地造成等規制法の見直しが図られ、①大規模盛土造成地の変動予測（宅地ハザードマップの作成・地方公共団体が事業主体）と、②大規模盛土造成地滑動崩落防止事業（滑動崩落防止工事・地方公共団体および宅地所有者が事業主体）が国の補助金事業として制度化された。①のハザードマップ作成については、多くの地方公共団体で作業が終了しているが、②の滑動崩落防止工事（図3）については、地方公共団体の財政難や原則宅地所有者負担などの問題からほとんど実施されていないのが実態である。

低地の盛土造成地の地盤被害

都市近郊では、従来、土地利用されていなかった沼地や旧河道、海岸付近の三角州などを埋め立てた宅地開発が進んでいる。埋立て材料は、締固めが容易で、沈下が生じることがなく、建築物の基礎地盤として十分な支持力が期待できる砂が用いられることも多い。東北地方太平洋沖地震では、元々低地に堆積していた緩い砂地盤と盛土の砂が液状化を生じ、広範囲で被害が発生した。千葉県浦安市を含む東京湾岸地域での液状化被害はこの代表的な事例である。また、茨城県神栖市深芝地区において、水田跡地に1m程度のL型擁壁を設置して盛土造成した宅地に液状化が発生し、戸建住宅が大きく沈下・傾斜した事例がある（図4）。

地震に弱い擁壁の被害

阪神・淡路大震災、新潟県中越地震、新潟県中越沖地震では、擁壁の被害が多く発生した。中でも石やブロックを積んだ擁壁や、コンクリート製のもたれ式擁壁に多くの被害が見られ、これらのタイプは耐震性が低いことが確認された。

また、空石積み擁壁（石と石の間をセメントなどで固めていないもの）、増積み擁壁（擁壁の直上にブロックなどを積んで擁壁を高くしたもの）、二段擁壁はいずれも現在の法律では認められていない不安定な擁壁であり（図5）、上記の地震においても多くの被害が見られた。既設擁壁でこのタイプのものがあれば、耐震性の向上を図るための補強工事を行うか、擁壁の付替えを検討することが望まれる。

（田部井哲夫）

図版出典
1) 日本建築学会編『2011年東北地方太平洋沖地震災害調査速報』2011年
2) 国土交通省都市・地域整備局都市・地域安全課「宅地耐震化事業パンフレット」2006年
3) 国土交通省都市・地域整備局都市計画課「新潟県中越地震による被災宅地復旧のための技術マニュアル」2004年12月

2 地盤による耐震性能の違い

図1 谷埋め盛土造成地の変状（宮城県亘理郡山元町、撮影：三辻和弥）[1]

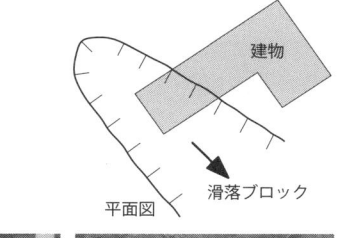

 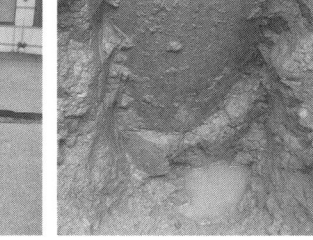

図2 切盛り境界部の杭基礎のせん断破壊（新潟県山古志村）

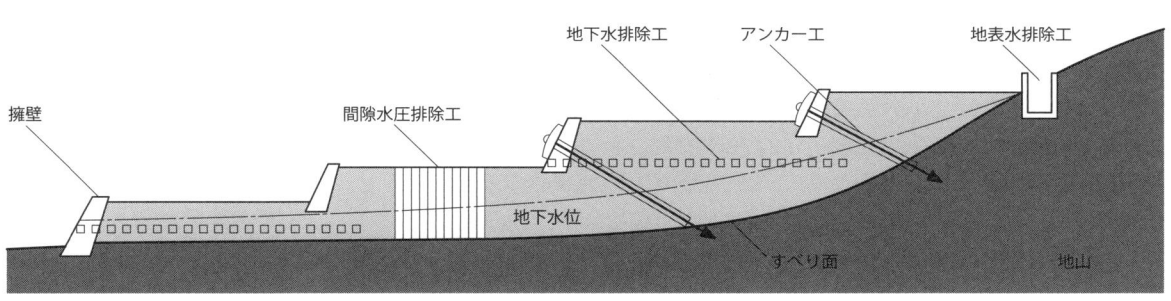

図3 大規模造成地耐震化のイメージ[2]

図4 旧海域埋立て造成地の住宅の沈下傾斜（茨城県神栖市深芝地区、撮影：時松孝次）[1]

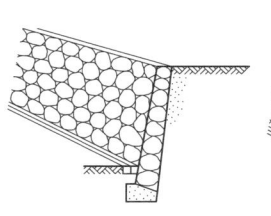 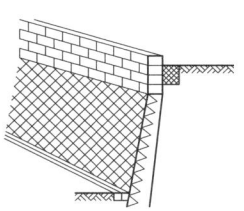 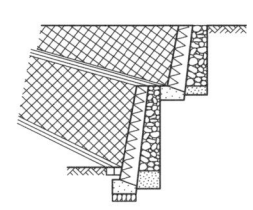

空石積み擁壁・高さ 2m 超　　増積み擁壁・合計高さ 2m 超　　二段擁壁・合計高さ 2m 超

図5 耐震性が極めて低い違法な擁壁[3]

31

2-6
構造計算上の地震力の割増し

地震動は目標とする再現期間と地震発生のメカニズムから評価して、最大強さが想定できる。この期待値を地域ごとに相対的に表したものが、地域係数である。局所地形の影響が入っていないことを認識しておく必要がある。

地震ハザード

建物の地震荷重を決定するための基本となる指標は、建物が建っている間に建設場所で発生すると考えられる地震動の大きさである。地震はプレート境界やプレート内での地殻の断層活動（ずれ）により生じる。そこで発生した地震動が、岩盤に伝達され、建設場所の下部から地表に伝搬された地震動の一部が建物の地震荷重となる。したがって、その建設場所での地震ハザード（地震危険度）が予測できればよいことになるが、不確定要素が大きく確定的に決めることは不可能である。地震ハザードは、将来発生する地震によって生ずる地盤上あるいはもっと地下深くの地震基盤面での地震動の大きさを確率的に表すものであり、ある再現期間内における最大加速度や最大速度が用いられる（図1）。地震ハザードの研究は、「河角マップ」（1951年）が初期のもので、過去の地震発生の震源データがまとめられている地震カタログを用いたものや、プレート境界や活断層での地震メカニズムを用いたものなど、いくつかの手法が開発されている。

地域係数の決め方

地震の地域係数は、基本的には地震ハザードと概ね整合したものとなっている（図2）。すなわち、再現期間内における最大地震動の期待値を、各地域ごとに相対的に定めたものであり、旧建築基準法との整合性などから、行政的判断のもとに決定されたものである。また、広い地域を対象としているため、比較的狭い地域の特殊な条件も考慮されていない。地震ハザードマップを見ると、プレート境界の海溝型地震の影響で太平洋側は大きな値を示し、内陸部は地震頻度の影響が小さくなっている。日本海側は、さらに小さい値となっている。しかし、内陸部の地震はもし発生した場合、活断層が主体の震源の浅い直下地震であることから、マグニチュードは小さくても局部的に大きな地震動になることを忘れてはならない。

地域係数の値

現行の建築基準法・同施行令で定められている地震地域係数（Z）は、建物に作用させる地震荷重を求める層せん断力に直接影響を及ぼす。
下式は、建物の層せん断力係数を定める式である。

$$C_i = Z \cdot R_t \cdot A_i \cdot C_0$$

  C_i：i層のせん断力係数
  R_t：振動特性係数
  A_i：高さ方向の分布係数
  C_0：標準せん断力係数

地域係数Zは、建物特性や地盤性状などとは無関係に与えられているのが特徴である。Zの値は、1.0～0.7となっており、地震の起こりにくさなどの程度による低減係数となっている。しかしながら、国の基準とは別に、各自治体では独自に地域係数の設定・見直しを行っている。たとえば、静岡県では近い将来東海地震が懸念されることから、原則$Z = 1.2$としている。また、福岡市（$Z = 0.8$）では2005年に福岡県西方沖地震（福岡市で震度6弱）が起きたことから、場所により1.25倍の$Z = 1.0$を指導している。

地震動レベルの設定

2000年の鳥取県西部地震、2001年の芸予地震、2004年の新潟県中越地震、2005年の福岡県西方沖地震、2007年の新潟県中越沖地震など地域係数の小さな値の場所においても大きな地震動が発生している。地震動の入力レベル（設計用の地震荷重となるもの）は、局所的な地形による地震動の増幅程度や活断層の大きさなど現行の建築基準法・同施行令では考慮されておらず、同一の地域係数内や低い地域係数の場所でも、地震動が危険側になる可能性がある。

建物の耐震設計は、まず考慮する地震動の強さを設定する必要がある。そのためには、上記で述べた地震ハザードを利用することになる。その参考資料としては、政府の地震調査研究推進本部の、「全国を概観した地震動予測地図」が公表されており、震源断層を特定した地震動や確率論的地震動予測地図がまとめられ（図3）、その成果は、防災科学技術研究所の公開システム「地震ハザードステーション J-SHIS」を通じて公開されている。また、地盤の増幅特性は、

地域のおおよその地盤構造を記載した都道府県単位で「地盤図」が作成されているので、それらを評価して地震荷重の割増しを行うことになる。現在の一般的な耐震設計では、ここまでの資料を用いることはないが、より合理的な設計を目指すために、ぜひこのような手法を一般化させたいものである。

（浅野美次）

1) 日本建築学会編『地震荷重—その現状と将来の展望』1987年
2) 防災科学技術研究所 J-SHIS（地震ハザードステーション）ホームページより http://www.j-shis.bosai.go.jp/maps-pshm-prob-t30i55

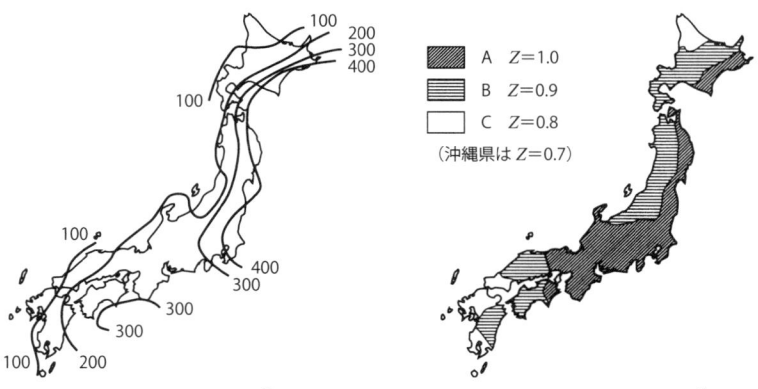

図1 加速度の100年再現期待値[1]

図2 建築基準法の地震地域係数[1]

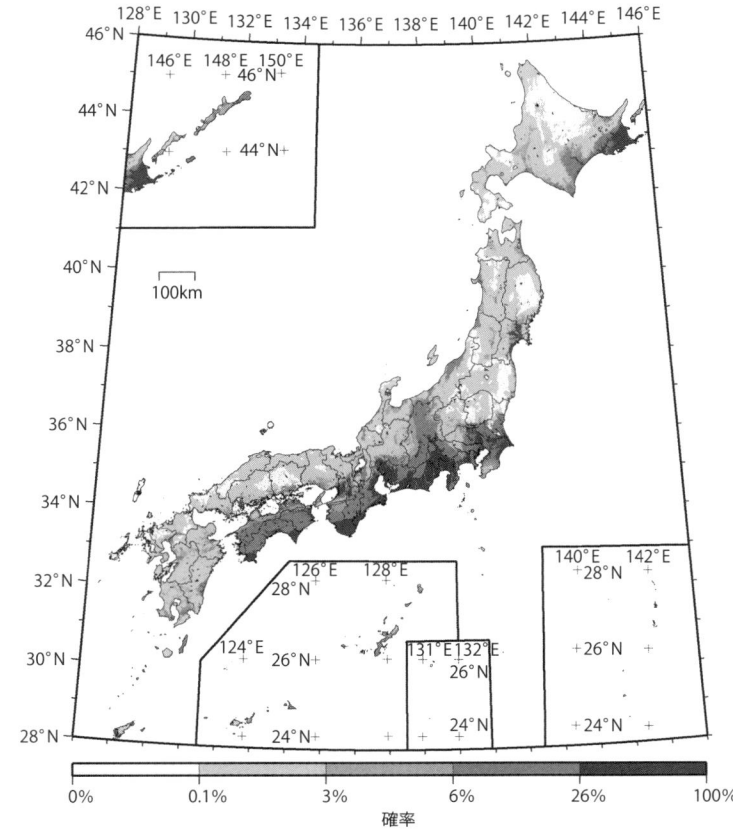

図3 今後30年間に震度6弱以上の地震に見舞われる確率[2]

2-7
地盤調査は設計の基本

地盤調査の実施は、設計の基本であり、建築家もその概要や目的を理解しておくことが望まれる。また、構造担当者との協働作業として有効な調査計画の立案と確実な実施に関与することが建築設計の第一歩と心得たい。

地盤調査への建築家の関与の必要性

建築基準法告示1113号の第1項は、基礎設計に必要な地盤調査の方法を規定している。地盤調査の実施は、構造設計上はもちろん、法的にも必須で、発注者との打合せの中核を担う建築家にとっても、その概要や目的を理解しておくことが望まれる。

設計開始時には、必ず敷地踏査を行い、地形的特徴や周囲の状況、近隣建物の状態などを把握すべきである。また、設計上、施工計画上必要な地盤・敷地情報を漏れなく収集すべく、構造設計者と協働して有効な調査計画の立案と確実な実施に関与することが建築設計の第一歩である。

地盤調査項目の基本

地盤調査の項目は、地盤条件や想定される建物の構造的な要件などにより、適正に選択されるべきであるが、以下に基本事項を挙げる。
①地盤構成把握のため、原位置試験として「ボーリング調査」により土質サンプルを採取する。
②標準貫入試験を実施し、「N値」の分布である地盤柱状図を得る。
③砂・砂礫層ではN値で、地盤の支持性能が推定可能だが、粘土・シルト層では、「乱さない試料」を採取し「室内土質試験」として「一軸圧縮試験」など、地盤のせん断強度を知る力学試験を実施する。

表1は、液状化地盤で免震建物を設計する際に用いた地盤調査仕様書例である。これにより地盤・基礎の耐震性や建物への入力地震動の評価に必要な調査事項を説明する。

液状化の検討に必要な調査項目

図1は建築分野で一般的な地盤の液状化危険度の簡易判定法概要である。FL法と呼ばれ、地震で砂層内に発生するせん断力を分母とし、地盤の液状化抵抗力を分子とするFL値で評価し、値が1.0を下回ると液状化の危険性ありと判定する。

検討対象は大ざっぱにいうと、地下水位以深の沖積の緩い砂層で、検討深さは地表から20mまでとされる。地盤調査で必要な調査項目を挙げると、地盤の抵抗力評価のため、標準貫入試験のほか、粘土・シルト分（細粒分）含有率と、土の単位体積重量を知る試験で、表1の「乱した試料採取」欄に記載の「土粒子密度」「粒度試験」などがこれに当たる。図2は、液状化危険度の簡易判定表の例である。安全率の項が3項目（FL値の項△□○）となっているが、液状化検討では地震動の最大加速度を想定する必要があり、この例では200gal、250gal、500galの3種類を想定している。なお、一般には中地震時として200gal、大地震時として350galとするほうが多い。また、地下水位が約GL-1.7mと高く、N値は10前後で連続するなど、典型的な液状化地盤である。

盛土や擁壁の耐震性検討

地震動による斜面の滑りや擁壁に作用する土圧の地震時増分を評価するためには、地盤の単位体積重量のほか強度定数として、「せん断強さ」が必要で、砂地盤では標準貫入試験「N値」から推定、粘土・シルト地盤では、前述の「乱さない試料」採取による「力学試験」が必要となる。

地震動入力評価に必要な調査項目

地盤の振動により建物への入力地震動が増幅される場合が多い。その増幅程度や、各土層固有の揺れやすい周期（地盤の固有周期）を知ることが、高層建物や免震建物で振動解析を行う場合や、限界耐力計算などの耐震計算ルートでは必要となる。

図3に試験方法を例示した「PS検層」は、土層内を伝搬する振動波動の伝搬速度を、縦波（伸縮波でP波）と横波（せん断波でS波）を現場で発生させて測定する試験である。

図4はその測定結果例で、土層ごとに値が変化することがわかる。地震時に建物に影響の大きい波は、横波でありS波速度から地盤の横揺れ固有周期が計算される。

一方、図5の「常時微動測定」とはミクロ単位の微小な地盤振動を原位置で測定し、スペクトル解析により地盤の固有周期などの振動特性を推定する試験である。

（梅野　岳）

図版出典
1）吉見吉昭著『砂地盤の液状化（第二版）』技報堂出版、1991年
2）日本建築学会編『建築基礎設計のための地盤調査計画指針』2009年

2 地盤による耐震性能の違い

表1 地盤調査仕様書の調査項目記載例

ボーリング孔径 (mm)		66			86			116			合計		
項目	ボーリング深さ	本数	延べ長さ	N値点数	本数	延べ長さ	N値点数	本数	延べ長さ	N値点数	本数	延べ長さ	N値点数
ボーリング・標準貫入試験	No.1 70m				1	70	70				1	70	70
	No.2 50m	1	8	8				1	42	37	1	50	45
	No.3 50m	1	40	40	1	10	10				1	50	50
	No.4 50m	1	50	50							1	50	50
	m												
	合計	3	98	98	2	80	80	1	42	37	4	220	215
乱した試料採取(点数)	No.1、4 土粒子密度、粒度試験をGL-20mまで1mごと									20			
乱さない試料採取(点数)		シンウォールサンプル			トリプルサンプル			合計					
					5			5					
常時微動判定	3成分、地表2点、地中3点 計測は1秒計とし、地表に関しては5秒以上の長周期計併用												
被圧地下水頭測量													
ボーリング孔内載荷試験									2			2	
PS検層	GL-70mまで1mピッチ											70	
動的三軸試験	4点											4	

図1 液状化危険度の簡易判定法の概要[1]

図3 PS検層の試験方法例[2]

図5 常時微動測定結果フィーリエスペクトル例

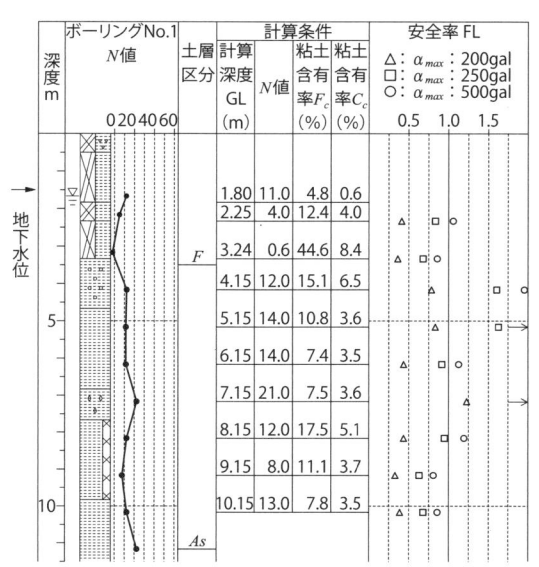

図2 液状化の危険度簡易判定表の例

図4 PS検層結果の表示例

3 津波による災害

3-1 津波の原因と種類

海洋プレートが沈み込むとき、大陸プレートの先端が海洋プレートに引きずられ、沈降し、その根元では隆起する。一部のアスペリティーが滑り、連動して大陸プレートが滑り、元の形に戻る。そのとき、先端の海底が隆起し津波が生じ、根元の陸が沈降し、海面になる。

プレート境界面地震

海洋プレートが沈み込むときに、大陸プレートを引きずり込み、その先端が沈降する。一部の固着面（アスペリティー）で摩擦応力が限界に達すると、突然滑ってM8程度の大地震が発生し、元の状態に戻る。

このとき、陸上プレートは、その先端が隆起し、元の状態に戻る。この海底の隆起がその上の海水を持ち上げ、津波を発生させる（図1）。この部分を津波の波源領域と呼ぶ。プレート全体が元に戻るまでには、長時間余震が起こり、徐々に安定する。

境界面の残留摩擦応力が大きい場合、広い範囲の境界面が一部のアスペリティーの滑りに連動して、広範囲に滑り、M9程度の巨大地震が発生し、小さな摩擦応力に戻る（図2、3）。

津波と速さ

津波の高さは海洋では2〜3mであるが、波長が100kmを超えるので、海面の変化は少ない。沖に出ていた漁船は津波に気付かず、浜に戻ってみれば津波に流されて何も残っていなかったことから、浜の波、津波と呼ばれるようになった。

津波の速さは、深さ4kmの海洋では時速720kmになる。沿岸では、津波の速さは、水深10m、波高6mで時速46kmになる。

普通の波と津波

波は、音が交じり合わないのと同じように、重なり合わずに、それぞれの波が形状を保って進んでいく。波の周期は波長に関係し、周期10秒では波長が156mである。このとき海水は、波長の半分の深さまで動く。周期10秒では、80m潜れば海水は動かない。

一方、津波の周期は数十kmなのに、海洋の深さが4km程度しかないので、海水は、海面から海底まで、一様に数百m水平に行ったり来たりする。したがって、海底に堆積した砂や泥が巻き上げられ、津波になって襲ってくる。

津波の種類

アスペリティーと関係なく、広い領域でゆっくり滑り、強震動を発生させずに津波を発生させることもある。津波地震と呼ばれている。さらにゆっくり滑るときには、地震動も津波も発生しないスロー地震と呼ばれる。

津波は、海岸から発生地点までの距離が600km以下の場合、近地津波と呼ばれ、それ以遠の場合は遠地津波と呼ばれる。

津波の高さが2mを超えると被害が急に多くなり、大津波と呼ばれる。

津波常習地帯

三陸海岸が津波常習地帯になっているのは、複雑なリアス式海岸が津波を増幅させるばかりでなく、沖合の日本海溝が津波を集中させる海底地形になっているからである。

津波はなかなか減衰せず、遠くまで伝わり、三陸海岸では、1700年のシアトル沖のカスケーディア地震による津波や、1960年のチリ地震による津波にも襲われている（表1）。チリ地震津波は、1万7,000kmを22時間30分かけて、襲ってきた。

なお、津波の襲来は、歴史的には、

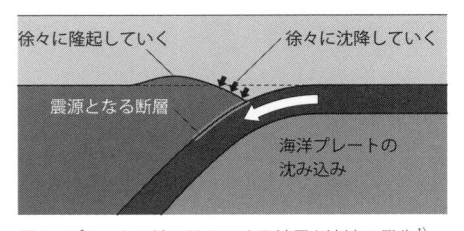

図1 プレートの沈み込みによる地震と津波の発生[1]

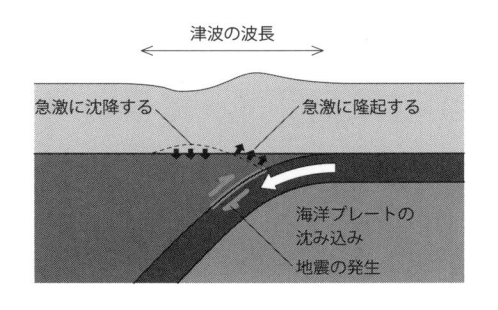

西日本のほうが多い。また、地震直後に津波が襲う特性がある。

明治三陸大津波

1896年にM8.5の巨大地震が発生した。震度2～3の弱震が5分ほど続き、震害はまったくなかった。しかし、地震後30分程度で、高さ20mの津波が来襲し、2万2,000人が犠牲になった。津波地震であった。津波の遡上高は、綾里（現大船渡市）で38.2mを記録した。田老村（現宮古市）では、村民の83％が犠牲になった。43カ所で高地移転が行われたが、不便なために、10年後には大半が元に戻ってしまった。

昭和三陸津波

1933年にM8.1の巨大地震が発生した。震度5の強震であったが、特に震害はなかった。20～30分後に7～8mの津波が襲い、3,000人が犠牲になった。津波は6回程度繰り返された。特に、田老村では、人口の20％が亡くなり、家屋の63％が全壊・流失した。津波の規模は、明治に比べ3/4程度で、被災戸数も、明治の3/4程度といえる。犠牲者は、明治の1/7程度であった。37年前の記憶があり、見張りや素早い避難が犠牲者を減らしたといえよう。

（大越俊男）

図版出典
1) 東京大学地震研究所HP、津波発生のメカニズムより作成 http://outreach.eri.u-tokyo.ac.jp/charade/tsunami/mechanism/
2) 山下文男著『津波てんでんこ』新日本出版社、2008年より作成
3) 海洋開発機構HP、2011年4月28日プレスリリース http://www.jamstec.go.jp/j/kids/press_release/20110428/
4) 国土技術政策総合研究所・建築研究所「平成23年度東北地方太平洋沖地震調査研究（速報）」2011年5月

表1 三陸津波発生の歴史[2]

発生年	名称	M	遡上高	死者・行方不明者
869	貞観地震津波	8.3		1,000
1611	慶長三陸津波	8.1		5,000
1677	延宝三陸津波	7.5		
1700	カスケーディア地震津波	9		
1763	宝暦三陸津波	7.4		
1856	安政三陸津波	7.5	6.0m	
1896	明治三陸津波	8.5	38.2m	21,959
1933	昭和三陸津波	8.1	28.7m	3,064
1960	チリ地震津波	9.5	4.9m	139
2011	東北地方太平洋沖地震津波	9	40.4m	20,381

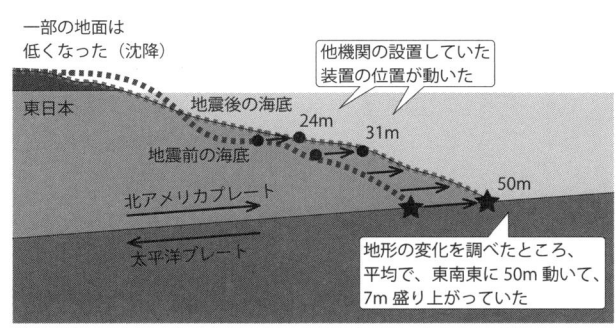

図2 東日本太平洋沖地震における北米プレートの動き[3]

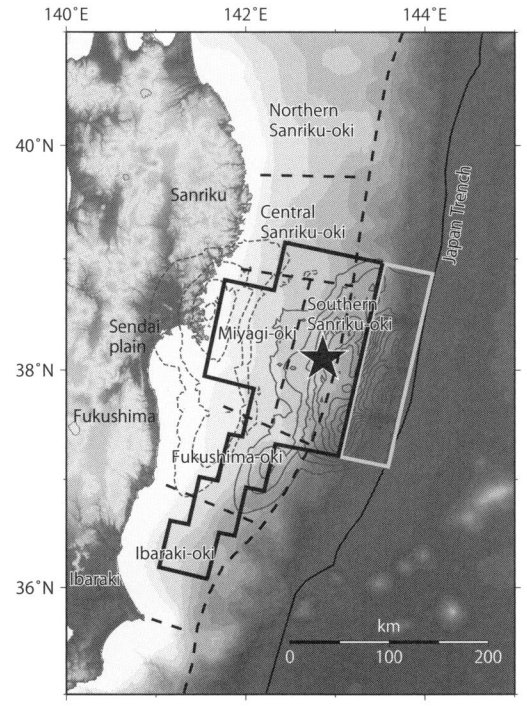

図3 東北地方太平洋沖地震より計算された海底地殻変動 実線が隆起（1m間隔）、破線が沈降（0.5m間隔）、黒い線が最初の波源域、白い線が第二の波源域[4]

3-2
津波の威力

津波力は、風圧力と同じく、流体力学のナビエ―ストークス方程式から求められ、風圧力の1,000倍大きく、深さによらず速度は一定と仮定して求められる。津波の威力は速度に支配され、建物の水平耐力は浮力で減り、漂流物がミサイルとなり建物を破壊する。

浸水深さと流速

津波が陸に上がったときには、水面からの高さを遡上高さと呼び、地面からの高さを浸水深さと呼んで区別される。

宮城県女川町の第一波の観測では、遡上流れで、浸水深6mでは流速が6.3m/sになり、15分で最大浸水深さ15mに達し、戻り流れでは重力に加速され、浸水深6mで流速が7.5m/s(射流)になった[1]。

2004年のインド洋大津波では、浸水深さが2mで氾濫速度が4m/s、浸水深さが10mで氾濫速度が8m/sになることが報告されている。

津波力

津波力の計算は、風圧力の計算と同じく、流体力学のナビエ―ストークス方程式を解いて求められる。津波力は、風圧力の1,000倍大きく、深さによらず速度は一定と仮定して求められる。したがって、津波の被害は、深さより、速度が支配的であることがわかる(図1)。速度の速い津波は射流と呼ばれ、衝突すると高い波が生じる。風下では風圧力が小さくなるように、大きな建造物の下流では津波力が小さくなり、建築物の損傷が小さくなる。

漂流物と浮力

東北地方太平洋沖地震の津波では、インド洋大津波と比べ圧倒的に漂流物が多く、速い速度の漂流物は大きな運動エネルギーを持ち、ミサイルとなって建築物に衝突し、一瞬にして破壊することがわかる。犠牲者一人当たりの漂流物は1,000tに達し、犠牲者の多くは損傷を受けた。

津波による浮力は、鉛直応力が小さくなり水平耐力が減少し、建築物を浮かせ、漂流させる。

津波は、防風林や防潮堤によって速度が低下し、津波力は低下している。しかし、建物の被害は減少しても、津波高さが同じなので、犠牲者の数は変わらない。

防潮堤

岩手県宮古市田老地区では、総延長2,433mのX字型、高さ10mの巨大な堤防があったにもかかわらず、その倍近い津波の浸水により、市街は壊滅状態となり、地区の人口の4.5%の犠牲者を出す結果となった(図2)。

岩手県普代村は、和田村長の執念で、明治三陸津波高15mを越える高さ15.5m、長さ155mの防潮堤をつくり、浸水を免れ死者ゼロ、行方

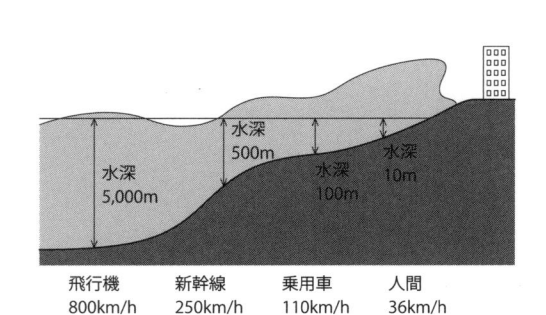

図1 津波の速さ

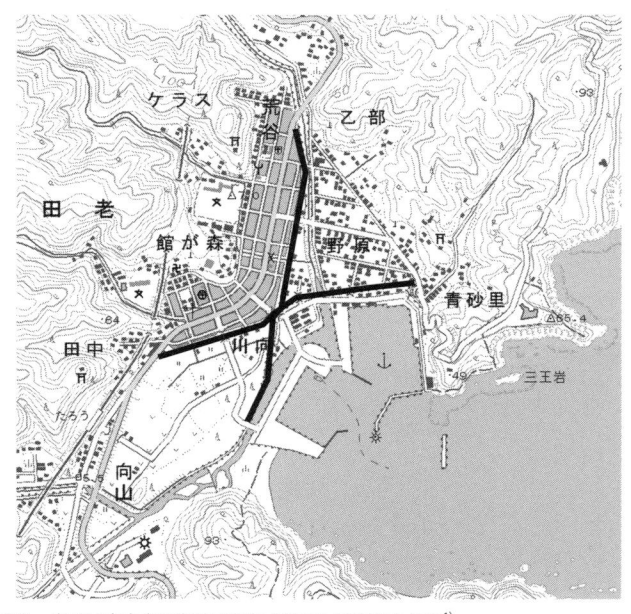

図2 岩手県宮古市田老地区の浸水範囲と防潮堤の位置[1]

不明1人の犠牲者で済んだ。

木造の津波被害

　高さ4mに達する津波が襲った場所では、ほぼすべてが流失し全壊状態だった一方、高さ2m未満の場所では建物の残存率が100％近くで、構造的な被害を受けていなかった（図3）。木造は浮力が大きく、津波に対しては不利であるが、2000年に柱脚接合部の引抜き強度の強化が図られ、引抜きに対する性能が、建設年によって大きく異なっている。3階建ては、構造設計や監理が十分になされ、相応の耐力があり、被害が小さいと思われる。

　漂流物の衝突による被害は、建設年によらず、すさまじい（図4）。

鉄筋コンクリート造の津波被害

　2階建ての流出・全壊割合は50％台だったのに対し、3階建て以上は約半分の28.6％にとどまった。

　強い本震が長く、液状化が生じ、30分後に巨大津波に襲われ、密閉状態の床下空間や躯体に大きな浮力が生じ、浮き上がりや、津波力による移動・転倒が生じたものと思われる（図5）。

　最近の建物では、躯体や外壁の損傷は軽微なものであるが、窓から津波が押し寄せ、内部の損傷は津波の速度に応じて生じている（図6）。

鉄骨造の津波被害

　津波による被害は、本震による被害と区別しづらく、層崩壊や、露出型柱脚の破断、角型鋼管の溶接部破断による転倒・流失があり、残った建物でも大きな残留変形が目立った。

　内外装材の破壊や流失は広範囲に及び、鉄骨だけが残った建物が多く（図7）、外装が丈夫な建物では、浮き上がり、移動・転倒が生じた。

（大越俊男）

参考文献
(1) 越村「東北地方を襲った津波の流況と建物被害」東北大学による東日本大震災3ヵ月後報告会

図版出典
1) 本図の背景地図等データは、国土地理院の電子国土Webシステムから配信されたものである。

図3　旧市街地で壊滅した木造住宅と、新市街地でほとんど残っている木造住宅

図4　1階は鉄筋コンクリート造で2、3階が木造の立面混構造建物。漂流物で2階の一部が削ぎ取られている

図5　鉄筋コンクリート造3階建てで、浮き上がり、移動・転倒した古い建物と、軽微な被害の新しい建物

図6　漂流物に破壊された比較的新しい鉄筋コンクリート造の外壁

図7　2階がなぎ倒されたじん性がある鉄骨造の建物

3-3
津波ハザードマップ

地震動は震源域から生じるが、近年の高密度観測体制から、津波に関しても波源域があることがわかった。津波を伴わない地震は、震源域のみで、津波地震は波源域のみである。津波ハザードマップは想定波源域から予想される。

想定波源域

プレート境界面には震源領域が想定されていて、これらの領域は個々に滑り、M8程度の大地震が生じる。強振動を引き起こす破壊速度は、秒速3km程度である。これらの想定震源領域は必ずしも単独で滑るわけではなく、同時に複数の領域が連動して滑り、M9程度の巨大地震が生じる場合もある。すべての領域が同じ速度で滑るとは限らないし、同じ摩擦応力があるわけではない(図1、2)。

滑る速度が遅く、多くの領域が連動して滑ると、地震動は小さく、長周期地震動が発生し、広い領域で引きずり込まれたプレートの先端部分が跳ね上がり、その上の膨大な量の海水を持ち上げ、巨大な津波が生じ、津波地震と呼ばれる。

津波高さ

東北地方太平洋沖地震では、釜石沖海底ケーブル式地震計システムで海面変動が記録された。本震の振動が水圧計に伝わり、TM1ではそのときから徐々に海面が上昇している。約2m上昇し、約11分後にはさらに約3m急激に上昇し、合計約5m海面が上昇した。約30km陸寄りに設置されているTM2では、TM1から約4分遅れて同様の海面上昇を記録した(図3)。

津波到達時間

東北地方太平洋沖地震では、三陸地方には10〜20分程度で第一波が到達し、続いて最大波に近い波が来た。最大波は、第一波と同じような傾向であるが、半島の先端部、岬、島では、屈折・反射・回折などにより、前後の波や経路が違う複数の波が干渉したりして、到達する津波の由来が複雑になることがあり、最大波の到達時間が遅い場合があったり、いつまでも減衰しないことがある。

津波は、海岸に当たり、反射し、沖へ向かうが、長い弓型の浜では、屈折と反射が起こり、エッジ波となって、継続する[1]。

沿岸の津波高さ

津波の高さは水深の4乗根と水路幅の2乗根に反比例するので、水深が小さくなっただけでは、津波の高さは極端に高くならない。しかし、幅が狭くなる湾では、高くなり、仮に水深160m、幅900mの湾口に津波が押し寄せ、湾内の水深10m、幅100mのところに達した場合、波高は水深の減少で2倍、水路幅の減少で3倍、合わせて6倍になる[1]。

津波遡上高

東北地方太平洋沖地震では、津波遡上高は、明治三陸大津波の遡上高とほぼ同じであるが、より広範囲であった(図4)。

岩手県宮古市姉吉地区で観測史上最大の40.4mの遡上高を記録した。三陸地方を中心に南北198kmに及ぶ範囲で津波の痕跡高が30mを超え、南北290kmでは20mを超え、425kmでは10mを超えている。北海道や関東では、岬付近で津波の高さが増幅した[2]。

津波ハザードマップ

津波ハザードマップは、地震動の想定震源域から津波のシミュレーションを行い、地方自治体によって公開されてきた。しかし、東北地方太平洋沖地震以降、津波は想定波源域から推定されるようになり、見直しが行われている。各地の津波ハザードマップは、国土交通省のハザードマップポータルサイトの津波ハザードマップから、アクセスできる。

津波火災とコンビナート火災

東北地方太平洋沖地震では、津波で大きな被害を受けた宮城県の気仙沼市や石巻市などで大規模な津波火災が起きた。火災は、3県131カ所から発生し、565万m²が焼失した。貯蔵タンクは砂の上に置かれているので、津波で浮き上がり、燃料油が海上に流れ出て、燃えた。火災は船舶、自動車、住宅街にも燃え移った。さらに森林にも燃え移り、最長2週間にわたって鎮火しなかった。

コンビナートの火災は、宮城県の多賀城市、仙台市、千葉県市原市、神奈川県川崎市など、少なくとも5カ所で発生した。タンクの火災は、長周期地震動によるスロッシングによってタンクが損傷し、発生した。

(大越俊男)

3 津波による災害

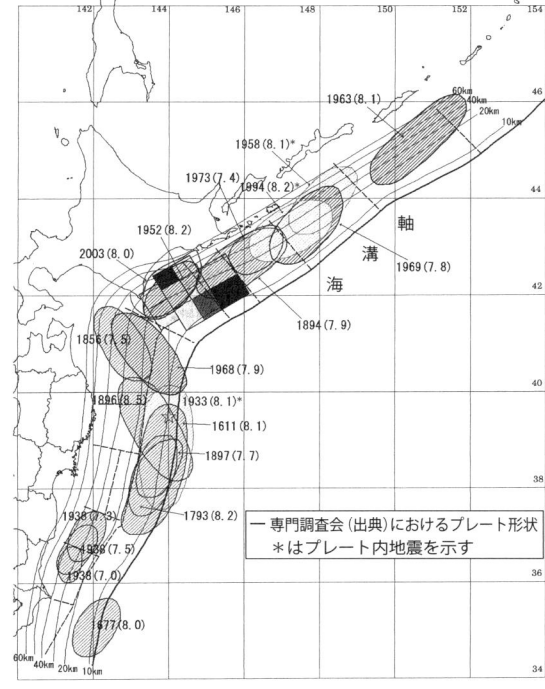

図1 千島海溝―日本海溝沿いの波源域の分布[1]

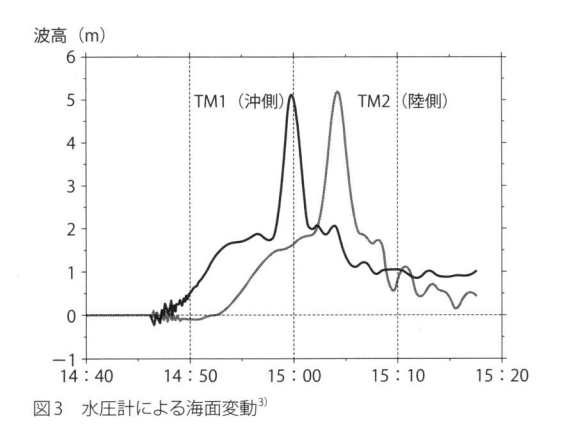

図2 南海トラフの検討中の想定波源域[2]
その後、波源域が震源域の2倍に拡大された

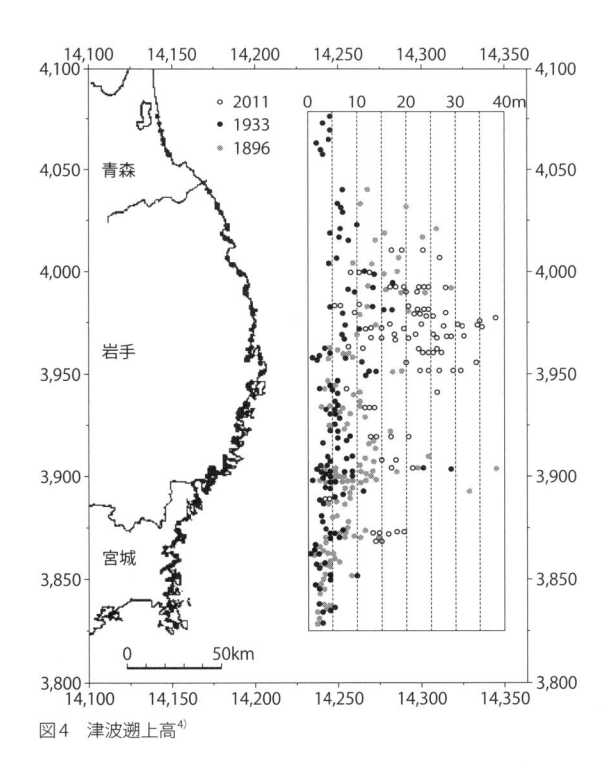

図3 水圧計による海面変動[3]

図4 津波遡上高[4]

参考文献
(1) 河田惠昭『津波災害』岩波新書、2010年
(2) 東北地方太平洋沖地震津波合同調査グループ研究成果、2012年4月26日 http://www.coastal.jp/ttjt/index.php?FrontPage

図版出典
1) 中央防災会議HP、日本海溝・千島海溝周辺海溝型地震に関する専門調査会、資料図表集、2006年 http://www.bousai.go.jp/jishin/nihonkaikou/index.html
2) 中央防災会議HP、南海トラフの巨大地震モデル検討会、資料、2011年 http://bousai.go.jp/jishin/chubou/nankai_trough/nankai_trough_top.html
3) 東京大学地震研究所 http://outreach.eri.u-tokyo.ac.jp/eqvolc/201103_tohoku
4) 都司嘉宣(東京大学地震研究所) Prof. B.H.Choi(成均館大)、Dr. Kyeong Ok Kim (KORDI)、Mr Hyun Woo Kim (Marine Info Tech Co)らによる

3-4
津波に耐えたまち

自然や災害と闘い共存しながら日本の国土は開かれてきた。しかし、1000年に一度の災害に対応策があるのか。その答えはこれから見出していかなければならないが、ハード・ソフト両面の「多重防御」が必要であろう。

津波防災地域づくりに関する法律が2011年12月に施行された

この法律では、国の定める基本指針のもと、都道府県知事が津波浸水想定を設定し、市町村が津波防災地域づくりの推進計画を作成する。推進計画地域内では「津波防災住宅等建設区の創設」「津波避難建築物の容積率の緩和」「都道府県による集団移転促進事業計画の作成」や「一団地の拠点市街地形成施設の都市計画」が行える。さらに都道府県知事または市町村長は津波防護施設の新設、改良、管理を行う。また都道府県知事は津波災害警戒区域および特別警戒区域を指定でき、開発行為や建築制限を行える。

法整備の一方で、我々は東日本大震災の貴重な教訓を生かさなければならない。

堤防が役立ったまち

岩手県釜石市の湾口の堤防は海底からの高さが63mで世界最高だったが、破壊された。陸側の海底の石積みが津波の洗掘により流され、堤防ブロックが転倒、漂流した。しかし、堤防は津波の威力を削ぎ、市街地への到達時刻を6分遅らせたという。貴重な避難の時間を稼いだ。海岸の堤防は表面がコンクリートでも、中は土堤である。田老町では最も新しい堤防が破壊された。堤防の陸側のコンクリート補強や杭の打設など強化策はいろいろ考えられる。しかし、その採用は費用対効果で決まってきた。

それを今後どうするかの議論と知恵が必要である（図1）。信頼できる土木構造物が望まれると同時に、過信の戒めも忘れてはならない（図2）。

避難のできたまち

釜石市鵜住居地区の釜石東中学校と鵜住居小学校の生徒570人が全員無事に避難できた。「津波てんでんこ」の教訓を生かしたからである。生徒たちは避難所へ走り、さらに高台に走った。保護者への引渡しや待機を行わなかった。学校では日ごろから群馬大学など津波避難の専門家と連携し、防災教育に当たっていた。年に一度の避難訓練も行い、想定以上の災害への危機管理がなされていた。

コミュニティーを残したまち

宮城県南三陸町歌津の馬場中山集落は100戸足らずの漁村で、今回の津波で壊滅的な被害を受けた。住民200人は2週間孤立した。集会所に避難した住民は世話役とともに食べ物を拾い集め、廃材で暖をとり、生き延びた。遅い行政の手を待たず、全国のボランティアの支援を求め、集会施設や風呂を設け、漁船を手に入れた。住民の分散を避けるために高台への集団移転を決断し、用地の候補地も自分たちで探した。道路もつくった。そのたくましさは津波に負けていない。人の心の中に強いコミュニティーがあったからだろう。

津波強度	0	1	2	3	4	5
津波高 (m)	1	2	4	8	16	32
津波形態 緩斜面		岸で盛り上がる	沖でも水の壁　第二波砕波	先端に砕波を伴うものが増える	第一波でも巻き波砕波を起こす	
津波形態 急斜面			速い潮汐			
音響				前面砕波による連続音（海鳴り、暴風雨）		
				浜での巻き波砕波による大音響（雷鳴、遠方では認識されない）		
					崖に衝突する大音響（遠雷、発破、かなり遠くまで聞こえる）	
木造家屋		部分的破壊	全面破壊			
石造家屋		持ちこたえる	（資料なし）		全面破壊	
鉄・コン・ビル			持ちこたえる	（資料なし）	全面破壊	
漁船			被害発生	被害率50%	被害率100%	
防潮林被害			被害軽微	部分的被害	全面的被害	
防潮林効果			津波軽減　漂流物阻止	漂流物阻止	無効果	
養殖筏				被害発生		
沿岸集落			被害発生	被害率50%	被害率100%	
打上高 (m)	1	2	4	8	16	32

注：表中、津波高（m）は船舶・養殖筏など海上にあるものに対しては汀線における津波の高さ、家屋や防潮林など陸上にあるものに関しては地面から測った浸水深となっている。最下段は一集落全体を対象とした表現となっており、その集落の浸水域内で発生した最高遡上高（最高打上げ高）(m) とその浸水域内全体としての家屋被害率の被害程度との関係になっている。

図1　津波高と被害程度[1]

庁舎を残したまち

宮城県気仙沼市は大きな被害を受けた。市庁舎は八日町の比較的高台にあり、1階まで浸水したが上部は浸水を免れた。その結果、地震発生直後から危機管理課の職員が4階駐車場よりツイッターで情報を流し続けた。パソコンから携帯電話に切り替え、14時55分から22時37分に携帯電話の電源が切れるまで発信したツイートは62本に上った。内容は津波の警報、大きさ、火災発生、避難の呼掛けなどだった。

災害時に地域の核である行政庁舎が機能し続けるか否かで被害の差は大きい。地震発生直後から避難指示、安否や救援の情報、支援の受入れ拠点など行政当局が果たすべき役割は多すぎるほどある。耐震改修や設備更新など庁舎の機能を維持する備えと、それ以上に安全な立地を確保しておく必要がある（図3）。

病院を残したまち

石巻赤十字病院は内陸にあり立地がよい。建物は免震構造である。しかし何よりも医師や看護師を始めとするスタッフがよかった。災害に備える体制づくりもなされていた。医師を中心とした緊急対応チームが地震直後から機能した。国や県、市が周辺被災地の状況を把握できない中で、医師自らが地域を回り必要な物資を把握し、各地のボランティアとともにそれを配給しながら、本来の医療活動に当たった。立地、建物、人のいずれかの条件に恵まれず廃墟となった病院が多い中での奇跡であり、今後の教訓となる実例である（図4）。

魚市場を残したまち

気仙沼市魚市場は鉄骨構造で、屋上は避難広場になっている。津波で1階の管理室は流されたが、構造体は無傷であった。そのため復旧は早かった。魚が水揚げされ、市場が再開されれば、製氷工場、梱包品製作所も再稼動する。産業が復活し人が戻り生活が再開される。このように基盤産業施設は早期に機能回復できる建築であることが必要である。また基盤産業施設を残せるまちの防災計画が必要である。

（安達和男）

図版出典
1）首藤伸夫「津波強度と被害」津波工学研究室報告第9号、1992年

図2　岩手県田老町の壊れた防波堤
海中で足元が洗掘され転倒した。一方で、岩手県普代村の堤防や水門のように無傷で機能したものもあった

図3　被災した大槌町庁舎（岩手県）
建物の破壊より、有能な町長や職員を失った人的ダメージが最も大きい

図4　公立志津川病院（宮城県）は耐震改修を行っていたが、チリ津波をはるかに越える津波で被災した

3-5
津波に耐えた建築

地震の防災目標は、人命保護から機能保持へと進んできた。津波の防災目標はまだ人命保護から始まったばかりで、まずは避難ありきだ。どんなに堤防を高くし建物を強くしても、想定を越えた津波は来る。速やかな高地への避難が必要である。そのための建物内外の避難経路の整備を、日ごろから重視すべきである。

対策は立地を選ぶことから始まる

同じ地域の中でも津波被害の差は大きい。わずかな標高の差で浸水を免れた建物がある。明治三陸大津波の後、「これより下、家建てるべからず」との石碑がつくられ、これを守って被害を防いだ岩手県宮古市姉吉地区があった。建築の耐震に重要度係数があるように、対津波にも建築の重要度係数があるべきで、重要度の高い建物はまずは立地から安全性を確保しなければならない。住宅では震災後に高地移転が推奨されている。しかし何十年か経ち、被害の記憶が風化しても海辺に戻らない仕組みが必要である。行政庁舎、学校、病院、警察などは埋立て地などには建てず、浸水の恐れのないところに建てるべきである。狭い平地のリアス式海岸などで立地に選択の余地がない場合に初めて建物で対策を立てるべきである（図1）。

鉄筋コンクリート造がより耐えたが絶対はない

東日本大震災で被災した建物についての国土交通省報告によると、構造別比率では木造が全体の73％、鉄筋コンクリート造（RC造）が2％、鉄骨造が5％、その他（軽量鉄骨、土蔵、ブロック造）が7％である。圧倒的に木造の被害が多い。そのほとんどが津波による被害である。被災地では木造はコンクリートの布基礎しか残っていない。津波高さ2mを超えれば部分的に破壊され、流失を始める。鉄骨造は壁体のALC板や仕上げなどが流され、鉄骨だけが残っている（図2）。小断面の鉄骨は倒壊しているが大断面の鉄骨造は強かった。

RC造は残っているものが多い。ピロティ形式の建物は上階まで浸水しても被害が少ない。水を受け流せたのである。一方で東日本大震災の地震周期がピロティ躯体のキラーパルスでなかった点を忘れてはならない。宮城県の女川では漂流したRC建物もあったが、RC造の重さと強度は津波に耐えたといえる（図3）。

残った建物は津波により、壁や開口部が破壊されていた。津波に正面から立ち向かうのではなく、津波の流れを通り抜けさせたため、建物全体の崩壊を免れたといえるものが多い。また引き波の洗掘により基礎が損傷したものもあった。いずれにしても津波の浸水地域ではRC造が強かった。それも浸水予想深さ以上の階に避難が可能な高さのあるものが人命を守った例が多かった。

設備の配置や防護が必要である

機能保持や機能回復のためには設備計画の見直しも必要である。浸水予想地域では地下階に機械室や電気室を置くのではなく、浸水予想深さより上階に置くべきである。屋上や塔屋に設置された設備が無傷であった例が多い。インフラの復旧に応じて機能回復が可能である。パイプシャフトや電気幹線ルートやシャフトの防水区画も必要である。また、地上付近に置かれる水槽や冷却塔も設置のレベルを高くし、周囲をフェンスで防護すれば漂流物による機器の損傷は少なくなる（図4）。東日本大震災では津波火災も多かった。この原因の一つがプロパンガスボンベの流出である。ボンベの保管庫や固定方法を改良する必要がある。

屋敷林は役に立った

東北地方では屋敷林をイグネ（居久根）と呼ぶ。季節風や日射を防ぐ役割を持つ。このイグネが家屋の流失も防いだ。また、漂流物からの損傷を防いだ。大きな海岸の防潮林の役割とは別に、敷地内の植栽は津波に効果的である。学校や工場など敷地の広い施設では緑化によるCO_2削減と防災の二つの機能を、杉などの樹木の列植に担わせたい。

避難ビルの屋上は重要であり、防犯と防災には相克がある

宮城県南三陸町志津川の津波避難ビル指定の町営住宅では50人が助かった。4階建てのRC造で堤防を介して海に面する。津波は15mを超え、屋上まで達した。しかし屋上には高さ1.8mの頑丈なステンレス製の手すりがあった。これが胸まで海水に漬かった人たちを救ったのである（図5）。屋上への扉には鍵が付いていた。これが開錠された意味も大きい。同じ地域の病院の屋上に避難した人の中には寒さにより亡くなった人もいる。

避難ビルの屋上の塔屋には毛布や非常用品の装備が必要である。また災害時に開錠され利用できるような管理システムも必要である。電気的に管理されるセキュリティーシステムの普及が進んでいるが、災害時に施錠を解除することが重要になってきている。エレベーターの着床階制御にも同様の問題がある。日常の防犯と災害時の防災の相克である。

津波避難ビルの構造や避難スペースの高さについては2011年11月に技術的助言が国土交通省から出された。津波荷重や浮力転倒、洗掘、漂流物の衝突などの配慮に触れている。

再利用できる躯体の条件は死者を出さないことである

被災地では津波に冠水しても、躯体にはまったく損傷を受けなかった建物も多い。しかしその多くのものが取り壊される。阪神・淡路大震災のときも十分な耐力のある建物が多く解体され、後に反省も一部に出た。これは一定の時期までに所有者が合意すれば解体が無償になる制度のためである。しかし、真に解体される理由は、そこで死者や負傷者を出した記憶に耐えられなかったためである。避難でき、建物内で死者を出さないことこそ、被災建物の再利用の条件である（図6）。　　　　(安達和男)

図1　斜面にある住宅地
同じコミュニティーの中で、ほんの数mの差で被災するか否か違いが出る

図2　鉄骨造では外壁材はすべて流され、漂流物が絡み付く

図3　女川町の転倒した建物
鉄骨ALC造ビルは浮力と津波の横力で杭が引き抜かれ転倒し、流された

図4　囲いで守られた設備機器
地上に設置されていたが、機器にはほとんど損傷はなかった

図5　志津川の避難ビル屋上の手すり
高さ1.8mで堅固なつくりが50人の命を救った

図6　捜索済み表示の付く建物
自衛隊や海外からの支援部隊で建物内の犠牲者の捜索が行われた

4 求められる性能設計

4-1
造形性や日常機能と防災・耐震性能

建築造形と構造には密接な関係があったが、構造技術の発達で造形は自由を得た。しかしそこには合理性が必要である。日常機能と防災性能は時に矛盾する。それを両立させるために高層建築の計画手法は発展してきた。

建築の造形は構造と無関係には成り立たなかった

　建築の創造活動において造形性は極めて大切な要素である。そして建築をつくる技術のレベルがあまり高くない時代には、建築の造形性は構造と無関係には成り立たなかった。伝統に裏打ちされた風土性豊かな建築空間のありようは、その地域と歴史の中でつくり上げられた構造方式により成立していることが多い。また、古来より名建築として高く評価されてきたものの多くが、構造を造形のレベルにまで高めたものであるのはよく知られている。

　たとえば、伊勢神宮の木造の素朴な高床式・棟持柱の構造形式（図1）、イギリスや北ヨーロッパで発達したハーフティンバーの木造軸組、ゴシックの聖堂の建築空間を石の重さから解放するような飛翔感溢れる組積造などである。

近代建築も新しい構造形式を建築造形の基本にしている

　近代建築の巨匠たちの作品も彼らの追求した構造形式と切っても切れない関係にある。ル・コルビュジエによるサヴォア邸のドミノシステム、F・L・ライトによる落水荘の鉄筋コンクリートのキャンティレバー、ミース・ファン・デル・ローエによるシーグラムビルの鉄骨やメタルワークなどである（図2）。

建築の造形の情報機能と建築空間の基盤としての構造の関係は、現代の建築創造が直面している大きな課題である

　ところが建築をつくる技術が一層高度化して設計の自由度が大幅に増大するとともに、建築の造形が直接的に持つ情報機能がそれ自体の価値を主張するようになった。1980年代に起こったポストモダンデザインである。古い様式から造形を借りた折衷主義的で表層的な造形であった。やがてバブル経済の崩壊とともに流行としては衰えていったが、中国や中東を始めとする国々では、建築の造形性を通じて独自性を主張し、意味を表現しようとするニーズは強い。

　阪神・淡路大震災や東日本大震災を経て、耐震性能や防災性能がより強く求められる日本においてさえも、構造技術の発展が外装デザインの自由度を解放したのは事実である。いわゆる「何でもあり」デザインの横行である。一方、近年は環境保全のための省エネルギー、省資源の観点が強くなり環境設備計画の面から造形が左右されるほうが多くなってきている。自由な造形を手にしたとはいえ、すべてが可能になる技術を持つことはありえないという謙虚さと、合理性のない造形はやがて捨てられるという平衡感覚を持ってデザインをしていくことが必要である。

日常機能と防災・耐震性能は建築創造活動の両輪である

　建築は防災拠点や避難施設のような建物でない限り、日常機能を充足するためにつくられる。この日常機能の充足と防災・耐震機能の充足はいずれも欠かすことのできない建築の創造目標の両輪である。耐震性能の向上のためには、柱・梁のほかに耐力壁やブレースなどの耐震要素のバランスのとれた配置が有効であるが、それらはややもすると日常的な使い勝手のよさの妨げになることが少なくない。しかも多くの場合、日常的な使い勝手は時間の経過とともにその内容が変化していくので、この矛盾は無視することができない。模様替えで壁や柱が邪魔になることが多いということである。

　また、火災発生時の避難を考えると延焼防止のための適切な防火区画の設定や避難階段の安全でバランスのとれた配置が不可欠であるが、これも日常的な使い勝手のよさと矛盾することが少なくない。

　こうしたことを考えると、防災・耐震性能と日常的な使い勝手のよさや将来の使い勝手の変化への対応力の向上との両立を図るのはそれほど、容易なことではない。この両立を図るために、これまで多様な構造方式やビルの計画手法が開発されてきた。特に、社会の永続的な資産として長期にわたって使い続けることが前提になる建築にあっては、時間を越えた建築空間の基本構造を把握し、創

造することは最大の創造活動といえるかもしれない。木造建築にあって、一種のメガストラクチャーのシステムを持っている古民家が幾世代にもわたって長い寿命を全うできている理由と、当面の使い勝手に準じたつくり方を前提にして特色ある空間的細工を楽しむのを特徴としている数寄屋との違いでもある。

高層建築の計画手法

　オフィスビルの高層化の技術は前述した意味では極めて象徴的である。高層化が実現してきた表の主役は、当然ながら構造技術の発達である。しかし、それらを可能にした陰の主役はエレベーター技術の発達であり、さらにそれらを補うかたちで非構造部材の技術や環境設備技術の発達があった。

　これらを背景に、高層オフィスビルでは基準階の繰返しによる合理化された建築手法が編み出された。階段、エレベーター、洗面所、設備シャフトや共用廊下といった共用部分を縦に重ねて、これらを耐震・耐風要素として活用するコアプランニングをもとに、センターコア方式と外殻構造を組み合わせる方法はその代表的なものである。また、分離コアシステムやオープンコアシステムも定着した手法となっている。これらは日常機能と防災・耐震機能を両立させた知恵のかたちである（図3、4）。

（村尾成文／安達和男）

図1　伊勢神宮の神明造り
高床式の倉庫をもとにした棟持柱の造り。屋根を支える側面の破風は突き抜けて千木となる

図2　落水荘（設計：F.L.ライト）
滝の上にせり出すキャンティレバーが力強く水平線を強調している

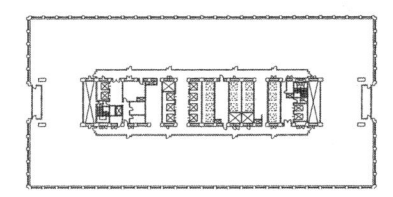

図3　センターコアのオフィスビル基準階（霞が関ビル、設計：山下設計）

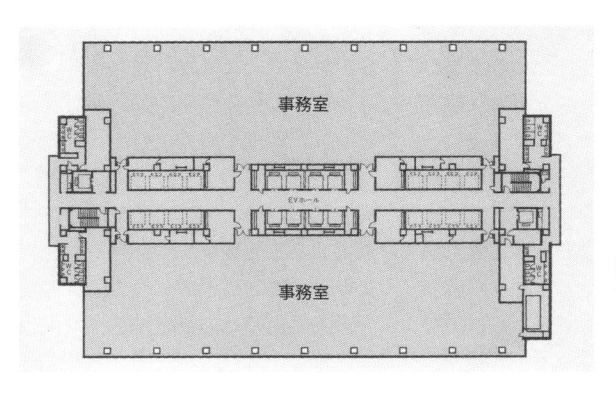

図4　オープンコアのオフィス基準階（品川インターシティB、C棟　設計：日本設計）

4-2 耐震設計法の変遷

耐震設計法は1950年の建築基準法制定に始まる。設計震度0.2の許容応力度法によるものである。81年に保有水平耐力計算法を加え、二段階設計法が採用された。98年に性能指向型設計法が採用され、限界耐力計算法やエネルギー法が追加された。

剛床仮定と質点系モデル

1914年に佐野利器が「家屋耐震構造論」において、震度法を提案した。この中で、剛床仮定と質点系モデルが採用されている。以後、日本ではこの仮定が原則になっているが、日本独自のものである。

許容応力度設計法

これは、材料の強度から安全率を考慮して、工学的な判断で低減係数を定め、材料の許容応力度を規定し、構造物の安全性と使用性を確保するものである。地震力は大きく、塑性設計法が望ましいが、震度0.2に対して許容応力度設計をしておけば、2～3倍の地震力に耐えることができると考えた。

限界状態設計法

1953年に設立された欧州コンクリート委員会は、許容応力度設計法に変わるものとして、終局強度設計法を開発した。これは、荷重ごとの確率に基づく荷重係数を考慮した荷重の組合せに対する弾性解析の部材応力に対して、材料強度の信頼性、算定式の不確かさ、部材の重要度などを考慮した部材の強度低減係数を乗じた断面算定を行うものである。

終局強度設計法には、荷重係数設計法と限界状態設計法とがある。1964年に、使用限界状態と耐久限界状態の構造規定を追加し、限界状態設計法を提案し、以後、世界の標準設計法になった。しかし、設計したフレームや構造体の性能を検証するものではない。

時刻歴応答計算法

時刻歴応答計算法は、設計した建物の振動モデルをつくり、地震波を入力し、最大塑性率と最大変形応答値を求め、耐震性能を評価するものである。振動モデルには、日本独自の質点系モデルとフレームを直接用いるモデルがある。レベル1に対して許容応力度設計、変形角1/200以下にし、レベル2に対して層塑性率2以下、変形角1/100以下にしている。日本以外では、性能検証型の設計法はない。

保有水平耐力計算法

1980年に建築基準法施行令が改正され、1981年に施行された。これは二段階検証法で、一次検証が許容応力度計算法、二次検証が保有水平耐力計算法によるものとなった。

地震力は震度法による外力から各層の層せん断力、すなわち内力として与えられるようになった（図1）。標準せん断力係数は、一次設計用が0.2以上で、二次設計用が1.0以上である。振動特性係数は、地盤種別に応じた建物の周期に対する応答加速度を示すものである。必要保有水平耐力は、じん性に応じた構造特性係数による低減や、偏心率や剛性率の割増しをして求められる。保有水平耐力の計算は、荷重増分法で求められる。

建築基準法改正

1998年に建築基準法が改正され、性能指向型設計法が採用された（図2）。初めて変形が定義され、損傷の程度が計算されるようになった。

地震力が解放工学的基盤面で定義され、表層地盤の増幅率の評価が重要になった（図3）。

限界耐力計算法

2000年に限界耐力計算法が採用された。時刻歴応答解析の応答値を静的に求める応答スペクトル法で、損傷限界耐力と安全限界耐力の二段階検証法である。建物の固有周期と減衰定数が損傷の程度に応じて変わり、変形量が求められる（図4）。

免震告示

同年に免震建物の技術基準が制定された。限界耐力計算に準じた簡易計算法で、免震層をバイリニア特性で評価し、建物を等価一質点系に置換し、地表面の応答スペクトルを用いて地震時の建物に作用するせん断力と免震層の変形を得られる。

エネルギーのつり合いに基づく耐震計算法

2005年にエネルギー法が導入された。地震動による建築物の性状についてエネルギーを媒介にして応答予測を行い、その安全性を評価する手法で、損傷限界耐力と安全限界耐力の二段階検証法である。　　（大越俊男）

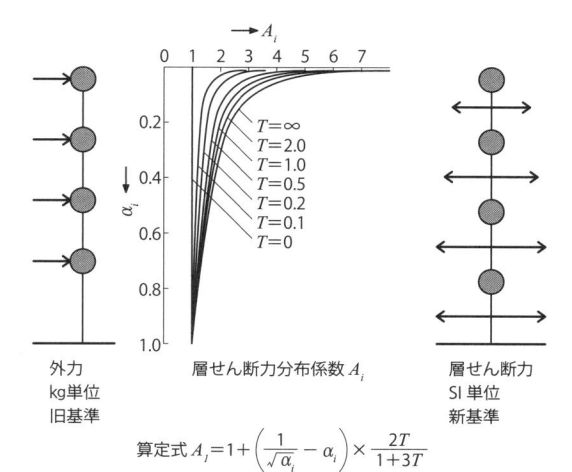

図1 震度荷重と層せん断力

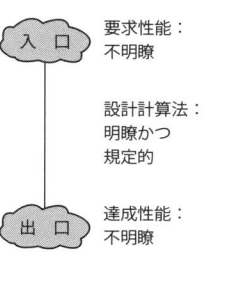

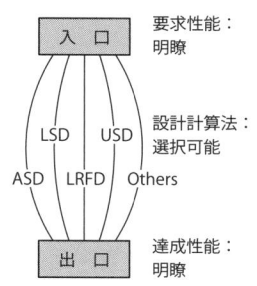

$A_i = 1 + \left(\dfrac{1}{\sqrt{\alpha_i}} - \alpha_i\right) \times \dfrac{2T}{1+3T}$

ここで、α_i：最上部から1階までの重量の和を地上部の全重量で除した値
T：設計用一次固有周期（秒）

図2 性能指向型設計法（作図：山内泰之）

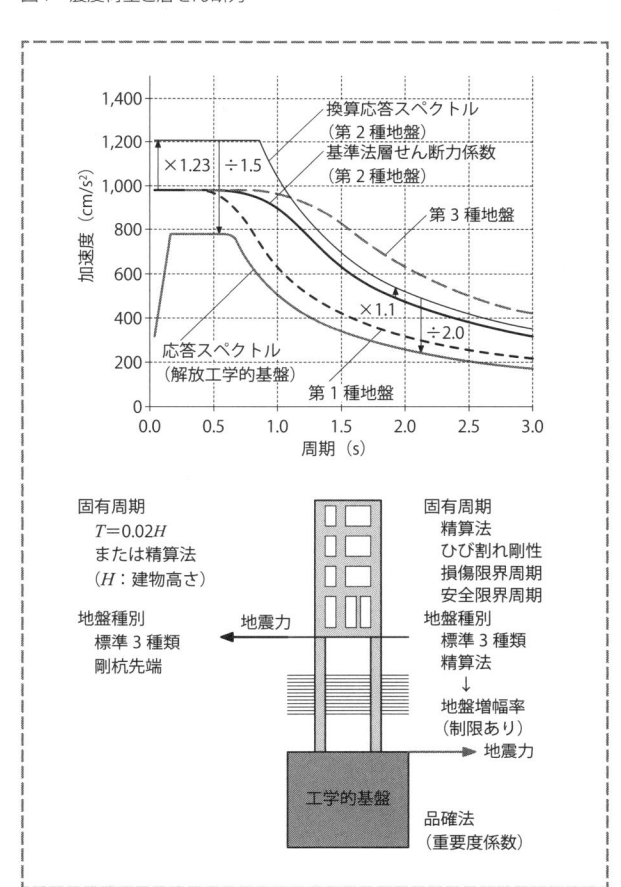

ASD：許容応力度法
LSD：限界状態法
LRFD：荷重抵抗係数法
USD：終局強度法
Others：その他
（応用解析 etc.）

図3 基盤での地震力と地表面での地震力

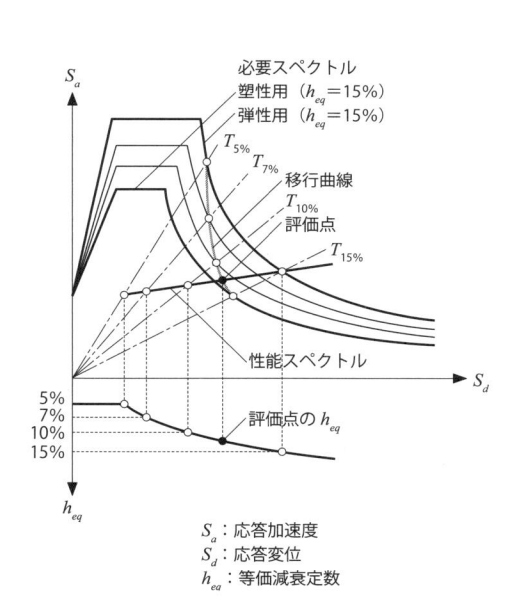

図4 弾塑性一自由度系の最大変位応答値の推定方法（白石）
塑性化が進むと固有周期が伸び、減衰定数が大きくなり、必要な変形が小さくなる（作図：平石久廣）

S_a：応答加速度
S_d：応答変位
h_{eq}：等価減衰定数

参考文献
(1) 日本建築学会「建築物の耐震性能評価手法の現状と課題」2009年

4-3
海外の耐震設計の考え方

耐震設計法が規定されている国は少なく、あっても中南米やアジア各国のように、それらを入手もできず、規制もない。海外の耐震設計法には米国のIBCや欧州のEuro Code 8、日本と米国をミックスした中国基準、米国IBCを準用した台湾、韓国、インドネシアなどがあるが、ここではIBCを紹介する。

全米建築基準IBC2003

IBCでは、耐震設計が第16章構造設計の中の1613節から1623節に規定されている。この基準は、全米で3,000余りある建築基準のモデルコードとして使われている。

米国の構造計画

米国では、ワールドトレードセンターに代表されるように、外周のチューブ構造が風荷重や地震荷重を負担し、中のフレームは横力を負担しないようにピン構造でできている。そのためダイアフラム構造の規定が厳密である。

強度

IBCでは、建物や他の構造物、部材が、建設材料の適正な強度限界状態を超えることなく、組合せ荷重時の要素荷重を安全に支えることとしている。米国では、一般に、鉄筋コンクリート造に対して荷重抵抗係数法、鉄骨造に対して許容応力度法が用いられている[1]。

耐震重要度係数

建築物は、用途に応じてⅠからⅣのカテゴリーに区分されている。各カテゴリーの耐震重要度係数は、Ⅰ・Ⅱが1.00、Ⅲが1.25、Ⅳが1.50である。

地震動

考慮すべき最大地震動が、米国の地図に、B種地盤での0.2秒および1.0秒の2種類のスペクトル応答加速度（臨界減衰5%）で、示されている。設計用加速度応答スペクトルは、次の手順で求められる。建設地における0.2秒の短周期と1.0秒の周期の最大地震動を求める。

次に、短周期と1秒周期の2種類の地盤種別による係数をかける。これは、表層地盤の増幅率である。これに、5%減衰を考慮して、最大調整地震スペクトル応答加速度を求める。これらをもとにしてスペクトル図をつくる。これはジオテックエンジニアの仕事である（図1）。

地震荷重—クライテリア選定

短周期および1秒周期応答加速度に基づく耐震設計カテゴリーが、各々、AからDで示されている。

建築物は、構造の不整形に対して、6個に分類され、平面および立面ごとに、耐震設計カテゴリーAからFが決められている（表1）。

最小設計横力と関連効果

設計用の荷重組合せを荷重効果と呼んでいる。

水平および垂直の効果による耐震荷重効果は、リダンダンシー（余力割増）係数をかけた地震荷重と、20%の短周期設計スペクトル応答加速度をかけた死荷重の和である。

最大耐震荷重効果は、78に分類された構造形式による基本的な耐震—荷重—抵抗システムに対する設計率および係数をかけたものである。リダンダンシー係数は、耐震設計カテゴリーA、B、Cに対して1.0、カテゴリーDに対して式で与えられている。変位および層間変形角の最小値が、耐震用途グループⅠからⅢのそれぞれに定められている。

構造形式のじん性

純ラーメンのじん性は8であるが、リダンダンシー係数が3であるから、結果的に3/8＝0.375になり、日本のD値が0.3で、ほぼ同じである。この層塑性率は5.5である。耐震壁構造では、2.5/5＝0.5で、日本のD値が0.55でほぼ同じである。この層塑性率は5である（図2）。

層せん断力分布

層せん断力分布には、ASCE、9.5.5の等価横力法が使われている。等価横力法は、一質点近似動解析法で、ベースシアと層せん断力が逆三角形の震度法から式で表されている。

簡易解析手法では、ベースシアと、各層での横力の震度分布が、逆三角形で示されている。

耐震システム

基本的な耐震システムは八つで、さらに78に細分化され、各々に対して、設計用の応答低減率（日本の構造特性係数D_sの逆数）、余力割増し係数および変位増分係数（塑性解析をしないので、弾性解析から推定する）が示されている。これらの係数や構造システムの限界と高さの限界が、表

4 求められる性能設計

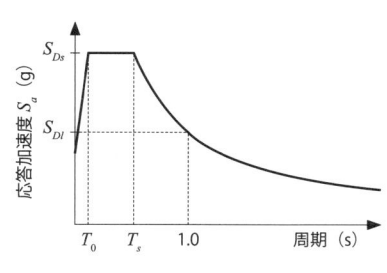

で与えられている。

動的解析法

等価横力法の代わりに、モーダル応答スペクトル解析や線形時刻歴解析、非線形時刻歴解析が許されている。詳細は規定されていない。

その他

そのほかに、部材設計とディテール、建築・設備・電気要素の耐震設計、非構造部材の耐震設計、免震構造の節があり、要求事項が示されている。詳細は規定されていない。

（大越俊男）

参考文献
（1）Bozorgnia & Bertero, Earthquake Engineering, ICC, 2004, CRC Press

図版出典
1）Bozorgnia & Bertero, Earthquake Engineering, ICC, 2004, CRC Press

表1 鉄筋コンクリート造の横力抵抗形式[1]

主な耐震形式	構造形式の制限と建物高さ制限					応答低減率 R	余力割増係数 Ω_0	変位増分係数 C_d
	耐震設計区分							
	AとB	C	D	E	F			
耐力壁形式（耐震壁やブレース架構が地震力を負担する）								
特殊な耐震壁	無制限	無制限	50m	50m	30m	5	2.2	5
通常の耐震壁	無制限	無制限	禁止	禁止	禁止	4	2.5	4
ビル架構形式（耐力壁以外の架構形式が地震力を負担する）								
特殊な耐震壁	無制限	無制限	50m	50m	30m	6	2.5	5
通常の耐震壁	無制限	無制限	禁止	禁止	禁止	5	2.5	4.5
剛節架構形式（純ラーメン）								
特殊な架構	無制限	無制限	無制限	無制限	無制限	8	3	5.5
中間の架構	無制限	無制限	禁止	禁止	禁止	5	3	4.5
通常の架構	無制限	禁止	禁止	禁止	禁止	5	3	2.5
地震力25%以上負担する特殊な架構を持つ二重形式								
特殊な耐震壁	無制限	無制限	無制限	無制限	無制限	8	2.5	6.5
通常の耐震壁	無制限	無制限	禁止	禁止	禁止	7	2.5	6
地震力25%以上負担する中間の架構を持つ二重形式								
特殊な耐震壁	無制限	無制限	50m	50m	30m	6	2.5	5
通常の耐震壁	無制限	無制限	禁止	禁止	禁止	5.5	2.5	4.5
一本柱形式								
特殊な架構	禁止	禁止	禁止	禁止	禁止	2.5	2	1.25

図1 設計用加速度応答スペクトルのつくり方[1]

注：臨界減衰＝5%
S_{D1}：長周期1.0秒の応答加速度値
S_{Ds}：短周期の応答加速度値

図2 耐震鉄筋コンクリート造の構造形式の限界と建物の高さの限界および設計用率と係数[1]

＊1 重力に対して、耐力壁のみとする。
＊2 横力抵抗に対して、全耐力壁と、たとえ荷重を支持しなくとも全直交壁とする。

4-4
阪神・淡路大震災以降の法改正

阪神・淡路大震災以降、旧基準による建物の耐震改修や、耐震性能メニューが求められた。市場開放に伴い、性能規定型設計法の導入、38条の撤廃、確認申請の民間開放、通達行政の廃止がなされた。耐震強度偽装事件に伴い、計算適合判定や、構造設計一級建築士の資格が導入された。

兵庫県南部地震の教訓
構造設計者は、発注者や使用者、市民に、建物の安全性は一様であること、耐震構造はその損傷を前提にしていること、非構造部材は損傷することを前提にしていること、地震時や直後の建物の機能は維持されないことなどに関して、これまで何も説明をしてこなかったために、耐震設計に関して市民との乖離がはっきりした。

耐震改修促進法
1995年、耐震改修促進法が制定され、1981年以前に建てられた建物に対して、耐震診断・耐震改修の努力義務が国民に課せられた。

官庁施設の耐震計画基準
1996年、「官庁施設の総合耐震計画基準及び同解説」が刊行され、官庁施設をカテゴリーに分類し、耐震安全性の目標を、構造体で3種類、非構造部材で2種類、建築設備で2種類に分けた。また、震災時の機能維持に応じて、免震構造および制振構造の採用が認められるようになった。

住宅の品確法
1999年に「住宅の品質確保の促進等に関する法律」が公布され、翌年施行され、性能表示制度が始まった。「日本住宅性能表示基準」では、耐震性能に関する構造の安定では、設計地震力の大きさを、等級3が1.5倍、等級2が1.25倍、等級1は1.0倍に定めた。

耐震診断指針の改定
「既存鉄筋コンクリート造の耐震診断基準」は1977年に作成され、1990年に改定されたが、この地震を契機に、2001年に改定され、手計算から計算機を用いた一貫計算になった。

性能設計の開発
GATTウルグアイ・ラウンドの合意を受け、日米共同で、性能規定型設計法が開発された。米国では、1995年に「Vision2000」として発表されたが、日本では、総プロ「新建築構造体系の開発」がこの地震を契機に始められ、1997年度に修了した。
2000年に限界耐力計算法が、2005年にエネルギーのつり合いに基づく耐震計算法が制定された。

性能規定化と法第38条の廃止
1998年、建築基準法の改正により、性能設計が採用され、建築基準法第38条が撤廃された。
38条の撤廃に伴い、公明性・透明性が求められ、これまでに大臣の特認を受けたものや通達を受けた規準や指針などが5年にわたって告示化された。しかし、限界耐力計算と防火性能計算の採用以外は、大きな変更がなかった。

建築確認などの民間開放
行政改革の一環で、2000年に地方分権一括法が施行され、建築行政の大部分が地方自治事務になり、特定行政庁に移管され、通達行政が廃止された。そして、建築確認・完了検査および中間検査業務が民間の第三者機関に開放された。

構造計算書偽造事件
2005年に構造計算書偽造事件が発覚し、事件再発防止のために、2006年、基準法などが改正された。指定構造計算適合性判定機関が設けられ、一定の高さ以上の建物やルート3の建物は、構造計算適合性判定が義務付けられた。

20条の改正
建築構造物は四つのジャンルに分けられ、すべて安全性を確かめることになった。大きな改正点は、「大臣が定めた計算の方法」と「連続的に生じる変形」が設けられたことである。性能設計は変形の評価なしでは成り立たない。

構造計算適合性判定と告示の改正
2007年に二号および三号建築に構造計算適合性判定が義務付けられた（図1）。判定のために、それまで技術慣行であった学・協会の技術基準などの法制化が必要となり、37件287頁に及ぶ告示が制定された。さらに、9件の告示が追加された。

構造設計一級建築士
2006年、建築士法などが改正され、構造設計一級建築士が設けられ、2008年に認定された。

（大越俊男）

4 求められる性能設計

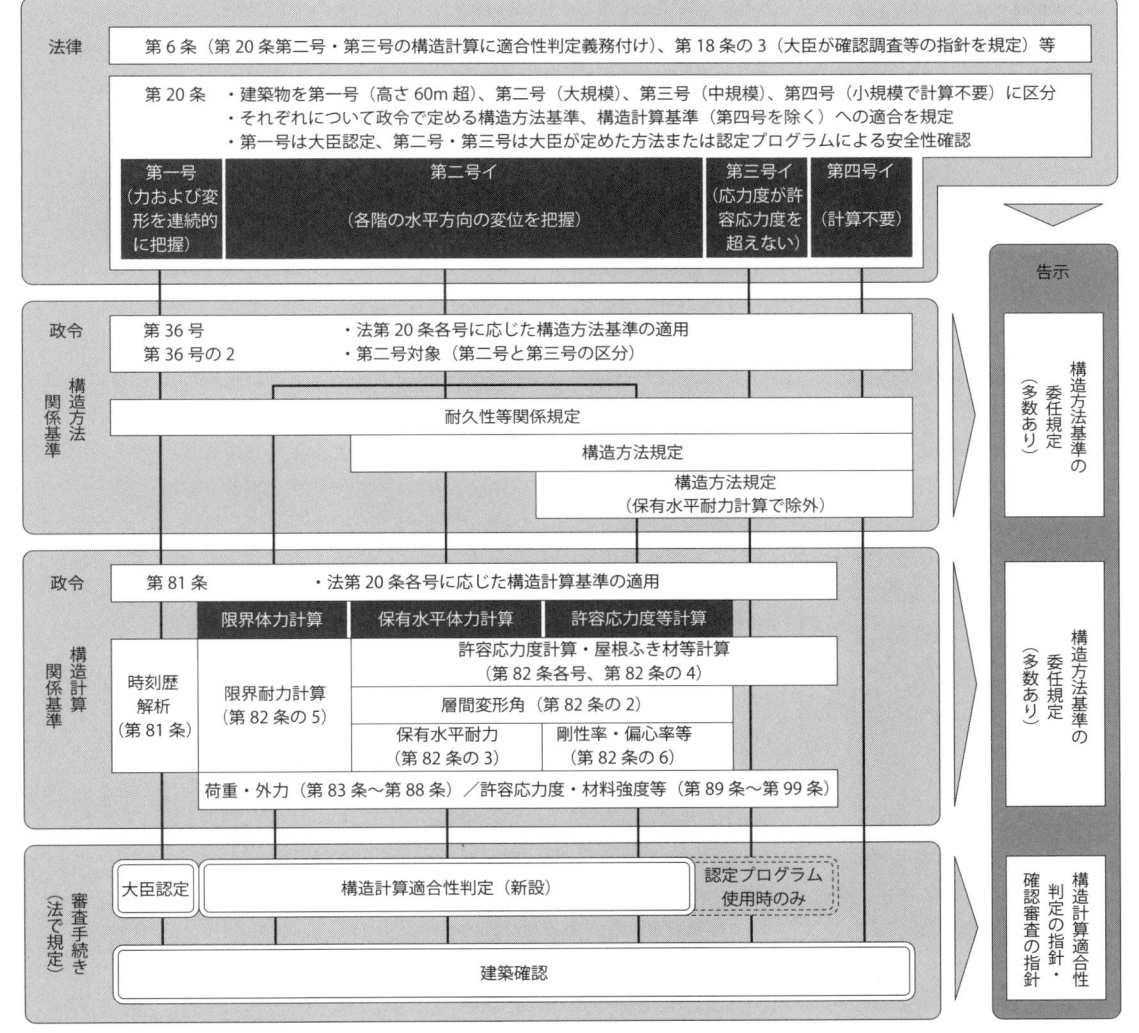

図1 主要な構造関係規定の適用関係[1]

参考文献
(1) 日本建築学会『建築物の耐震性能評価手法の現状と課題』2009年

図版出典
1) 国土交通省住宅局建築指導課ほか監修、建築物の構造関係技術基準解説書編集委員会編「2007年版 建築物の構造関係技術基準解説書」全国官報販売協同組合、2007年

4-5
耐震性能と構造躯体コスト

戦後しばらくはモダニズム建築の全盛時代で、耐震性能は、建築基準法の耐震規定を満足することであり、躯体コストは構造設計の重要な要素であった。ポストモダニズム時代になると建築や構造の性能が多様化し、性能指向型設計法が採用され、単純に耐震性能と躯体コストを評価できなくなった。

モダニズム建築

第二次世界大戦が終わると、モダニズム建築が流行した。耐震壁に囲まれた建物から、純ラーメンの建物に変わったが、耐震設計法は変わらなかった。よい構造設計とは、鉄筋やコンクリート量が少ないことで、腰壁や垂れ壁を設け、少ない鉄筋量を誇った。

1968年の十勝沖地震後、1970年に建築基準法施行令が改正され、帯筋間隔が10cmに変更された。81年の改正では、末端部135°曲げや溶接の帯筋が工場製作になり、先組み工法が主流になった（図1）。

1995年の兵庫県南部地震でその差は歴然となったが、躯体のコスト差は軽微なもので、耐震性能と躯体コストは直結するものではない（図2）。

新耐震設計法

この改正により中間層崩壊は防げるようになったが、中間層の層せん断力と下層の柱軸力が大きくなり、その分コストアップになった。

鉄骨鉄筋コンクリート造の鉄骨は、非充腹型に始まり、1975年から1980年にかけて非充腹型と充腹型が混用されていた（図3）。1981年以降、充腹型になり、せん断耐力とじん性が強化されたが、かなりのコストアップであった。多くの構造設計者は、コンクリートが分断されるので、充腹型はよくないと思った。

鉄骨造の柱は、日型H形鋼が廃止され、ボックス形鋼が主流になった。変形制限と幅厚比から断面が決まり、耐力はかなり上がったが、相当なコストアップになった。結果的にブレースがなくなり、空間が有効に使え、経済的になった。

用途係数と躯体費

1993年の「最適信頼性に及ぼす経済要因の影響評価」(神田順)では、標準せん断力係数0.2の躯体費を1.0とすると、0.3では1.2倍、0.4では1.4倍と報告された。

しかし、コンクリート強度が20N/mm^{2}から100N/mm^{2}になり、中国の台頭で鋼材の単価が乱高下するようになり、為替変動が激しく動くとき、設計時期に応じた対応が求められるようになった。

オフィスビル

ロングスパンと完全空調が主流になると、梁の断面は、たわみや振動の居住性および、空調ダクトの配管が優先され、構造設計からは決まらないようになった。躯体費は、カーテンウォール費と同じになり、空調設備費が40％を超えるようになると、構造躯体費は20％程度になった。

マンション

多くのマンションの構造計画は、発注者によって決められ、選択の余地はない。同じ階高で、柱の寸法と梁せいは販売や施工の合理性から決められ、スラブの厚さは遮音性能から決められ、構造コストの検討の余地はない。構造設計者は、梁の幅や、コンクリートの強度、鉄筋のサイズと強度を決めるだけの存在になった。

ポストモダニズム建築

モダニズム建築は意匠と構造、設備が一体となって設計され、最も合理的かつローコストのもので、柱の位置や床フレームが優先される。

モダニズム建築の先覚者ル・コルビュジエは、ロンシャンの礼拝堂でそれを否定したように、一様の箱は合理的すぎ、飽きられた。

AT＆T（F. ジョンソン、1984年）に始まるポストモダニズム建築は、意匠の構造からの解放といわれ、外観からはその構造形式がわからない。

都庁第一庁舎（丹下健三、1991年）の構造形式は4本の組柱のメガフレームである（図4）。経済性・合理性は二の次になった。

さらに、構造表現主義建築やグリッドオフ建築になると、もはや、躯体という分類はない。

性能設計

構造の性能設計は、耐力の割増しや免震・制振構造の採用によって具現化される。

免震構造や制振構造は、地震時や強風時に、機能や居住性を維持するために開発され、その分が追加コストになった。しかし、普及するにつれ、法的に要求された構造性能を満足させるための工法として使われるように

4　求められる性能設計

なった。

　構造設計一貫プログラムが用いられるようになり、構造計画が固まった後では、躯体コストに関する選択の余地はない。したがって、構造躯体コストは、目標性能が固まった段階で評価される。　　　（大越俊男）

図1　溶接された帯筋とあばら筋

図2　1970年以前の30cm間隔の帯筋（写真撮影：東京電気大学工学部）[1]

図3　非充腹型柱の中間層が崩壊した鉄骨鉄筋コンクリート造の建物

図4　都庁舎の構造（提供：武藤アソシエイト）

参考文献
(1) 日本建築構造技術者協会『耐震構造設計ハンドブック』オーム社、2008年

図版出典
1)『建築文化』1995年5月号、彰国社

5 建築物による耐震性能の違い

5-1
人命と機能を守る建築

建物の耐震性能に求められるのは、生命の保持であり、建物の機能保持である。建物によって、必要とされる耐震性能を決めることで、設計の目標が定まる。しかし、東日本大震災で想定外に対する備えの必要性が浮かび上がってきた。耐震性能を超える地震に対して、ソフトを含めた対応策を検討する必要がある。

耐震クライテリア

建物の耐震性能は、建物が担っている役回りによって異なる。

災害時に司令塔となる「災害拠点施設」には高い耐震性能が必要であり、行政庁の建物に入っていることが多い。また災害拠点病院や、避難場所となる学校の講堂・体育館も同様である。建物の種別によって耐震性確保の内容が異なる。建物の構造はもとより、災害拠点であれば通信機能の確保が最重要であり、病院であれば負傷者、患者の手当てに必要な水や電源の確保であり、避難所であれば、非構造部材を含め安全な空間確保はもとより、生活に必要な給排水・電源などの確保が重要である。どのレベルの耐震性が必要か、多角的な要素での検討が必要である。

時間・時代・地域で異なる地震災害

この100年間で地震による大災害が3回もある。1923年の関東大震災では火災、1995年の阪神・淡路大震災では圧死、2011年東日本大震災では津波による被害が大きかった。地域によって災害に備える内容は異なるものの、家屋の耐震性確保と家具の転倒防止は急務である。いずれの災害においても、家屋の瓦礫と転倒した家具が、発火の原因となり、避難路を塞ぎ、被害を拡大している。震度7が想定されている東京直下地震では、過半が焼死であると予測されている。

屋内での被害

揺れによる死傷の原因は、ほとんどが家具の移動・転倒および、ものの落下である。それらを物理的に固定することが大事である。表層の仕上げ材に取り付けても効果はなく、躯体に固定することが必要であり、仕上げする前に下地として組み込んでおく必要がある。

今日の居住環境は、重層化している。重層化することで上階は揺れが増幅し、地上より上階が揺れる（図1）。震度階で一ないし二段階ほど上がる。室内の地震対策が必要となる理由である。

避難ルートの確保

生命を守るには、危険な場所から安全なところに身を移す必要がある。まず、避難ルートの確保が必要となる（図2）。それには以下の三つのポイントがある。①部屋から廊下に出る。②廊下から建物の外に出る。③外に出たら道路まで安全に行き着くことである。地震直後は、ものが崩落、散乱しパニック状態に陥る。

地震後の停電を想定して、暗闇の中で安全に避難できるルートを整備しておく必要がある。①においては、家具が倒れなくとも、引出しが飛び出して扉が開かなくなった事例もある。②においては、通路にものが置かれ避難の妨げになったり、避難の要に当たるエントランスロビーは、見栄えをよくするため剥落しやすい石が使われることも多く、崩落が懸念される。③では、外部の避難経路には、自転車の放置や構造上不安定なブロック塀など避難の妨げになるものがある。日ごろから避難場所への安全なルートを考えておく必要がある。さらに、木造密集地域のように火災被害が想定される地区では、助け合って早く避難する必要があり、日ごろから顔の見えるコミュニティーの形成が望まれる。

機能を守る、生活を守る

耐震性能には必要な機能の保持が望まれる。建物によって機能の重要度は異なり、この点から重要度の優先順位を定め、耐震性を高める必要がある。どの建物でも、電源確保と、水の確保が第一である。今日問題になっているのは、発電機である。阪神・淡路大震災では、冷却用の水槽が損傷し、それが原因で発電機が稼動しない例が多く発生した。通常の発電機は停電時対応の3時間を目標に付設されているが、長時間運転用とは異なり燃料を追加しても継続運転は困難なタイプが多い。機能に合わせて適正な機器の選定が重要である。また、東日本大震災では、原子力発電所の冷却用のタンクが流され機能停止状態に陥り、機器の設置位置の重要性を示唆している。

施設によっては、複数の建物から成り立っていることがあり、それら建物が同じ状態で地面から支えられていることが大事である。支えられ方が異なると不同沈下が生じ、配管など

が破損し機能停止になるので注意を要する。

　重要な施設においては、ダブルでシステムをあらかじめ用意し、万が一の状況に備える必要もある。施設の種別によって重要機能は異なるが、その機能保持が大事である。しかし、機器などによるハード面の備えに対し想定外のことが起こりうる。そのために、日ごろソフトの面からの支える仕組みをつくっておく必要がある。特に耐震性の低いエレベーターが問題である。エレベーターは通常震度4程度で停止する。古いタイプでは閉じ込め事故が起きているし、最近のマンションのエレベーターは、セキュリティーの面から、居住フロアでしか開かないものもある。最近の建物ほど電化し制御され機能的に弱点が多くなっていることを自覚し、それに対するソフト面での備えをしておく必要がある。

　全体として、①消火の仕組み、②避難誘導、③情報の入手、④安否確認、⑤負傷者の救護、⑥生活弱者の救護、⑦備蓄などの対策。

　個々の備えとして、①家具・什器の固定、②出火の防止、③出入口扉の開閉確保、④外部周りからの延焼防止、⑤助け合い。

　以上のことなどについて、日ごろより備えておく必要がある。

資産を守る、人命を守る

　資産を守るには、建物の損傷をできるだけ抑えることが重要であり、損傷した場合その部分の修復が問題となる。生活者と専門家の間で、阪神・淡路大震災の折、雑壁に亀裂が入ったことを「専門家は予定通りの損傷といい、生活者は地震で壊れた、という」このように地震による被害に対する受止め方に意識の乖離があった。東日本大震災においても、同様の問題で専門家に対する不信感が生活者にはある。損傷度合いが少ないほど望ましいが、生命保持が第一であるとした耐震対策を立てる必要がある。

（中田準一）

図版出典
1) 耐震総合安全機構『生活を守る耐震手引き』技報堂、2008年

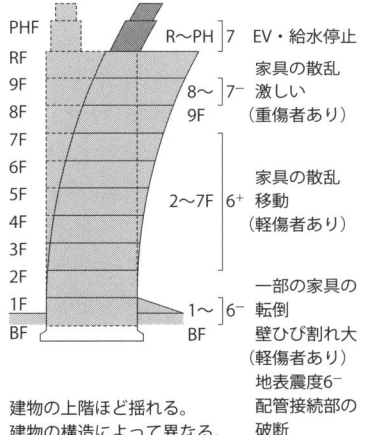

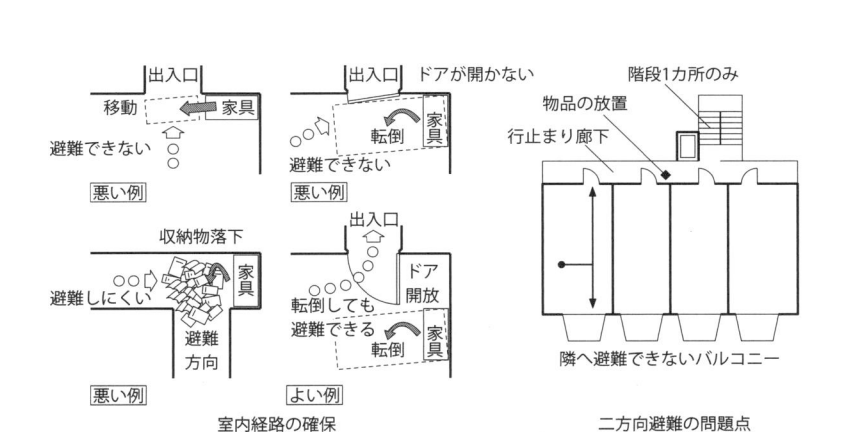

図1　高さと揺れの大きさ[1]

図2　避難経路[1]

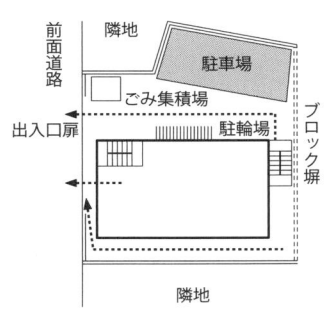

室内経路の確保　　二方向避難の問題点　　敷地内避難路の確保

5-2
機能確保と事業継続

地震から守るのは人命と建築だけでは十分ではない。機能確保や機能の早期回復を求められる建築はますます増えている。住み続け、働き続けられる事業継続（BCP）が目標になってきている。耐震対策は総合的なリスク管理の一つである。

地震から守るのは建築、人命だけでなく機能の観点が不可欠である

　1981年制定の新耐震設計基準の考え方の基本は、建築の耐用年限中にしばしば起こるような中程度の地震動に対して、構造躯体の損傷を防止する（これを一次設計という）とともに、稀に発生する大きな地震動に対しては構造躯体にある程度の損傷は発生しても崩壊せず人命を保証する（これを二次設計という）というものである。そのためには、終局的な破壊の仕方をうまく考えるのが大切とされている。

　この二次設計では構造躯体がある程度損傷するときに地震のエネルギーが吸収されるので、建築の崩壊を防ぎ、結果的に人命の被害を防ぐことができるといった効果が狙われている。そのためには全体崩壊につながらない梁降伏型の終局設計が求められるとされる。

　しかし、阪神・淡路大震災を体験してみると、新耐震設計基準の有効性は高く評価しながらも、構造躯体の崩壊を防ぐことによって人命だけに損傷が出なければよしとするのでは社会的にあまりに不十分であることが明らかになってきた。地震から守る必要があるのは建築本体と人命だけではない。決して、構造躯体が損傷を受けなければよいといったことではないはずなのである。特に重要度の高い建築にあっては、機能保持や機能の早期回復の観点を欠かすことができない。

　直下型大地震の特徴である大きな短周期の地震動に対しては、通常の耐震構造の中高層建築で構造躯体を強度の高い丈夫なものにすればするほど、内部の揺れが大きくなり、建築の機能を支えている非構造部材や設備・エレベーターや家具・内部収蔵物に大きな地震加速度が加わってしまう。その結果、もし構造躯体が損傷せずに残ったとしても、内部が壊滅状態になってまったく機能しなくなってしまう可能性が高いという矛盾を内包している。

　機能保持の観点からは、いわば建築によってつくり出される空間自体の安全性が問題にされているともいえる。技術的には、各階ごとの地震応答値（各階地震加速度や層間変位など）が課題になり、機能保持のための限界値が議論されることになるだろう。阪神・淡路大震災以降、免震構造技術や制振構造技術が多く採用されている大きな理由である。こうした技術が発達したことによって機能保持の観点を具体的に議論できる展望が開けたのである。

（村尾成文）

事業継続計画（BCP）にはリスクの把握と立地の分散・対応が必要である

　機能保持・機能回復の目的は建築の用途により異なる。住宅なら住み続ける。工場なら生産を続ける。企業なら事業を続ける。発電所では発電を続ける。これらを平常時から対処計画することを事業継続、Business Continuity Planning ＝ BCPという。

阪神・淡路大震災や新潟県中越地震が比較的、地域を限定した被害を出したのに比べ、東日本大震災では被災地が500kmに及んだ。予測される東海・東南海・南海大地震も連動型巨大地震と考えられている。こうした広域の災害に対しては分散できる機能は遠い他の地方に移し、複数並行で機能させるという対策が必要になる。さらに広域で考えれば数力国に分散させるべきである。複雑化した現代では、本社や本工場などの中枢施設を守るだけでは事業維持できない。輻輳化した協力企業までのサプライチェーン全体のリスクの分散化が必要であることが東日本大震災で明らかになった。

BCPを考えた建築全体での計画が必要である

　住宅、店舗、その他の事業所である一つの建築において考えるべきは次の事柄である。

①立地に注意する。同一地域でもリスクは異なる。地歴が参考になる。公共のハザードマップで敷地のリスクを確認する。ただし、それを越える事態も考慮する。到達可能な避難場所を確保する。

②電力の引込みの複数化や熱源エネルギーの分散、通信メディアの複数化など、インフラ設備のライフラインの設定に注意する。井水も有効である。

③敷地内の配置に注意する。接道の仕方、周囲の建物状況でリスクは異

なる。空地や緑地も有効である。
④構成員の安全確認方法、危機対応体制やマニュアルを設定し訓練を行う。
⑤リスクに応じて免震構造や制振構造の妥当性や採用を検討する。
⑥損傷を避け早期回復を図るために、電気室、発電機室、機械室の上階設置が必要か検討する。さらに空調機室やESP、DS、PSなどの配置に注意する。停電時の発電機利用の目的と期間を設定し燃料備蓄量を設定する。
⑦コンピューターシステムやデータのバックアップ体制を確保する。
⑧避難や泊まり込みでの機能回復のための食料品や寝具の用意を行う。
⑨津波や出水で低層階が損傷を受けた場合に上層階で事業継続できるかの検討を行う。複数の建物のうち安全な建物を確保し、バックアップオフィス、危機対応室の設置を想定する。

　1995年の阪神・淡路大震災、2001年のアメリカ同時多発テロ、2011年の東日本大震災、タイ洪水と見てくると、交通や通信が便利になり世界が狭くなるほど、被害は大きく早く広がっている。進歩と危機は級数的に増大していく。対策も遅れてはならない。
（安達和男）

表1　BCPのためのリスク項目
リスクは、起こりえる確率とダメージの大きさで評価される。複数のリスクを同じ籠に入れないような配慮が必要である

リスク項目	項目	項目	リスク項目
構造	建築	立地	プレート
設備			地帯・国・地方
避難			気象
防・耐火			地域・地区
備品・什器			敷地
地域住民	人	インフラストラクチャー	電力
構成員			給水
家族			排水
取引先			熱源・ガス・石油
協力企業			放送
健康			通信
国家	ソフトウエア	経済	通貨
通信システム			株価
ITシステム・PC			市場
データ			食料
ウイルス攻撃			風評

図1　宮城県気仙沼魚市場の復旧は早かった。市場の構造が強かったのが幸いした

図2　岩手県陸前高田市庁舎は屋上まで浸水して庁舎機能を喪失した

図3　浸水した膨大なカルテ
復元には大変な労力を要する。バックアップが必要であった

5-3
公共の要請と建築主の要求

公と私が求める耐震性能が一致するとは限らない。たとえば、公が建築基準法で定めている耐震性能はあくまで守るべき最低の基準にすぎない。しかし、住民は公共建築物に対して最大の安全性を期待する。はたして、建築物の耐震性能レベルはどのように定めるべきであろうか。

公共建築物の耐震性能レベルはどのように定めるか

東日本大震災では、多くの公共建築物が被災し機能不全に陥った。重要な個人情報を管理し、さまざまな行政サービスを提供する公共建築物が災害でダメージを受けたとき、地域の生活や経済に与える影響は計り知れない。実際に、東日本大震災では、庁舎が被災した自治体は、長期間にわたり死者や行方不明者の氏名すら確認できない状況に陥った。

前述の通り、建築基準法は最低限の基準を定めているにすぎない。したがって、ほとんどの建築物の耐震性能レベルの決定は、所有者の判断に委ねられている。国は、災害時に防災拠点としての機能を維持するために、「官庁施設の耐震計画基準」を策定し、施設の重要度係数を定めている（表1）。重要度係数とは、建物の設計時に地震力を割り増す係数のことで、一般の建物は大地震時に損傷を受けるものの倒壊はせずに人命を守ることを設計目標とし、防災拠点やデータセンターは大地震後も構造体だけでなく設備機器も併せて軽微な損傷にとどめることを目標としている。

構造体はⅠ類、Ⅱ類、Ⅲ類の三段階に分類され、重要度係数は、Ⅰ類1.5、Ⅱ類1.25、Ⅲ類1.0と定められている。国と同じように、東京都は震災対策条例に基づく建築物や多数の者が利用する建築物など、防災上の重要度に応じて耐震性能の用途係数を定めている（表2）。用途係数は、保有水平耐力の検討時に層間変形角以内での二次設計における各階の必要保有水平耐力の目標水準に応じた割増しに用いることとしている。このように、国や多くの自治体は防災拠点としての機能維持を重点にして公共建築物の重要度係数を定め、耐震性能レベルを定めている。

民間建築物の耐震性能レベルはどのように定めるか

建築基準法で定めている耐震性能は、守るべき最低の基準にすぎない。いつ起きるかわからない大地震に対して、とりあえず最終的に倒壊せずに人命を守ることを最低の基準に定めるのは、経済効率の観点からも妥当である。しかし、たとえ民間の建築物であっても、人命保護の観点から災害弱者や多くの人が集まる施設の耐震性能をより高める必要があるのも事実である。

東北地方太平洋沖地震では首都圏でも鉄道などの交通機関が止まり、都内で約352万人の帰宅困難者が発生した。そのため東京都は「一斉帰宅を抑制する」ことを方針の柱に据えた帰宅困難者対策条例を定めた。条例は、大災害時に企業や学校、デパートなど大規模な集客施設や駅などに「一斉帰宅の抑制」の努力義務を課すものである。

具体的には、企業などは従業員の施設内待機と従業員用の3日分の水や食料の備蓄、デパートなど大規模な集客施設や駅などは利用者の保護、学校などは児童・生徒の安全の確保に努めるという。

条例には、建築物の耐震性能に関する規定はない。しかし、努力義務が課せられる建築物は大地震でも機能を維持していることが当然求められる。前述のように、公共建築物の重要度係数は主に防災拠点の機能維持を目的として基準を定めている。

一方、民間建築物には国や自治体が定めた法や指標がないため、これまでは建築主の個別の要求にしたがってきた。そんな中で、東京都が大災害時に民間建築物にも防災拠点としての役割負担を条例で求めているのは、新たな取組みといえる。

民間建築物で重要度が高い建築物とは、次のように考えることができる。
①区分：多くの人が集まり防災拠点となりうる施設。
例）駅、空港、スポーツ施設、文化施設、商業施設など。

②区分：災害弱者を収容する施設。
例）病院、介護施設、教育施設など。

③区分：多量の危険物を貯蔵または使用する施設。
例）原子力発電所、石油コンビナートなど。

上記に示した施設は、民間が所有する建築物であっても公共性が高い建築物といえる。したがって、これらの施設の耐震性能を高めることは人命の保護はもちろんのこと、社会資産の保護という観点からも極めて効

5 建築物による耐震性能の違い

果が高いと思われる。特に、大災害時に避難や防災の拠点として期待できる施設は、本来その施設が持つ機能維持だけではなく、防災拠点としての機能が整備できればさらに効果が高い。

建築基準法では、建築物の耐震性能レベルは建築主の判断に委ねてきた。しかし、もし、社会の合意が得られれば、防災拠点としての機能が期待できる施設に対してより耐震性能を高めるための指標を定める必要があるかも知れない。

たとえば、前述した東京都のように地域の特性に合わせた防災計画をもとに、地域住民が合意して公共性が高いと思われる民間施設の耐震性能を高めることを法や条例で定めることは可能だろう。

阪神・淡路大震災と東日本大震災という、国難ともいえる未曾有の大災害に見舞われた今、私権の制限という観点ではなく、地域住民の生命と財産を守るために何が必要かというコンセンサスを目指して幅広い議論が必要である。

（森岡茂夫）

表1 官庁施設の総合耐震計画基準（国土交通省）

部位	分類	耐震安全性の目標
構造体	I類	大地震動後、構造体の補修をすることなく建築物を使用できることを目標とし、人命の安全確保に加えて十分な機能確保が図られる。
		→必要保有水平耐力の割増し：1.5
	II類	大地震動後、構造体の大きな補修をすることなく建築物を使用できることを目標とし、人命の安全確保に加えて機能確保が図られる。
		→必要保有水平耐力の割増し：1.25
	III類	大地震動により構造体の部分的な損傷は生じるが、建築物全体の耐力の低下は著しくないことを目標とし、人命の安全確保が図られる。
		→必要保有水平耐力の割増し：1.0（割増しなし）
建築非構造部材	A類	大地震動後、災害応急活動等を円滑に行う上で、または危険物の管理の上で支障となる建築非構造部材の損傷、移動等が発生しないことを目標とし、人命の安全確保に加えて十分な機能確保が図られる（外部および活動拠点室、活動経路）。
	B類	大地震動により建築非構造部材の損傷、移動等が発生する場合でも、人命の安全確保と二次被害の防止が図られることを目標とする。
	共通	建築設備の機能保持を阻害しないよう配慮する。
建築設備	甲類	大地震動後の人命の安全確保および二次災害の防止が図られているとともに、大きな補修をすることなく、必要な設備機能を相当期間継続できることを目標とする。
	乙類	大地震動後の人命の安全確保および二次災害の防止が図られていることを目標とする。
	共通	大地震動後においても機能する必要のある設備機器、配管等は、ほかからの波及被害を受けにくいよう配慮する。ライフラインの途絶に備えた対策を検討する。

表2 東京都構造設計指針

分類	目標水準	対象とする施設	用途例	用途係数
I	大地震動後、構造体の補修をすることなく建築物を使用できることを目標とし、人命の安全確保に加えて十分な機能確保が図られている。	(1) 災害応急対策活動に必要な施設のうち特に重要な施設。 (2) 多量の危険物を貯蔵または使用する施設、その他これに類する施設。	・本庁舎、地域防災センター、防災通信施設 ・消防署、警察署 上記の付属施設（職務住宅・宿舎は分類II）	1.5
II	大地震動後、構造体の大きな補修をすることなく建築物を使用できることを目標とし、人命の安全確保に加えて機能確保が図られている。	(1) 災害応急対策活動に必要な施設。 (2) 地域防災計画において避難所として位置付けられた施設。 (3) 危険物を貯蔵または使用する施設。 (4) 多数の者が利用する施設。ただし、分類Iに該当する施設は除く。	・一般庁舎 ・病院、保健所、福祉施設 ・集会所、会館など ・学校、図書館、社会文化教育施設など ・大規模体育館、ホール施設など ・市場施設 ・備蓄倉庫、防災用品庫、防災用設備施設など ・上記の付属施設	1.25
III	大地震動により構造体の部分的な損傷は生じるが、建築物全体の耐力の低下は著しくないことを目標とし、人命の安全確保が図られている。	分類IおよびII以外の施設	・寄宿舎、共同住宅、宿舎、工場、車庫、渡り廊下など ＊都市施設については別に考慮する。	1.0

5-4
建物の重要度レベル

建物に求められる性能は、重要度レベルに応じて、建築主やユーザーが決めるものである。設計者はそれを決めるためのツールを用意し、性能を定量化し具現化していくことになるが、それには、法の遵守はいうまでもないが、過去の災害などの経験による科学的な立証や社会的な合意が必要である。

求められる性能の多様化

建築物に求められる性能は、多様化している。設計者は、判断を繰り返し建築物を具現化していくが、その判断は無条件で容認されるものではない。社会的合意と法規の遵守が必要である。社会的合意の根拠は、過去の災害などの経験による安全性の何らかの科学的立証が求められる。特に、構造性能については、これまで建築物が具備すべき性能が、必ず明確に示されるものではなかった。

性能設計（性能志向型設計）

現状の建築の設計は、設計者を始めとする専門家に任されており、法律を遵守することで設計してきた。しかし、本来建築は、資金提供者である建築主などのユーザーが、安全性レベルなどの性能選択の権利と責任を持つべきものである。専門家は、その判断が適切に行えるよう支援することが求められる。ただし、公共の福祉などに関わる集団規定には、最低限の規制は必要である。設計者を始め専門家は、個々の建築に求められる環境を建築主やユーザーの要求に応じて設計することが求められ、その多様な要求に即した性能を実現するための、総合的な判断能力が求められる。

2000年の住宅の品質確保の促進等に関する法律などを契機として、現在の設計は性能志向型設計に移行してきている。そのために重要なことは、目標性能レベルを決定するための具体的なメニューである。

JSCA性能メニュー

JSCA（日本建築構造技術者協会）では、性能設計のプロセスを通じて目標性能を具現化するツールとして、2006年にJSCA性能メニューを作成した。

性能メニュー（図1）は、「状態表」（表1）、「性能メニュー表」（表2）、「性能数値表」の三つの表から構成されている。

状態表は、荷重の種類や大きさが同じであっても、建築物によって状態（応答・ふるまい）が異なることから、この差を「性能グレード」（図2）と定義している。

性能グレードは、「基準級」「上級」「特級」の三段階を設け、荷重の種類ごとに設定している。「基準級」は概ね建築基準法で定める性能に対応している。

「状態表」を用いて、建築主の要求性能を状態（状態A、状態B…）に置き換え、合意・確認した状態を「性能メニュー表」に当てはめ、性能グレードを決定する。

具体的な設計には、状態を定量化する必要があるが、それを示しているものが「性能数値表」である。これを設計目標値として、検証をスタートさせることになる。

ここで、最大の問題は、「性能の数値化」つまり定量化である。構造体の被害・修復程度の概念のイメージの社会との共有であり、技術的には層間変形角、部材塑性率、コンクリート系ではひび割れ幅、鉄骨系では局部座屈などとの関係のデータの整理と開示が必要である。また、建築物の性能は構造体だけで決まるものではないので、構造体の応答（加速度・変位）が、非構造材や設備機器と性能が整合しているべきであることは、言うまでもない。

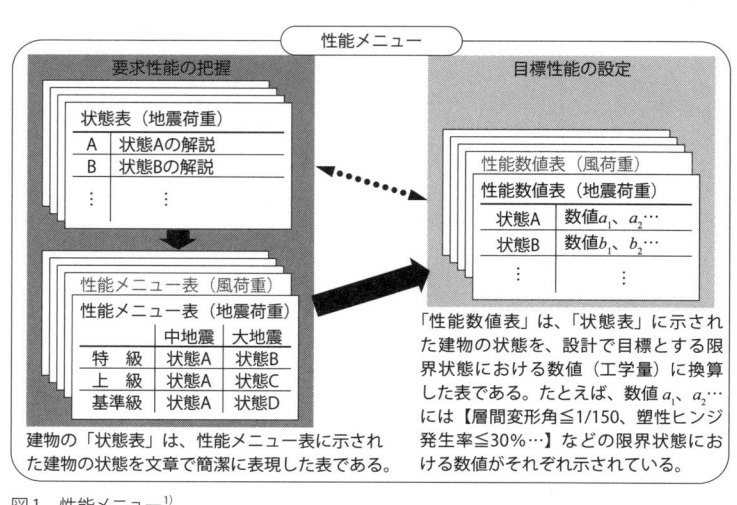

図1 性能メニュー[1]

5 建築物による耐震性能の違い

官庁施設の耐震性能

国や自治体の庁舎の耐震目標は、「官庁施設の総合耐震計画基準及び同解説」に、また既存施設の改修に当たっては「官庁施設の総合耐震診断・改修基準及び同解説」が示されている。これらの基準は、行政機能が地震災害により影響が及ぶことのないよう、必要な耐震性能を施設に確保させることを目的としている。

構造体のみならず、非構造部材および建築設備について評価し、耐震安全性の目標を定めている。大地震後の機能確保の観点から、構造体はⅠ類〜Ⅲ類の三つに、非構造部材はA類・B類に、設備は甲類・乙類に分類し、全体としてこれを組み合わせるものとしている。　　　（浅野美次）

図版出典
1) 「JSCA性能メニュー」日本建築構造技術者協会

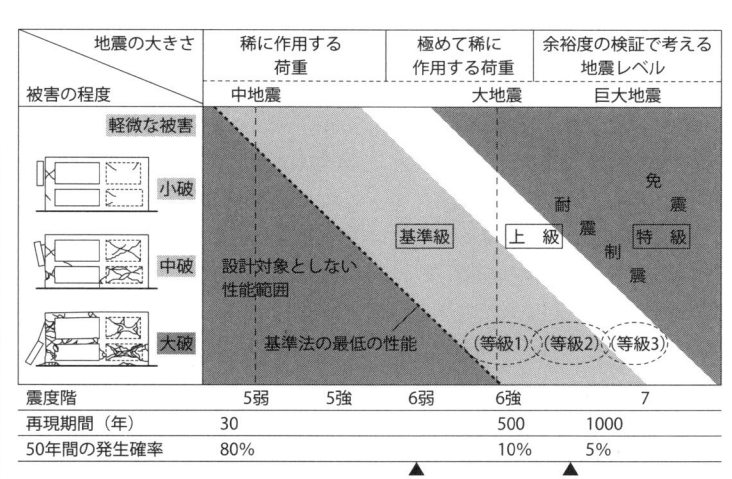

図2 建物の耐震性能グレードと被害・修復度の関係[1]

＊地震荷重の再現期間、発生確率は、東京地区における例を示す。
＊（　）内は「住宅の品質確保の促進等に関する法律」の大地震時における耐震等級との対応関係を示す。ただし厳密なものではない。

表2 地震荷重に対する性能メニュー表[1]

地震の大きさ／グレード	日常的に作用する荷重	稀に作用する荷重	極めて稀に作用する荷重	適用されるべき建築物の用途例
特級		機能維持 無被害 修復不要	主要機能確保 軽微な被害 軽微な修復	防災拠点、拠点病院など
上級		機能維持 無被害 修復不要	指定機能確保 小破 小規模修復	一般病院、避難施設、コンピューターセンター、本社機構、不特定多数が利用する施設など
基準級		機能維持 無被害 修復不要	人命保護 限定機能確保 中破〜大破 中〜大規模修復	一般建築物

表1 地震荷重に対する建物の状態表[1]

状態区分	損傷限界▶				安全限界▶
	機能維持 無被害 修復不要	主要機能確保 軽微な被害 軽微な修復	指定機能確保 小破・小損 小規模修復	限定機能確保 中破・中損 中規模修復	人命保護 大破・大損 大規模修復
機能維持の程度	建築物としての機能が、ほぼ完全に維持される。	主要な業務遂行のための機能は確保される。	基本的活動維持のためにあらかじめ指定された機能が確保され、避難所として利用できる。	業務活動のための機能を失うが、限定された区画内で、最低限の救急活動など緊急対応が可能である。	地震時には人命が失われないが、地震後に建物に立ち入ることは危険で、緊急対応活動も不可能になる。
被害の程度	・構造骨組に変形は残らない。 ・仕上げ材等の一部は外観上の軽微な損傷を受けることがあるが、ほかはほぼ損傷を受けない。	・構造骨組にはほとんど変形が残らず、構造強度に影響はない。 ・仕上げ材等は若干の損傷を受けるが、使用性は損なわれない。	・構造骨組に若干の残留変形が認められ、耐震性は多少低下するが、余震には耐える。 ・仕上げ材等には、ある程度の損傷を生じる。	・構造骨組は鉛直荷重支持能力を保持するが、構造強度に影響を及ぼす変形が残る。 ・仕上げ材等は相当の損傷を受けるが、脱落はしない。	・構造骨組が大損害を被るが、落床・倒壊はしない。ただし、余震による倒壊の危険性がある。 ・仕上げ材等の広範にわたる損傷・脱落を生じる。
要する修復の程度	・構造体の修復は不要である。 ・仕上げ材等の外観上からの補修を要する場合がある。	・構造体の強度確保のための補修は要しない。 ・仕上げ材等に軽微な補修を施せば、建物の機能はほぼ完全に回復することが可能。	・構造体にはただちには補強・補修を要しない。 ・小規模な修復により、ほぼ完全に当初の機能が回復される。	・構造強度の低下に対する応急補修・補修をする。 ・中規模の修復によって、ほぼ完全に当初の機能が回復される。	・構造体の完全な復旧は困難になる。 ・大規模な補強・補修により業務活動は再開できるが、当初機能の完全回復は困難である。

5-5
各部位の耐震性能を整合させる　構造・設備・非構造部材

大きな地震が起こると、建物のどこかが損傷する。揺れは、地面から建物へ、建物の空間をつくり上げている仕上げ材に影響し、設備機器に影響し、家具を揺さぶり、収まっていた什器を揺れ動かす。そこに住まう人も幼児から高齢者までさまざまであり、揺れへの適応能力も異なる。地震への備えは総合的なものである。

総合的耐震性の考え方
　構造体に損傷がなくとも、水が止まり天井が崩落すれば、建物として使用できなくなる。建物の耐震性能は、建物を構成する部位の弱いところで決まり、その弱いところを見つけ、そこを是正すればその上の耐震性能が確保できる。しかし、建物を構成する部位の耐震性能の検討を行うための工学的資料は未だに整っていない。阪神・淡路大震災およびその後の地震の状況から、エレベーターは震度4で止まり、GL工法の壁は震度5弱で崩落し、震度6弱でモルタル直仕上げの壁や天井は激しく損傷している。設備関係の耐震性能は、取付け方法でほぼ決まる。このように躯体が損傷しなくとも、建物を構成している各部位が損傷しただけで、建物としては使えなくなる。

内外装材の耐震性能
　内外装材の損傷は、躯体の揺れの加速度・速度および層間変位の影響を受け、無被害から大破までさまざまある。建物の耐震性は、命が助かればよしとする躯体だけの丈夫さのみでは不十分であり、どの程度の地震で、機能不全となるかでその建物の耐震性能が決まる。
　兵庫県南部地震における内外装材の被害は甚大であったが、災害復旧を優先したために、早急な撤去・補修がなされたことから被害実態の概要の把握にとどまった。その後、大きな地震を経験しているが、設計に生かせる資料は整っていない。

内外装材の耐震設計の考え方
　1978年の宮城県沖地震を契機に「非構造部材の耐震設計施工指針」（1985年）として日本建築学会で発表され、10年後の兵庫県南部地震の発生後2003年に改定されている。しかし、十勝沖地震で釧路空港が、東北地方太平洋沖地震で茨城空港の天井が崩落し長期間閉鎖されたことは記憶に新しい。国は事態を重要視し、原因究明と対策を検討している。

建築設備の地震被害
　1978年宮城県沖地震以前には顕著な被害はなく、局部に限られていた。1978年の宮城県沖地震では、それまでと違い設備機器や配管を含め多大な被害が発生した。設備の重要性が高まっていたころであり、設備の耐震性が問題となった。最上階や塔屋屋上の機器類（高架水槽や冷却塔、エレベーター機械など）が移動したり転倒した。この地震を契機に、設備関連団体が連携して、「建築設備の耐震設計・施工指針」（1980年）をまとめ、1981年には「新耐震設計法」を定めた。1982年「建築設備耐震設計・施工指針」で、①大地震動で建築設備が脱落・転倒・移動しないこと、②中地震動で設備機器に損傷はなく、点検後通常運転が可能であることを記している。
　NPO耐震総合安全機構で耐震レベルを下記のように設定している。

設備の耐震レベル
（1）耐震レベルA：
・大地震動（震度6強以上）で人命の安全確保、二次被害の防止。
・中地震動（震度5強〜震度6弱）で機器・配管類に損傷なし。
・対象施設：超高層（ビル・マンション）、地震後機能継続が必要な施設（災害拠点など）、避難が困難な施設（高層の事務所・ホテルなど）
（2）耐震レベルB：
・大地震動で、人命の安全確保・二次被害の防止を図る。
・中地震動で機器・配管類に損傷なし。
・対象施設：耐震レベルAに該当しない施設。
（3）耐震レベルC：
・大地震動で、機器・配管類に損傷が生ずるものがあっても可とするも、速やかに耐震対策を講ずるもの。
・中地震動で機器・配管類に部分的に損傷あり。

非構造部材の耐震性能
　非構造部材の耐震性能は施工状況、建物の劣化、置かれる位置で異なる。
　東日本大震災以降、非構造部材の耐震性に関して国や学会および構造技術者の団体で取組みが始まっており、今後の成果に期待したい。
　表1は、「阪神・淡路大震災、および、その後の災害」において損傷した状況を整理したもので、縦軸に部位名、横軸に震度階を示したものである。

（中田準一）

5 建築物による耐震性能の違い

表1 非構造部材の部位別耐震レベル
構造体と切り離された非構造部材は、構造体でないためにそれ自身強度は持っていない

非構造部材			耐震性能レベル	震度5弱 耐震性の低い建物 壁に亀裂	震度5強 耐震性の低い建物 壁・梁・柱に大きな亀裂 / 耐震性の高い建物 壁に亀裂	震度6弱 耐震性の低い建物 壁や柱が破壊 / 耐震性の高い建物 壁・梁・柱に大きな亀裂	震度6強 耐震性の低い建物 倒壊 / 耐震性の高い建物 壁や柱が破壊	震度7 耐震性の高い建物 傾いたり倒壊する
外部	カーテンウォール	PC独立パネル	A・B	損傷なし	損傷なし	a	b	b
		PCスパンドレル	B・C	損傷なし	a	b	c	c
		金属パネル	A・B	損傷なし	損傷なし	a	b	b
		金属フレームガラス	A・B	損傷なし	損傷なし	a	b	b
		階高の高いガラススクリーン	B・C	a	b	b	c	c
		コーナー部分	B・C	a	b	b	c	c
		PCファスナー	A・B	損傷なし	損傷なし	a	b	b
		層間変位：1/300		無被害				
		1/200		シール材の補修のみ		0		
		1/150〜1/120		部材が脱落しない				
	サッシ	パテ留めタイプ	D	b	c			
		FIX窓	B・C	損傷なし	a	b	c	c
		横連窓	C	a	b	c	c	c
		可動する窓	A・B	損傷なし	損傷なし	a	b	c
	ドア		C	小損	b	c	c	c
	ガラスブロック	コーナー・曲線部	B・C	損傷なし	a	b	c	c
		1975年以前	C	a	b	c	c	c
		パネルタイプ	A・B	損傷なし	損傷なし	a	b	c
	直仕上げ	コンクリート下地モルタル	C	a	b	c	c	c
		コンクリート下地タイル	C	a	b	c	c	c
	石	石：湿式	C	a	b	c	c	c
		石：乾式	B・C	損傷なし	a	b	c	c
		PCの仕上げ	A・B	損傷なし	損傷なし	a	b	c
	ALC	1981年以前	C	a	b	c	c	c
		挿入筋構法	B・C	損傷なし	a	b	c	c
		スライド・ロッキング構法	A・B	損傷なし	損傷なし	a	b	c
		建物内シャフト・階段	B・C	a	b	b	c	c
	湿式：ラスシート・モルタル		C	a	b	c	c	c
	塗重ね		D	b	c			
	外部階段	外部階段の留意点		アンカーは十分余裕を持たせる（アンカーボルトが外れて転倒したものがある）				
	避難階段	壁ALC	B・C	損傷なし	a	b	c	c
		1981年以前の壁ボード	C	a	b	c	c	c
		壁ボード	B・C	a	b	b	c	c
	エキスパンション	スタイロホーム等の詰め物	C					
		エキスパンション金物の留意点		脱落しない収まり。異なる挙動に対して、有効な働き幅を確保する				
内部	内装	内装の留意点		避難経路の確保・扉の開閉・落下防止・火災発生時の安全性確保				
	床	床の留意点		床の摩擦ー床に置くものの挙動に影響する				
		床に置くモノの留意点		モノは、躯体に直接固定する				
		アクセスフロア	B・C	損傷なし	a	b	c	c
	壁：直仕上げ	コンクリート下地モルタル	C	a	b	c	c	c
		コンクリート下地プラスター	C	a	b	c	c	c
		コンクリート下地タイル張り	C	a	b	c	c	c
	石張り	開口部	C	a	b	c	c	c
		眠り目地	C	a	b	c	c	c
	間仕切り壁LG下地（通常の仕上がり）			損傷なし	a	b	c	c
		ボード取付けピス@225〜300mm	A・B	損傷なし	損傷なし	a	b	c
		耐震構法の壁層間変位1/50（取合い部分：層間変位分をあける）	A・B	損傷なし	損傷なし	a	b	c
	GL構法		D・C	b	c	c	c	c
	ガラス間仕切り		A・B	損傷なし	損傷なし	a	b	c
	ガラス横連窓		C	損傷なし	損傷なし			
	可動間仕切り壁		A・B	損傷なし	損傷なし	a	b	c
	天井	直仕上げ	C	a	b	c	c	c
		木下地天井	A・B	損傷なし	損傷なし	a	b	c
		LG下地天井	B・C	a	b	c	c	c
		システム天井T型	C	b	b	c	c	c
		システム天井H型	A・B	損傷なし	a	b	c	c
		ブレース30〜40m²に1カ所		損傷なし	損傷なし	a	b	c
	出入口扉	雑壁取付け	C	a	b	c	c	c
		耐震ドア層間変位1/120	B・C	損傷なし	a	b	c	c

耐震性能レベルA：部材に幾分か損傷が見られるものの、機能は確保される。
耐震性能レベルB：部材に亀裂などの損傷や移動が見られるものの破損や脱落はない。機能は保持されない。
耐震性能レベルC：部材が破損したり脱落し人命の安全性が保証されない。

損傷レベルa：部分的に損傷はするものの、機能する（小損）。
損傷レベルb：損傷し、機能上不具合が生ずる（中損）。
損傷レベルc：損傷が激しく、機能が損なわれる（大損）。

調査　企画　設計　施工　維持　その他

【用途ごとの課題】
（1）共同住宅

都市直下型の阪神・淡路大震災では、旧耐震の共同住宅に被害が多く発生した。一方、東日本大震災において津波に対してはRC造の中高層マンションは被害が少なく、屋上に避難した居住者の命を守った。とりわけピロティ形式の中高層住棟は巨大津波をやり過ごし、洗掘被害も抑えられた。

地震と最新の高層マンションの被害

3.11東北地方太平洋沖地震は京浜地方で震度4～5の揺れを感知した。この地震では中低層共同住宅は旧耐震でも被害は極めて少なかったが、最近、竣工した高層・超高層マンションに被害が発生した。

超高強度コンクリート造の構造躯体の変形により、躯体が欠けた。また、軽量鉄骨下地、ボードの重ね張りの戸境壁や共用廊下との境壁が不気味な軋む音を発し、ボードが割れ、ひびが入ったりクロスが剥がれたりした。また、避難階段などの防火扉の開閉に支障が出たりサッシを取り替えざるをえない事故も発生した。超高層マンションでは、これら非構造部材の復旧工事に、1棟当たり1億円以上要するものも少なくない。

また高層マンションでは耐震スリット周りに張られたタイルや仕上げ材が剥落し、エキスパンション・ジョイント金物が脱落する事故が各所で発生した。これらの事故は、建築設計者が構造設計者と情報交換しない結果生じた初歩的な配慮不足と判断される。

建物の変形を少なくし、建築非構造部材と主要構造部との詳細設計を再検討する必要があろう。

巨大津波と共同住宅

津波被害が激しかった南三陸町、陸前高田、女川町などの被災地では木造家屋がすべて瓦礫となり流失し、鉄筋コンクリート造の集合住宅がぽつんと建っている風景が見られた。中層共同住宅は木造家屋や鉄骨造建物よりはるかに耐津波性が高く、津波避難ビルとしての役割を果たした。

新耐震設計基準でも木造住宅は津波には無力で瓦礫にしかなりえない。

鉄筋コンクリート造共同住宅の津波被害は津波到達高さまでのガラスやサッシ、金属手すりが壊れ、津波が室内に浸入し山側に抜けると内装造作材が被害を受けるが構造躯体には被害が及ばない。押し波、引き波が繰り返されると建物周りの地盤が洗掘によりえぐられ杭基礎が露出する場合もあるが転倒には至らない。

津波到達高さが建物高さを超えると建物に浮力が働き転倒し、避難ビルとして人命を守ることはできない。

ウォーターフロントの共同住宅

大津波が予測される京浜地帯や西日本の大都市部の沿岸に建つ共同住宅には津波対策が必要である。
①建物の高さは津波到達高さより2層分高くすること。これは建物の浮き上がりによる転倒防止と人命確保のために必要である。
②地上に向かう二方向避難が求められるが、津波に対しては上階や屋上へ向かう避難経路の確保が不可欠。
③水没する恐れがある地下には受変電設備、自家発電機、水層などの機械室を設けず、なるべく上階に置き、設備機能の保全を図る。
④阪神・淡路大震災ではピロティ形式の共同住宅は耐震性に問題があるとされた。しかし津波に対しては耐震性のあるピロティは極めて有効な形式である。津波を通過させることにより、建物本体への津波被害を軽減させ、洗掘による基礎部分への被害もなくすことができる。
⑤オートロックなどセキュリティー機能の高い建物は避難の妨げとなる可能性が高い。災害時のセキュリティー機能の解除が求められる。

耐震診断と補強の推進

旧耐震の共同住宅の耐震化が進んでいない。分譲マンションは合意形成の難しさがあり、小規模鉄骨造アパートはアスベストを含む耐火被覆の調査費が過大になり零細なアパート経営者には負担が重すぎる。

（三木 哲）

参考文献
(1) JIAメンテナンス部会「阪神大震災写真集　被災した集合住宅」テツアドー出版　1995年
(2) 「写真集　3.11平成津波と集合住宅」JASO耐震総合安全機構、テツアドー出版　2011年

図1　陸前高田の海沿いの共同住宅
津波は5階まで達し建物内を抜けたので躯体に被害はない。1、2階はサッシもバルコニー手すりもなく、3、4階はサッシは残っているがガラスがない。5階はサッシもガラスもバルコニー手すりも残っている。

【用途ごとの課題】
（2）超高層住宅

超高層住宅は環境配慮と防災対策に優れたミニコンパクトシティ。風揺れ対策、遮音性、構造躯体の合理性から約9割がRC造を採用。耐震・制震・免震などの地震対策が施された安全な建築形態。高齢化対策、建物の長寿命化、グリーンエネルギー利用により、サステナブル社会へ向けた社会基盤建築を目指す。

超高層住宅はミニコンパクトシティ

全国の建築物の延べ床面積（約74億m²）の約73％（約54億m²）が住宅用途で、そのうち約95％が戸建住宅、約5％（約3億m²）が集合住宅である。住宅の年間エネルギー消費の内訳は、暖房用が約3割を占めるが、高層集合住宅では「次世代省エネルギー基準」に適合している場合、隣戸間や上下階相互の断熱効果によって暖房費が軽減される。建築面積を最小限にとどめ、空いた敷地部分を緑化できるほか、外壁面の共有による環境負荷軽減効果も高いことから、「超高層住宅」は「ミニコンパクトシティ」ということができる。

超高層住宅の基本性能

超高層建物は巨大地震を想定した構造解析がなされ、高層建物としての評定を受けることで、倒壊しないという意味での高い耐震性が確保されている。津波に対しても、塔状建物は波の影響を受ける部分が足元に限定されるため、被害を最小限にとどめる可能性が高い。仮に超高層建物を横に倒した形態をイメージすると、波の力を受ける面積が広がるので、被害の拡大が想像できる。

耐震性に優れ、津波被害を受けにくい高層階が多く、消火設備（火災対応）、避雷設備（落雷対応）、水密・気密性能（暴風雨対策）などの基本性能が装備されている超高層住宅は、人命を守るという意味での自然災害に強い安全な建築形態といえる。

また、被災時を想定した諸室配置や規模設定、防災対策マニュアルやシステムを構築することによって、地震発生時や被災後も機能保全・生活継続が可能となる。

耐震＜制振＜免震

建物の固有周期と地震による波（周期）が一致したとき、建物の揺れが増幅するため、被害は一様ではない。RC造を採用することで比較的短い建物固有周期となるため、長周期地震動の対策上有利となり、風揺れに対する居住性・上下階の遮音性・構造躯体の合理性などの視点からも効果がある。

しかし、3.11の震災では構造躯体に多大な被害を受けた高層建物も多かったことを踏まえ、立地条件や地盤特性などとの関係から、制振や免震構造の採用など、躯体の損傷を最小限にとどめることを追求すべきである。一方、住戸内での人命と安全確保の観点からは、躯体の耐震性能に加え、家具の転倒防止対策も忘れてはならない。

サステナブル社会へ向けて

都市防災の視点から市街地再開発は重要な取組みの一つである。生活継続を前提とし、都心に開放的な空地と緑の回復を目指す場合、住宅の高層化が必要となる。

震災以降、特に縦移動手段としてのエレベーターが問題視されることが多いが、エレベーター設備としての耐震仕様をランクアップ（A→S）することにより、トラブルの発生を抑制し、停止しにくく、復旧しやすくできる。また、震災時の対策として常用エレベーターの一部を非常用発電機やグリーンエネルギー電源と接続し、「日常的機能」を「非常時機能」に転換する検討も重要である。昨今、SI（スケルトン・インフィル分離）対応による将来の設備更新や管理区分の明確化、維持・修繕費の抑制などにも配慮した長寿命化が進んでいるが、環境への配慮と防災対策および技術革新による建物の長寿命化など、将来の超高齢化を踏まえたサステナブル社会へ向けての取組みが望まれている。

(阿部芳文)

図1　免震構造を採用した超高層住宅の事例
（南池袋二丁目A地区第1種市街地再開発：設計／日本設計、監修／隈研吾・平賀達也、パース提供：日本設計）

【用途ごとの課題】
（3） 学校

阪神・淡路大震災および東日本大震災では学校が地域の防災拠点として大変重要な役割を果たした。特に屋内運動場は被災者の一次収容所として長期間にわたり使用され、改めて学校の地域社会における機能が見直されることにもなったと思われる。

校舎の留意点

学校は公共建築物の中では最も数多い。たとえば横浜市の所有する建築物の80％は学校である。東日本大震災で被害を受けた学校はかなりの数に上るが、さらによく調べてみると、新耐震設計によるものおよび耐震補強されたものにはほとんど被害がない。地震直後に被災地を歩いてみて厳然と建っている校舎や屋内運動場は誠に頼りがいがあった。その意味では新耐震設計に忠実であれば大きな問題はないともいえようが、次のような点には留意すべきであろう。
①著しく長い校舎やL型、T型プランなどはエキスパンション・ジョイントで切り離す。

L型の交差部分はXY両方向の異なる震動性状が重なって壊れやすい。

また、地震は計算通りX方向、Y方向に分けて襲ってくるものではなく、上下左右あらゆる方向からやってくる。

ちなみに3.11の本震における最大の観測記録としては宮城県の築館で南北方向で2,700 gal、東西方向で1,268 gal、上下方向で1,880 galという途方もない値を示している。
②教室棟は耐震壁の多くとれるスパン方向に比して長辺方向は耐震性の劣る傾向がある。耐震壁が設けにくいことに加えて腰壁などで柱の内法高が異なり、応力集中の生じる恐れもある。極短柱にはスリットを設けて長柱化を図るなどバランスのよい耐震要素の配置が重要である。
③片廊下配置の場合に、廊下外壁もラーメン架構とするほうが構造的には有利であるが、片持ち形式とするメリットも考えられる。このような場合には中通り架構に余裕を持たせる、外壁材料の軽量化を図るなどの配慮が望まれる。

屋内運動場の留意点

①天井を設ける場合は十分な落下防止対策をとる。天井下地が壁に衝突して天井が落下するケースが多い。ブレースをしっかり設けること（図1）、吊り金物と野縁の接合を強化するなど下地全体の剛性を上げることが肝要である。
②既存施設の耐震補強では、屋根面の水平ブレースが重要な要素である。

多くの鉄骨造屋体の場合、スパン方向の地震動に対して内部フレームよりは妻壁フレームのほうが、耐震性が高い。そのため、地震時に外端部の水平ブレースに過大な力が加わる結果、破断、変形するケースをよく見受ける。逆にこれらの水平ブレースを補強することにより、全体の耐震性能を向上することも可能である。

（服部範二）

図1 屋内運動場の耐震補強。天井面のブレースを交換した

【用途ごとの課題】
（4）美術館・博物館・図書館

美術館・博物館で取り扱うものは、唯一無二のもので、人の安全はもとより、ものそのものの損傷を避ける対策が必要となる。
図書館では、書棚に本が入っていると大変重い。ずれたり、転倒しないように固定する必要がある。

展示状況の違いによる異なる被害

ものが置かれている状況によって、損傷の危険度は異なる。移動用の独立ケースでは、建物の揺れでケースが小刻みにずれ、地震の振動を軽減する。また、壁に沿ったケースでは、壁の揺れがケースに影響し衝撃力が働いて、ほとんどが転倒する。固定ケースでは、建物とともにケースが振動し、直接展示物に影響する。具体的に、阪神・淡路大震災のとき、独立の展示ケースに収まっていた銅鐸は無傷で、固定ケースでは銅鐸は倒れ、壁を背にしていた展示ケースは転倒し、銅鐸にひびが入り損傷している。

展示室の床、天井などの注意点

床材は、展示ケースの挙動に影響する。硬いPタイルや木質の床は、摩擦抵抗が少なくケースが小刻みに動いて転倒しにくく、柔らかいカーペットでは摩擦抵抗が大きく、ケースがひっくり返りやすい。

天井は、展示に不可欠な照明があり、自由に着脱できる照明器具が多用される。落下防止が不可欠となる。また光を分散させるのに使われるルーバーも、物理的に固定する工夫が必要である。展示室は、一室の面積が大きく、天井にはダクトや照明器具が取り付けられ、それぞれ固有の振動数があり、別々に動き接触して落下する危険がある。

展示物を吊っているワイヤーが切れることもある。衝撃力を考慮に入れてワイヤーの太さを選ぶ必要がある。

動きやすく工夫している可動展示パネルは、想像以上に動く。パネル自体に重量（通常2t）があるので、動こうとする力が大きく、それに見合ったストッパーを取り付ける必要がある。

長周期の地震波で、固定展示ケースのガラスが共振して割れてることもある。新たな問題として対策を立てる必要がある。

収蔵庫の注意点

スチールの収蔵棚は、滑りやすい欠点がある。木製の棚は、摩擦抵抗があり、収蔵物が落ちないでとどまっていることが多い。版画などを入れるマップケースは、地震時に引出しが飛び出し、前におじぎしてしまう傾向が強い。

収蔵庫内の収納ラックは、絵が引っ掛けてあると相当な重量となる。それに見合ったストッパーを取り付ける必要がある。

免震装置の有効性

美術館・博物館で扱う「もの」を損傷から守る工夫として、「もの」と地面との間に、地震動を切る装置（免震装置）は有効である。方法として以下の3種類がある。①建物免震（地盤と建物の間に入れる）、②床免震（二重床をつくり間に入れる）、③機器免震（「もの」を装置で支える）。

図書館

図書館は、多くの書籍を有し効率よく収める書棚を配置する。図書館は、一般建築より積載荷重が大きく、書庫では800〜1,000kg/m²、閲覧室で600kg/m²程度である。

書架の固定

図書館の安全確保は、書架の転倒防止にある。高書架は、下部を床に固定し、上部をつなぎ一体として固める。上部のつなぎは、通常25×40角バーとする。床の固定は、M12ボルト程度を使用する。

書架の耐震性アップ

木製の書架は、激震地でもほとんど壊れていないが、スティールの書棚は、転倒防止の頭つなぎがあっても大きな被害が出ている。スティール書架の耐震性アップは、使い勝手がやや落ちるが書架に筋かいや背板を入れることが有効である。壁沿いの書架は、上部を壁に固定すること。低書架は、足元を広げ床に固定することで転倒を防止する。必ず固定しておく必要がある。図書館にとって書架は、主要な設備であり、安全確保が求められる。

その他

引出しタイプのマップケースや、カードケースは、引出しが前に飛び出しおじぎするように転倒する。

また地震時、本を満載したブックトラックが走り回った事例が多くある。

（中田準一）

【用途ごとの課題】
（5）病院

病院の耐震設計は、地震に耐えて人命を守るだけでは用を満たさない。
病院の用途特性を踏まえ、地震災害後も継続が必要とされる医療機能の選択や、災害時の救護活動を想定した計画までを耐震設計と定義し、そのために必要な考え方を述べる。

病院の用途特性

病院の耐震設計における用途特性は、以下の3点に集約されると思われる。

一つ目は、入院患者の存在である。入院患者は何らかのかたちで在宅での日常生活ができない状況であるから入院している。そのため災害時において健常者に期待できる階段による避難を始めとする災害に抵抗する判断力と行動力を持ち合わせていない可能性が高い。また集中治療室を始めとして医療機器によって生命を維持している患者の存在も考えると、避難行動に制約があることを前提に防災計画を考える必要がある。

二つ目は病院が日常の医療活動において備えている医療機器や備品の存在である。病院を一度でも設計した人であれば気付くであろうが、病院には「固定されていないもの」が非常に多い。ベッドを始めとして診療材料や薬剤、給食などを運ぶ搬送車、移動型の医療機器、天井走行レール吊りの医療機器、各種ケア用のカート、近年では電子カルテ導入に伴う端末用カートなど、ありとあらゆる移動型の必要備品が存在し、これらが大地震時に大きく動くことによって二次災害が起こることも想定しておかなければならない。

三つ目は病院の持つ災害時における社会的使命である。病院には入院患者が存在することからその人命を守るために医療機能の継続が要求される。したがって、耐震設計においても「倒壊しない」では用を満たしておらず、大地震後においても医療機能を継続できる構造および設備を備えていなければならない。さらには災害によって新たに発生する傷病者の救護活動を行うという新たな機能もあり、建築計画においてもその対応が必要となる。

人命を守る

病院は災害抵抗力の弱い利用者が多く存在することからも、人命を守るという視点において建物の損傷を最小限に抑えることに注意を払う必要性の高い建物である。そのことから重要度係数の割増しや免震構造の採用を積極的に考えるべきである。

免震構造は阪神・淡路大震災を境に急速に普及し、公的な病院だけでなく民間病院においても採用の検討がなされるようになった。東日本大震災においては免震構造を採用していた病院は人命を守るとともに、設備配管や非構造部材も含め被害は最小限にとどまっている。

これらの事実を考慮すると病院の設計においては規模の大小を問わず一度は免震構造の採否は検討されるべきであろう。経済的理由や地盤、その他技術的理由などから採用が見送られた場合においても、重要度係数を1.25以上に設定するなど大地震後の機能継続に視点を置いた設計がなされるべきである。

しかし、免震構造とて建物が揺れないわけではない。実際、免震構造の病院においても、特に上層階においては備品の転倒、転落により医療活動を継続できるような状況でないことも示された。このような二次災害の防止について構造技術面においても機器の固定用金具類などにおいても今後も技術的改善がなされていくものと思われる。

医療機能の継続

次に用途特性から重要なポイントは機能の継続である。病院の耐震設計の定義としては、建物として地震に耐えるだけではなく、大地震後の機能継続までを設計できて初めて耐震設計といえる。

まず最低限必要なのは入院医療の継続である。ただし、それは手術や検査などの重装備な機能の継続を意味するのではなく、入院患者が病室において受ける診療と食事や排泄のできる環境を確保することである。その機能を維持するためには食事や薬剤などを病棟へ供給する搬送機能が欠かせない。その主役となるのは昇降機であるため昇降機が使用不能となった場合の機能低下は計り知れない。大地震時の昇降機の安全性は改善されているが、復旧には技術者が必要である。震災時に交通網の遮断などにより復旧が遅れたことから高層型病院の課題は浮彫りとなった。その課題の改善も必要である一方で敷地条件上可能であれば病院の低層化に取り組むことも耐震設計として必要と思われる。

図1　トリアージ機能を意識したピロティの大屋根（伊勢赤十字病院、設計：日本設計）

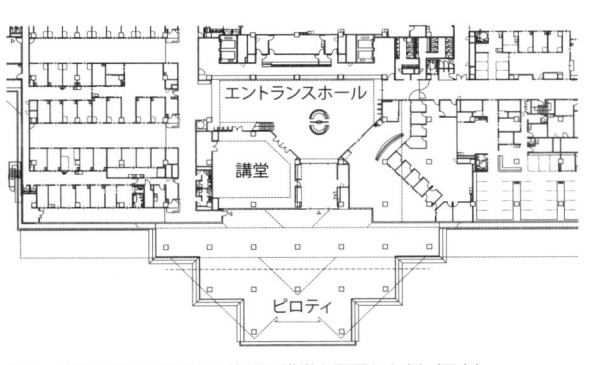

図2　1階の玄関からすぐの位置に講堂を配置した例（同左）

　機能継続の観点からもう一つ留意することは災害による傷病者の救護活動に対する建築的な対応である。
　阪神・淡路大震災以降、全国に大災害時の医療活動の拠点となる災害拠点病院が指定され、建物の構造から非常用設備、人的体制の基準が示され、さらに他の医療機関についても災害時どのような役割を担うかが自治体の防災計画などで整備されている。設計上の留意点としては、災害時は病院に傷病者が大量に押し寄せるため、その際のトリアージスペースの確保である。屋内で確保できるに越したことはないが、その人数が膨大であることから玄関に大庇を設けることが有効である（図1）。その設置が不可能な場合でも最低限空地を確保する努力が必要である。
　軽傷者から重傷者、さらには死亡者に分けられ一時収容される。その状況に備えてできるだけ広いスペースを用意しておく必要がある（図2）。ロビーや講堂などを適用する場合が多く、それらのスペースに非常用電源や医療ガスを配備する検討は必要である。人工透析、在宅酸素など装置や設備を必要とする患者の存在も考慮するとインフラ途絶時において必要最低限継続する設備について病院との共同作業の中で定義することは必須である。

津波災害における課題

　東日本大震災では津波によって多くの人命が失われた。今後は津波を始めとする水害による冠水を考慮しなければならない地域に立地する病院については、地盤面の設定や1階の利用方法についても注意を払う必要があることを痛感させられた。
　病院設計では1階に外来関連の診療機能を配置するなど1階を一等地と位置付けて設計される場合が多い。さらに病院には救急車の受入れという重要な機能があり、特殊な事例を除き国内のほとんどの病院が1階に救急部門を配置している。
　しかし、津波災害を始めとする水害による冠水を考慮した場合1階は最も危険な場所であり、事実東日本大震災においても1階から屋上に避難して一命を取り留めた例も数多く存在するように、上階への避難行動を考慮して計画する必要がある。その場合、少なくとも自立歩行できない患者の利用を前提とした機能を1階に配置すべきではないだろう。

　東日本大震災の被災地においては盛土によって津波を逃れた病院もあった。敷地条件上可能な場合はよいが、敷地面積に依存したものであり、必ずしも標準化するとも思えない。救急を2階に配置している病院も存在するように水害をほぼ前提と考えるならば最大限備えた上で日常の不便さをどのように乗り越えるかという検討も今後は必要になってくる。「百年に一度だから」という論法は経済的視点から生まれるものであり、少なくとも設計者はそれを第一義として考えるべきではない。

終わりに

　医療機能継続の視点は一般化しつつあるが、今後さらに掘り下げる必要がある。また今後は水害の視点について立地から見直す相談を設計者が受けることが増えるかも知れない。
　おそらく「これさえしておけばいい」などという便利な答えはない。平常時の機能、災害時の機能、立地条件、経済的条件などを総合的に勘案して最適解を出すことは病院との共同作業であるが、最適な技術的手段について妥当な解決に導くことは設計者の役割である。

（長谷川裕能）

【用途ごとの課題】
（6）ホール・集会場・体育館

不特定多数の人々を収容する集会施設などでは、イベント開催時において、客席空間の安全確保とその後の避難誘導が計画において重要なポイントとなり、完成以降の施設運営における災害対応も重要な要素となる。地震直後の一時収容施設となる場合や、公共施設では復旧段階の避難施設となる場合もある。

集会施設などの特色

不特定多数の人々を集めてさまざまなイベントを行うホール、集会場、体育館などの集会施設などにおいて、耐震安全上の特色はホールなどの高密度な客席空間に象徴される。他の施設より窮屈な客席が、建築の基準より狭い通路で配置され、縦通路は段床対応の階段となる場合も多い。そのような客席が満席の場合、地震時の避難誘導には相当な困難が伴う。

したがって、大地震動時においてはまず客席空間の安全を確保し、その後は速やかな避難誘導を目標とする。

客席空間の安全確保

客席の配置、通路の設定や付属施設については建築基準法令に詳細な規定がないため、東京都建築安全条例の基準などを参考にして計画する。

集会施設などの客席空間では、一般施設より天井が高い場合が多く、天井の損傷、天井材などの落下は大きな衝撃となりうるため、通常の工法以上の配慮を必要とする。

また、ホールなどでは、客席空間に舞台機構・照明・音響の各設備が設置されている場合が多く、それらの損傷、移動、落下の防止対策も重要である。

これらの安全については「体育館等の天井の耐震設計ガイドライン」「懸垂物安全指針」（一般財団法人日本建築センター）、「吊物機構安全指針」「床機構安全指針」「演出空間用照明器具の設置規格」「スピーカーシステムを懸垂する場合の基本原理」（公益社団法人劇場演出空間技術協会）などの指針がまとまっていたが、東日本大震災以降、見直しが進められている。

避難誘導の安全確保

客席空間は、遮音を確保するため出入口が二重扉となっている場合が多く、先に述べた客席内通路条件が一般施設に比較して厳しいため運営側の適切な情報提供、避難誘導体制が重要となる。

客席から安全な場所までの避難経路については、場合によっては法的規制以上の十分な余裕を持って設計することが重要であり、照明、放送、誘導、サインなどの設備条件もわかりやすい設置とすることが必要である（図1）。

近年、これらの施設および関連施設が集積され、大規模施設として計画されることが多くなっており、明快な構成で余裕のある動線、避難経路の確保についてはますますその重要性が増してきている。

避難施設としての利用

集会施設などが自治体施設の場合には、震災後の避難施設としての利用が想定される場合も多く、その際には必要な空間・設備を併設する必要がある。

また、東日本大震災の際に生じた外出者への対応(帰宅困難)の問題は、民間の施設であってもそのような場合の一時収容施設としての対応可能性を、自治体、運営側も含めて検討する必要に迫られているといえよう。

（菊地 守）

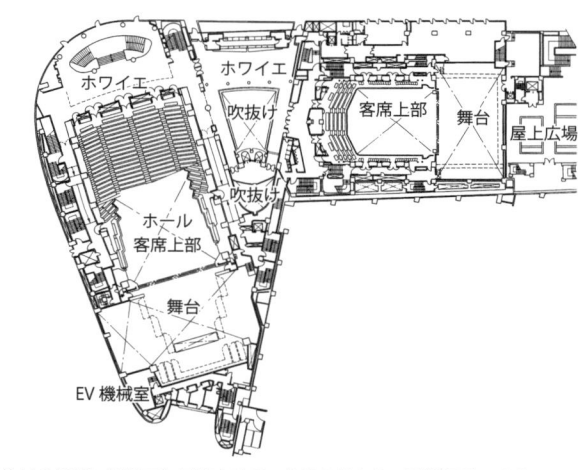

図1 吹抜けの周りに外廊下を回遊させて、施設全体からの避難経路の中心に配置したホールの例（Bunkamura、設計：石本建築事務所、MID綜合設計事務所、東急設計コンサルタント）

【用途ごとの課題】
（7）市庁舎

自治体庁舎の設計目標は大地震動後においても、災害応急対策活動が実施できることを目標とする。災害の復旧過程においては、通常時の一般行政業務にも対応できることが望ましい。そのためには、立地に応じて予測される災害に際しても、機能を確保できる施設とすることが必要である。

災害時における自治体の役割

自治体は災害の応急対策において重要な役割を担うこととなっている。自治体の災害応急対策活動については、初動期および復旧過程に分けると概ね以下のようになる。

(1) 初動期
① 災害対策本部の設置
② 通信体制の確立・情報収集
③ 初期広報・応援要請
④ 消火・救助・警備
⑤ 医療救護
⑥ 避難誘導
⑦ 二次災害防止
⑧ 輸送・交通確保
⑨ 外出者対策

(2) 復旧期
① 避難所の運営
② 情報収集・広報
③ 飲料水、食料、生活必需品の供給
④ 保健衛生活動
⑤ 災害時要援護者の安全確保
⑥ 行方不明者・遺体の取扱い
⑦ ごみ・し尿・瓦礫対策
⑧ 建築物・住宅応急対策
⑨ ライフライン・公共施設の応急復旧
⑩ 応急教育、保育
⑪ 災害応急法の適用

自治体庁舎は、これらの業務を災害時においても円滑に実施することが可能な施設でなければならないと同時に、復旧過程以降では、通常業務も再開する必要がある。

官庁施設の耐震安全基準

官庁施設の耐震安全基準についての基本方針は国土交通省により作成された「国家機関の建築物及びその付帯施設の位置、規模及び構造に関する基準」(平成6年)に示されている。これに基づき、各施設については「官庁施設の総合耐震計画基準」(平成8年)により計画し、また、既存施設については、「官庁施設の総合耐震診断・改修基準」(平成8年)によって改修されることとされている。

「官庁施設の総合耐震計画基準」においては、「災害応急対策を行う拠点となる室」と、その「機能を確保するために必要な室および通路等」(地域防災センター等)については、5-3節表1のⅠ類、A類、甲類という高い水準が必要で、災害時にも機能を損ねることなく使用可能であることを計画条件としている。

自治体庁舎の耐震安全基準

これにより、自治体の庁舎はⅡ類、A類、甲類以上の水準を設計条件とするが、地域防災センターなどの応急拠点室などを含む場合には、構造について、その部分をⅠ類とするか、全体をⅠ類とすることが必要である。

自治体庁舎の立地

これら個別施設の計画条件に加えて、庁舎の立地場所において予想されるさまざまな災害についても対応可能なように計画すること、また立地そのものを再検討することが重要であり、特に東日本大震災の津波災害において明らかなように、沿海部の自治体庁舎の各地域における予想津波に対する対策が重要な課題となっている（図1）。

（菊地　守）

図1　岩手県釜石市庁舎は少しだけ小高いところにあり、一部浸水したが市庁舎としての機能は素早く回復された

【用途ごとの課題】
（8）地域防災センター

地域防災センターは、災害時に防災対策本部として迅速な救援活動を行えるように、耐震性能の重要度はレベル3とし、敷地選定、配置計画を十分に検討する。水、電力の確保、通信・連絡網の確保が最重要となる防災拠点の公共施設。

災害時の活動拠点

地域防災センターは地域の建築物に被害が発生していても被害を受けず、避難・救援活動が行えるよう機能保持することが要求される施設で、構造二次部材はレベル3、設備についてはレベル3～4の耐震性能が必要である。

基本的に平時には休眠施設であるが、定期的な点検・整備、防災訓練などにより維持管理し、常に正しく稼働できるような備えが望まれる。

敷地の選定

地域防災センターは、その機能を十分発揮できる敷地を選定する必要があり、液状化の恐れがある地域、崖地、津波ハザードエリアなど防災上危険のある地域は避ける必要がある。やむをえず津波ハザードエリアに設置する場合には、その地域で発生する恐れのある最大高さの津波以上の高さを確保したRC造とする。高台に新たに設置する場合には盛土造成は避け、切土造成とすることが望ましい。また県庁、市役所、消防、警察などの他の行政機関との連絡、情報交換、共同作業が可能で連携して活動できる場所とし、地方自治体の施設、公園などに近接していることや、適切な幅員を持つ幹線道路に接続された敷地であることが望ましい。

配置計画

隣接建物との距離を有効にとり、延焼を防ぐ不燃構造とする。平常時の駐車のほか、災害時に必要となる防災活動のため十分なスペースを確保し、主要道路に接して敷地前面に車の進入、回転が可能な広場を設け、災害時に防災活動に必要な車が優先的に機能するような計画とする。

通信・連絡網の確保

防災センターは災害発生時でも継続して情報収集・発信機能を果たすことができる通信・連絡網を要する。一般電話回線の不通に備え、代替手段を用意しておく。通信・連絡網の確保を図り、無線機器、コンピューター機器、電話交換器、携帯電話基地局、光回線・光通信、IP電話設備などを重要度の高い機器として、設計震度の割増しを行い設計する。

水、電力の確保

水は飲料用、衛生用、防火活動に必要な重要機器運転用として備蓄量を決める。飲料用受水槽は床上受水槽とし、緊急遮断弁や継手などへの配慮を要する。電気は、防災拠点活動を行うに必要な照明、給水、排水、通信・連絡装置、空調、防災設備、重要機器の運転用とする。これらの水、電気の必要な時間は、水道および商用電源が復旧するまでの時間を最低限用意する。

ライフラインの備え

不慮の事故に備え、ライフライン系統の設備には代替手段として、電気の2ルート引込み、発電設備（空冷式とする）、防災井戸、注水施設、給水・排水・防災用調整池、水の二系統給水、飲料用濾過滅菌装置、緊急補給水口などを要する。

防災備蓄品の備え

一般的に備えておくべき防災備蓄品を必要量収納しておける倉庫を設けることが望ましい。飲料水や食料等は最低限3日分の確保が必要となる。併せて地域防災センターの場合には、非常用発電設備の動力用の重油などを、一般の施設以上に確保しておく必要があり、危険物貯蔵庫を備えておくことが望ましい。

（平井 堯／岸﨑孝弘）

図1　南三陸町防災対策庁舎は3階建ての鉄骨造建物がすべて津波に飲まれ、ALCの外壁・内装共にすべて流失。屋上の鉄塔に上り、繰り返し襲う津波と雪の降る夜を耐えた数名の命だけが助かった

【用途ごとの課題】
(9) ホテル

ホテルは公共性が高い施設で、耐震性能の重要度が高い。客室階と低層部の構造を調和させる設計技術が必要である。東日本大震災では帰宅困難者を数多く受け入れた。

ホテルは耐震対策上、ハード面でもソフト面でも公共性が高い

ホテルにはビジネスホテルから都市ホテル、リゾートホテルまで多種類ある。代表的なものとしての都市ホテルは、宿泊、宴会場、飲食、物販、スポーツその他の機能を持つ複合建築である。また大規模都市開発では、複合される用途の一つとしてホテルが入ることが多い。

地震直後から長期にわたる避難、救援、復興の働きの場としてホテルは重要な役割を果たす。そのためには機能保持、早期の機能回復が必要である。さらに被災地ばかりでなく周辺地域のホテルも支援基地の役割を担う必要がある。したがって、ホテルはハード的にもソフト的にも公共性が高く、耐震性能の重要度は高い。

建築計画は客室と共用部の組合せ方が重要である

ホテルは客室を主体とする高層部とロビー、宴会場、飲食などの共用部を主体とする低層部で構成されることが多い。客室の計画はホテルの性格づくりの基礎となるので、基本計画時から詳細スケールで検討される。ここから基本的なスパンも決まる。一方、低層部は大きな空間が要求されるので、建築全体の構成をどうするかが課題となる。平面的にずらすのか、上下に積み重ねるかなど、ホテルの機能と構造の合理性を整合させる必要がある。上下に重ねる場合には、異質な空間が上下に連続するため、構造計画的な課題が発生する。客室の細かな柱間や耐震壁を低層部まで下ろすのは難しい。減らしながら全体の剛性を低下させないことが必要である。広がった低層部の上に高層棟が載る形は、高層棟への地震入力を大きくするので、低減させる計画が必要である。

リゾートホテルは地形・地盤の読取りが必要である

リゾートホテルは景観に優れた山岳地帯や海浜地帯に立地することが多い。こうしたところは災害も起こりやすい。事前に十分に立地を調査した上で計画を行うことが必要である。過去の地震では震源が遠い、あるいは地震エネルギーが巨大ではないのに大きな津波に襲われ、多くの死者を出した例も少なくない。過去の災害史を踏まえ、避難訓練、緊急連絡手段や食料・医薬品の備蓄など自立可能な対策を十分にしておくべきである。

コンピューターや避難訓練などのソフト対策も重要である

ホテルは不特定多数の人の利用を前提にしている。日本語を解さない利用者も多い。観光立国イタリアではホテルは避難施設として法律に明示されているという。こうしたことを可能にするにはハード面での耐震性能の確保だけでなく、宿泊者リストの確保、コンピューターシステムの維持、備蓄食品・装備品の用意、避難訓練の定期実施などソフトの耐震対策も重要である。

(村尾成文／安達和男)

図1 被災地のホテルが機能した
宮城県気仙沼市の高台にあるホテルは津波を免れ、報道機関や復旧作業員の基地となった

図2 都市ホテルが機能した
東日本大震災では東京の多くのホテルが帰宅困難者を受け入れ、毛布や食料を提供した

【用途ごとの課題】
（10）避難所

震災後に地域住民の多くが滞在できて、救援活動に必要な車両の停車が可能な有効空地を持ち、自然採光、自然換気が可能な大空間を持つ地区の公共施設が避難所の条件を満たす。情報の集約・発信機能や防災備蓄倉庫、行政の事務機能、医療スタッフ、ボランティアなどの受入れも可能な諸室があることが望ましい。

避難所とは

災害後に多人数が滞在できる、地区ごとに必ず設置されている公共施設で、災害時に近隣住民が一時的、中期的に避難できることが可能であり、大震災時にも建物被害を受けず機能を維持するために、耐震性能の重要度はレベル3以上とする。このような施設は同時に広場、運動場のような外部空間も同時に併設されている必要があり、学校施設、地区センター、公共体育館などがこの目的で使用される。地区に密着して、たとえば選挙の投票所としても使われているような施設で、その位置関係が住民に認知されていることが重要である。

有効な空地・空室があること

近隣の火災時に十分な距離がとれて安全であること、仮設の便所、厨房などが設置できること、救援のための輸送動線が確保できることが必要で、避難所には有効な空地が不可欠である。

住民の一時避難所となると同時に、救援センター、救護センターの機能も保持しなければならない。これらの施設には、防災井戸や備蓄倉庫が併設され、常時その維持管理が行われていることが重要である。併せて中期的に見れば、これらの空地は仮設住宅の建設用地ともなるため、そのための設備的配慮もなされておくべきである。

また、避難所の支援を行うボランティアなどの受入れに際して、ボランティアスタッフおよびそれを指導する行政スタッフなどの事務室や控え室、休憩所となる諸室や、避難者の健康を維持するために必要な救護スタッフ、医療スタッフの駐在する診察室や、それに伴う処置室、控え室、事務室など、加えて支援物資や食料の保管場所として使用できる諸室があることが望ましい。

大空間、自然採光、自然換気

臨時に多数の人が滞在する避難所では体育館などの大空間が必要である。採光、換気の容易なことが条件となるので、大空間であっても閉鎖的な空間は使用に耐えない。自然換気、自然採光の建物が望ましい。

展示ホールやイベントホール、市民ホールなども大空間の施設ではあるが、基本的には密閉された空間であり換気や採光を自然に行うことは難しく、中長期の避難所としての使用には難があるが、今後新規に設計されるのであればこれらに配慮された施設として設計し建築されるべきである。阪神・淡路大震災の教訓から、学校施設では教室はできるだけ震災後の教育施設として保持し、体育館などを避難所として使い分けるようになり、東日本大震災においてほとんどの自治体で実践されている。しかし、学校施設が津波被害を受けた三陸地方では被災後避難所としての役割を果たせなかった施設があるのも事実であり、高台に設置されていた学校などだけがその役を果たしたが、リアス式海岸で元々平地が少なく、高台といっても未開発の山林ばかりであった地域では、避難所のみならず仮設住宅の建設においても土地の確保が難しかったことが今後の課題といえる。

公共施設には避難所機能を

今後計画される小・中学校、地区センター、集会所、公民館、体育館などスポーツ施設、展示場や市民ホールなどの地区公共施設には、規模の大小を問わず災害時の避難所としての機能を持たせるべきである。そして使用者や管理者は、日常の使用状態の中で生活に密着して、非常時の使われ方についての訓練を行っておく必要がある。今後、新たに計画される地区公共施設には避難所としての機能を持たせることが必須であるといえ、義務とすることも考えられる。また、既存の地区公共施設は避難所として構造的補強などを行い、その機能を獲得するような整備が進むことも必然の流れであるといえる。このような避難所には、行政レベルで統一のとれた表示記号を明示するなど、平時から避難所であることの認知が徹底されていることが必要である。

プライバシーの確保

中長期的な避難生活を行うような大空間の避難所では、子どもから老人までの年齢も性別もバラバラな多くの避難住民が同一の空間で寝食を共にすることになる。その際、最も重要

なことの一つがプライバシーの確保である。避難生活当初は何の間仕切りもなく雑魚寝状態だったものが、順次段ボールなどで腰高の壁をつくり区画されるケースがよく見られるが、これではプライバシーの確保は望めず、着替えや睡眠時に影響を及ぼすため、避難者の精神的ストレスは相当なものとなる。

阪神・淡路大震災においてこの点が指摘され、以降さまざまな方法で簡易な間仕切りなどプライバシーを確保する手法が開発されており、東日本大震災の避難所においては多くの避難所で実践された。これら簡易な間仕切りは、高齢者やボランティアなど、だれにでも簡単に組み立てて設置できる必要があり、紙管と布を用いたものや、厚手の段ボールとジョイント部材を用いたものなどがある。できることなら避難所施設にはこれらの部材も避難想定住民数以上を確保しておくことが望ましい。

水、電力の確保

水は飲料用、衛生用として、避難生活に最低限必要な量を想定し備蓄量を決める。飲料用受水槽は床上受水槽とし、緊急遮断弁や継手などへの耐震的配慮を要する。電気は、避難生活に必要な照明、給水、排水用、通信・連絡装置、空調用として非常用電源などの設備を用意する。

これらの水、電気の必要な時間は、水道および商用電源が復旧するまでの時間とする。

ライフラインの備え

不慮の事故に備え、ライフライン系統の設備には以下のような代替手段を考慮する。

発電設備（空冷式とする）および燃料、防災井戸、防災用調整池、飲料用濾過滅菌装置、緊急補給水口などを要する。

防災備蓄品の備え

前記に加え、一般に備えておくべき防災備蓄品を必要量収納しておける防災倉庫を設けることが望ましい。飲料水や食料などは地域住民の最低限3日分を目安とする。

情報集約・発信機能

避難所は行政からの通知や、行方不明者や生存者、食料や水の配布などの情報集約・発信基地ともなるため、それら有効な情報を住民や避難民にわかりやすく提示できるシステムや放送設備の設置が望ましい。

（平井　堯／岸﨑孝弘）

図1　石巻門脇小学校は避難所に指定されていたが、車での避難者が多く、そこを津波が襲った。車どうしの激突で発火し、校舎にも延焼した。津波エリアにある既存の避難所は見直しを要する

図2　東日本大震災における避難所となった体育館。坂茂氏の案による簡易間仕切り。避難所でのプライバシー確保に重要な役割を果たした
（写真提供：坂茂建築設計事務所）

6 構造方式の多様化とその選択

6-1 耐震構造の計画

地震に耐える仕組みは、曲げ系と軸力系の組合せによる。その仕組みの特性、構造材料の特質を理解して、バランスのよい構造とすることが耐震計画の基本である。

地震に耐える基本

地震に耐えるには、次頁の図1a)のように、構造物を横から押す力に対抗する仕組みを確保しなければならない。このことを明確に意識して、その仕組みを適切に配置することが耐震構造計画の基本となる。

図に戻って、構造物を地面に立てた棒だと思って、横からの力に対抗することを考えれば、2種類の方法になる。一つは地面にしっかり固定されている前提で、棒の曲げ強さで対抗する（図1b)。もう一つは横からの力を斜めの控えで受けて対抗する（図1c)。

この二つの仕組みを、一般的な柱や梁の構造で表せば、図1d)、e)のような骨組となる。一つは柱と梁をお互いに動かないように固定することで成り立つ。柱を梁が地面のように固定してくれるので、横からの力に対抗する。こうした仕組みをラーメンという。もう一つは柱と梁で構成されているフレームの中に筋かい、ブレースが含まれたものであり、それらを包み込むように覆ってしまえば、壁となる。

現実に地震に対抗する仕組みは、ラーメン型とブレース（耐震壁）型を組み合わせて構成される。

この二つの仕組みの違いを理解して配置を計画し、適切な安全性を確認することが耐震設計の基本である。

ラーメン型の強さ

ラーメン型の仕組みは、結局、梁や柱の曲げ変形で横からの力に対抗していることになる。したがって、全体としての変形は、ブレース型に比べて大きく、柔らかい構造であるといえる。

ラーメン型の仕組みの強さは、まず、柱と梁の固い接合が前提であり、その上で、柱の強さが梁の強さによって制御されることになる。また、柱や梁は、地震がないときでも、建物の重量を支えている。そこに、地震による大きな曲げ応力が加えられることになる。したがって、特に柱の安全性については十分に配慮することが必要である。

ブレース（耐震壁）型の強さ

ブレース（耐震壁）型の仕組みを確認しよう。横からの力は、斜めのブレースを圧縮したり、引っ張ったりして、下へ伝わる。その力とつり合うように柱や梁にも圧縮力や引張り力が発生している。つまり、横から加わる力に骨組を構成する材の軸力で対抗している。軸力による材の変形は小さいので、結局、ブレース型の仕組みは全体としても変形が小さい。これは変形しにくい、剛な仕組みである。そして、強度は、ブレースの圧縮強度と引張り強度によって決まることになる。それらの強度を超えるような力が加わる場合、座屈が起きたり、破断したりして不安定になりやすい。強度的に余裕が必要である。

耐震壁も同じであるから、横力に対して剛な仕組みである。中に開口を設ける場合には、開口をよけたブレースが想定できないと問題があることも理解できるであろう。

耐震計画

耐震計画は、建物重量を支える仕組みを利用したり、そこに耐震要素を付け加えたりすることによってなされる。そのときのポイントを列記すれば、下記となる（図2）。

①ブレース（耐震壁）を配置するなら、平面的にバランスよく、立面的に連続するように配置する。

②このときに、立体的に認識すること、つまり、斜めから見ることが大事である。

③ブレース（耐震壁）を配置するなら、全体の強度を高くするために、量を多く配置する。

④ラーメン型で計画する場合には、柱の大きさと配置をバランスよくする。

⑤ラーメン型で計画する場合には、柱を抑える梁の存在、その大きさを意識する。

⑥いずれの構造も急激な破断、崩壊を起こさないような断面とする。

鋼構造と鉄筋コンクリート造

従来、鉄筋コンクリート造は、強度的に地震に対抗する限界があり、高い建物、大きな広がりを持つ建物は、鋼構造を採用せざるをえなかった。しかし、ここ20年ほどの間に、高強度コンクリートが開発され、高強度鉄筋と組み合わせた強さが確認され、さらに、プレキャスト化、プレス

トレスト導入などによって、現在では、鉄筋コンクリート造でも高く大きな広がりを持つ建築を耐震的につくることが可能となってきている。したがって、両者のどちらかを選択する場合には、建物のあり方、施工性、工事費、工期などを総合して決めることになろう。

ディテールの課題

急激な破断、崩壊を防止するためには、鋼構造では座屈を防止することと接合部の破断防止が重要である。

鉄筋コンクリート造では、コンクリートのひび割れ防止、鉄筋補強、耐震スリットの配置などが重要である。

これらの対策を、建築物の表現、設備との調整に生かすことも重要である。

合成構造、複合構造への展開

コンクリートと鋼材をうまく組み合わせて、合理的な構造とすることが発展してきた。合成構造としては、合成床、合成梁、CFT（コンクリート充填鋼管）などが一般的となった（図3～6）。これを建物全体に応用して、たとえば建物の外周を鋼構造、コアを鉄筋コンクリート造とすることも考えられる。こうした構造を複合構造と呼ぶ。綿密な検討が必要であるが、コンクリート、鋼材以外の他の材料の使用まで広げれば、新たに合理的な構造がつくられる。

（深澤義和）

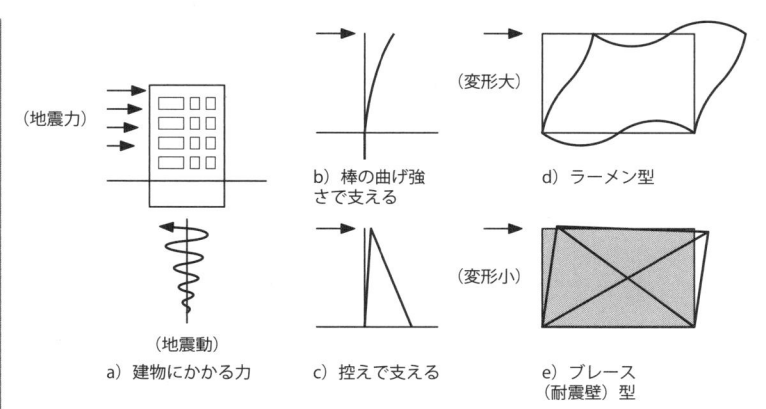

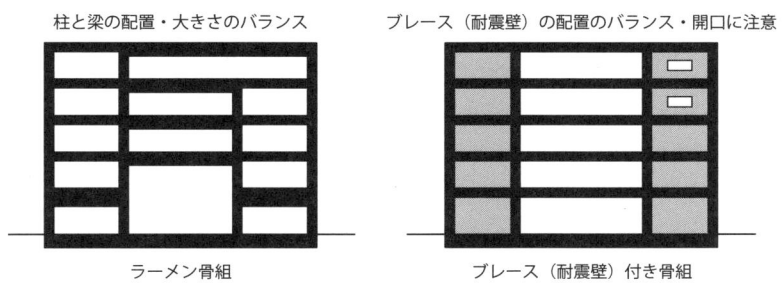

図1　力の流れ
a）建物にかかる力
b）棒の曲げ強さで支える
c）控えで支える
d）ラーメン型
e）ブレース（耐震壁）型

図2　骨組のバランス
ラーメン骨組（柱と梁の配置・大きさのバランス）
ブレース（耐震壁）付き骨組（ブレース（耐震壁）の配置のバランス・開口に注意）

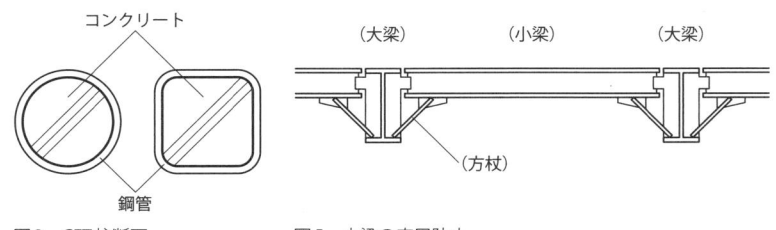

図3　CFT柱断面

図4　合成床

図5　大梁の座屈防止

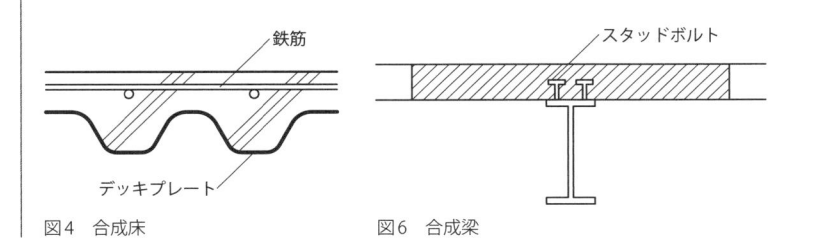

図6　合成梁

6-2
免震構造の計画

免震装置によって建築物に発生する地震力を減らし、減衰装置によって地震エネルギーを吸収する構造が免震構造である。免震構造によって、構造体のみならず、仕上げなどの被害も抑制される。

免震構造とは

理想的な免震構造とは、地盤から伝わる地震動が構造物に伝わらないような仕組みを持つ構造のことである。そのためには、建物の重量は支えるが、水平力が伝わらずに滑るように摩擦を切った仕組みが考えられる。しかし、その場合には、風が吹けば動いてしまうし、地震動が終わった後に、建物がそこにとどまっているかどうかわからない。ここを現実的に解決する仕組みとして、積層ゴム支承が開発された。

積層ゴム支承は図1のように鋼板と薄いゴム板を積層したもので、建物の重量は、ゴム板が鋼板に拘束されて支える。一方、水平力は、ゴム板がせん断変形して伝わるのであるが、全体として大きな変形になり、柔らかいものとなる。そうすると、積層ゴムを含んだ上部構造は、固有周期の長い構造となる。固有周期が地震動の周期から外れた長い構造物は、地震動が伝わりにくい。これが、現在の免震構造の基本原理である。

もう一つ、現在の免震構造を成立させているのは、免震装置によって大きな水平変位が発生するところに、減衰装置を効果的に配置することが可能となっているからである。この減衰装置によって、地盤から見れば相対的に大きく動いている建物の揺れを減衰させることが可能になっている。

免震装置

現在、実用化されている免震装置は、鋼板とゴム板を積層した積層ゴム支承、滑りを利用した滑り支承（図2）、が基本的なものである。滑り支承はある程度までは摩擦力で動かないが、摩擦力の限界を超えると動き出すもので、元の位置に戻す機構がほかに必要である。

減衰装置

減衰装置としては、積層ゴム自体に減衰性を持たせた高減衰ゴム支承、積層ゴムの中心に鉛プラグを入れた鉛プラグ入り積層ゴム支承（図3）、摩擦係数を調整した滑り支承などが、免震装置に組み込まれて利用されている。

単独に減衰効果を与えるものとして、鉛ダンパー、油圧ダンパー（図4）、鋼材ダンパー（図5）などが利用されている。これらは、鉛や鋼材の塑性変形を利用したり、速度に応じて抵抗する粘性を利用したり、摩擦抵抗を利用したりしている。

装置の配置

免震装置、減衰装置の平面的な配置は、下から入力された地震動が上部構造物にねじれが生じないようにバランスよく配置することが必要である。

鉛直方向の配置では、基礎下に免震装置・減衰装置を設置する基礎免震、構造物の中間に免震装置・減衰装置を設置する中間階免震がある（図6）。

免震構造の有用性

免震構造は、上部構造を長周期化して加速度を小さくするので、仕上げや設備などの被害を少なくする。

最大級の地震に対しての安全性はもちろんであるが、やや大きな地震動に対して、一般の建物では被害が発生しても、免震構造では被害がほとんどない。その意味では、地震時の機能維持が重視される建築物に最適である。

また、上部構造に加わる地震力が低減されることから、耐震壁を入れたりする耐震補強ができない建築物の対策として、基礎下を掘って免震装置を入れることも行われている（レトロフィット、図7）。

免震構造のコスト

免震構造を採用した場合、上部構造へ伝わる地震力が小さくなるため、上部構造の躯体工事費が少しだけ減る可能性がある。しかし、免震装置などの費用、免震層をつくる費用が付加されるので、トータルの工事費は、10％前後上がる。ただし、高い目標性能を実現するのであれば、免震構造でしか実現できない場合もある。また、万一、地震に遭遇した場合に免震構造にしておけば被害は小さいので、ライフサイクルコストは安い。そうしたことを総合すれば、コストパフォーマンスは十分に高いといえる。

免震構造の注意点

(1) クリアランスの確保

　免震装置は地震時に大きく水平変形するため、建物と地盤の間は大きく動く。大きく動いてもぶつからないようにクリアランスを確保する（図8）。

(2) エキスパンション・ジョイント

　クリアランスにまたがる床、壁、天井、設備などは、建物の水平変位に十分追従できるような仕組みとする。

(3) 風に対する設計

　免震建物に強風が加わると、免震装置の強さによっては、建物が動いてしまう。軽い建物、高層建物では、地震に対する設計と風に対する設計を両立させなければならない。

(4) 点検の重要性

　免震装置、減衰装置および免震層は地震時に機能するように維持されていなければならない。そのために、定期的な点検と地震後の検査・補修が可能なような空間を確保しておく必要がある。また、点検体制の仕組みもつくっておく。

（深澤義和）

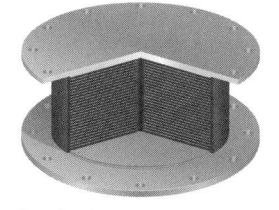

図1　積層ゴム支承

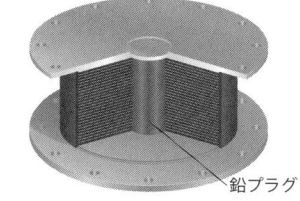

図3　鉛プラグ入り積層ゴム支承

図2　滑り支承

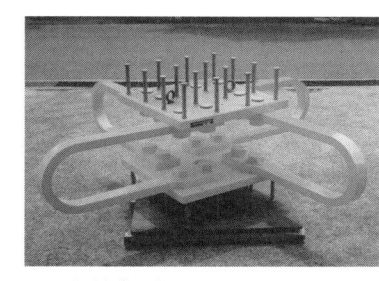

図5　鋼材ダンパー

図4　免震用油圧ダンパー

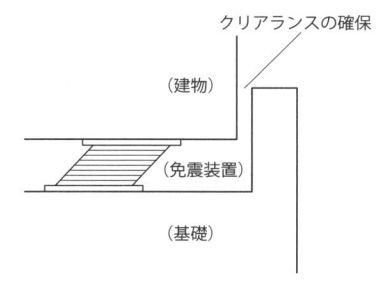

図8　クリアランス

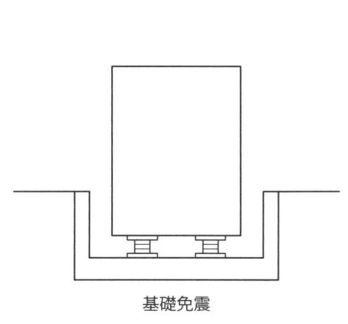

図6　基礎免震、中間階免震

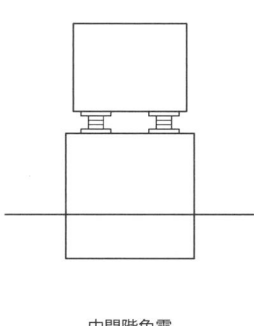

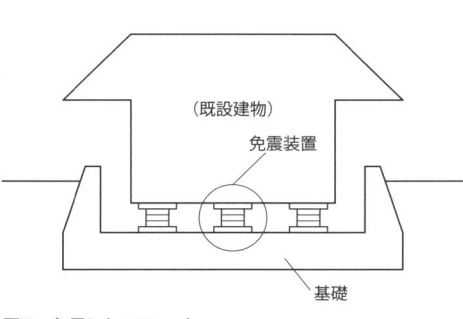

図7　免震レトロフィット

6-3
制振構造を目指す

建物に発生する振動エネルギーを吸収して、振動を抑える構造が制振構造である。小さな地震と大きな地震、風による振動など対象とする外乱を見極めて効果的な仕組みとする。

制振構造とは

建物に振動を減衰させる装置を取り付けたり、仕組みを内蔵させたりして、振動を抑制しようとする構造を制振構造という。

地震時の制振効果をエネルギーから考えれば、地盤から入力された地震エネルギーを装置・仕組みによって吸収する構造ということができる。運動エネルギーを熱エネルギーに変えると考えたほうが理解しやすいかもしれない。

したがって、計画のポイントは、振動エネルギーをいかに効果的に吸収するかにある。つまり、吸収能力の高い装置・仕組みを吸収しやすい場所に配置することにある。

この構造を確かなものとするためには地震時の建物の振動を予測し、効果を検証しながら設計することになる。

制振装置の種類

(1) 金属系

大きな塑性変形の可能な材質として、鋼材や鉛などを選別し、塑性変形しやすい形に加工したもの。鋼材ダンパー、鉛ダンパーなどがある。

(2) 粘性系

油などの粘性、または粘弾性系の材料を用いたもの。油圧ダンパー、粘性壁などがある（図1〜4）。

(3) 摩擦系

摩擦力を制御力として利用するもの。ブレーキダンパーなどがある。

(4) マスダンパー

建物と同じ固有周期を持つ振動系を建物に取り付けて、振動を吸収するもの。機械装置で使われている動吸振器と原理は同じである。

制振装置の配置

制振装置は、揺れが大きいところに取り付ける。そして、バランスよく取り付けることがポイントである。

建物が地震時に一番大きく揺れるのは、最上階である。ただし、最上階には制振装置の反力をとるものがない。そこで、自ら反力を生み出すマスダンパー（図5、6）の利用が考えられるが、装置の重量、可動範囲などに制約が出てくる。

免震構造のように、大きな水平変位が出る免震層に制振装置を配置できれば効果的である。この点から、免震構造も制振構造の一つということもできる。

建物内に、異なる振動となる複数の構造体をつくり、お互いに制振装置で結び、振動を打ち消し合う方式も効果的である（図7）。

高層建築では、各階の上下の変位差を利用する、階ごとの制振装置の配置が一般的である（図8）。

制振構造の有用性

一般的な耐震設計で一次設計とされている、やや大きい地震に対して効果的な制振構造は、粘性系、マスダンパーなどの小さい揺れに効くものである。うまく配置されれば、制振装置のないものに比べ、揺れは半分程度にすることが可能であろう。また、高層建築の後揺れ、つまり、地震動が終わった後の建物の振動が低減される。

二次設計レベルの大きい地震に対しては、金属系の制振装置が効果的である。小さい地震に効果のある粘性系、マスダンパーなどは可動範囲を超えないかどうか確認する必要がある。うまく設計できれば、制振装置以外の本体構造の損傷がなくなる。

アクティブ制振

装置の性質を可変にしておいて、振動の状況に応じて最適な制振効果が出るように工夫したアクティブ制振も開発されつつある。各部に配置した振動センサーからの測定データをコンピューター内で演算し、最適な制御を行う。ただし、アクティブにしても限界はあり、また、アクティブとするエネルギー源を常時用意しておかなければならないなどの課題もある。

風揺れ対策との使い分け

建物を振動させるのは地震ばかりではなく、特に、高層建築では強風による振動が問題となる場合がある。風による振動を抑えるための制振構造は長時間働く必要がある。一方、地震対策用の制振構造は、長時間にわたる多数回の振動を嫌う場合もある。地震対策と風対策の両面をよく検討し、必要に応じて動きを止めるような仕組みが必要になる。　　（深澤義和）

6 構造方式の多様化とその選択

図1 油圧ダンパー

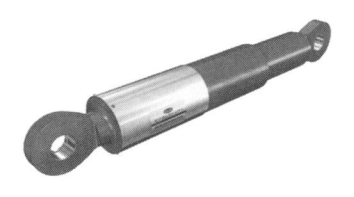

図2 粘弾性系ダンパー

図3 制振間柱

図4 粘性壁

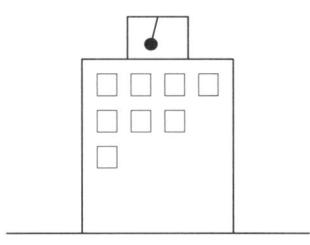

図5 マスダンパーの配置

図6 マスダンパー（多段振り子）

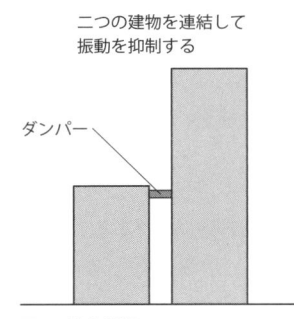

図7 連結制振

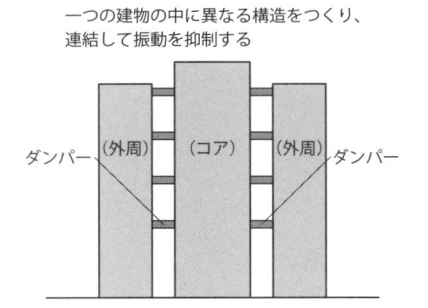

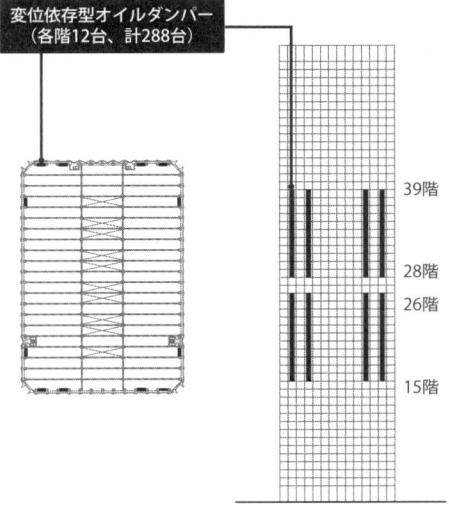

二つの建物を連結して振動を抑制する

一つの建物の中に異なる構造をつくり、連結して振動を抑制する

ダンパー（外周）（コア）（外周）ダンパー

変位依存型オイルダンパー
（各階12台、計288台）

基準階伏図　　軸組図

39階
28階
26階
15階

図8 制震装置の配置例（新宿センタービル、図版提供：大成建設）

6-4
高層建築の耐震計画

建物が高層化されると、地震時に大きく、ゆっくり揺れる。この動きを抑制すること、揺れても安全で安心できる建物とすることが高層建築の耐震計画の目的となる。

高層建築の揺れ方

建物の階数が増え、高さが高くなると、水平に揺れる固有周期が長くなる（図1）。一般的には、高さ30mで1秒程度、60mで1.5秒程度、100mで3秒程度となる。

固有周期の長い建物は、地震時に大きくゆっくり揺れる（図2）。ただし、建物に発生する地震力と重量の比は低層建築に比べて大きくない（図3）。計画する建物の揺れ方を分析し、この動きを抑制すると同時に、揺れても安全で安心できるように工夫することが高層建築の耐震計画の要点である。

揺れ方のコントロール

免震構造や制振構造を採用して、固有周期を意識的に長くする考え方もある。しかし、一般的には、高さが高くなるにしたがい、必然的に長くなってしまう固有周期を短くするように計画する。

また、建物がねじれたりして、局部的に揺れが増大することがないように計画することも重要である。

軽量化

建物の重量が大きくなるほど、また水平剛性が小さくなるほど固有周期が長くなる。したがって、固有周期を短くするためには、建物を軽量化すること、水平剛性を高めることが必要である。

軽量化は、床構造を軽量化することから始まる。居住性を損なわないように軽い床構造を計画する。

水平剛性を高める

建物が高くなるにしたがって、水平変形しやすくなることは理解できるであろう。特に、建物の高さ幅比が大きくスレンダーになれば余計変形しやすい。さらに、建物内部に吹抜けができたり、大空間が内包されたりするとその傾向は助長される。

水平剛性を高めるためには、6-1節でも説明した以下の基本原理を応用する。

ラーメン型の場合は、柱と梁の剛性を調整して、全般的に抵抗する。

ブレース型の場合は、全面的にブレース（耐震壁）を配置するか、ブレースを配置した構面が大型の柱や梁と見なせるような大架構を構成する（図4〜6）。

ねじれ振動の抑制

高層建築がねじれると、水平変位がさらに増大される。変位は上層階に行くほど大きくなる。

ねじれ振動を抑制するためには、ねじれ剛性を高めることと、水平剛性と質量の偏心を少なくすることである。

ねじれ剛性を高めるためには、外周部の剛性を高くする。

偏心を少なくするためには、対称な平面とする。

低層部との関係

高層部に低層部が付加される計画も多い。その場合には、ねじれが起きる恐れがある。水平剛性の調節によってねじれを抑制するか、エキスパンション・ジョイントを設けて構造的には別建物とする（図7）。

減衰性能を高める

大きなゆっくりした振動を止めるためには、建物内に振動を吸収する減衰装置を計画する。つまり、6-3節で説明した制振構造とする。

減衰性を高めると、それがないときに比べて振動を半減できる可能性もある。また、高層建築で問題となってきた長周期地震動に対しても効果的であり、後揺れといわれる地震動が終わった後でも続く揺れを低減することが可能となる。

仕上げ材などは変形を避ける

大きな水平変形が発生したときに、仕上げ材などに障害が発生しない工夫が必要である。

外装はカーテンウォール工法として層間の変位差を逃げる（図8）。内壁、設備縦配管、エレベーターなども上下階の水平変位差を吸収できるようにする。天井や照明器具などの吊りものの周期が建物の固有周期と合うと大きく揺れるので対策をとる。上階の家具などは移動、転倒しないような対策をとる。

施工性、経済性も検討する

以上のように耐震計画を進める場合に、高層建築としての施工性、経済性も並行して検討しなければならない。6-1節で説明した合成構造、複合構造などが効果的となる。　（深澤義和）

6　構造方式の多様化とその選択

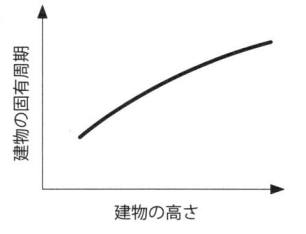

図1　建物高さと固有周期

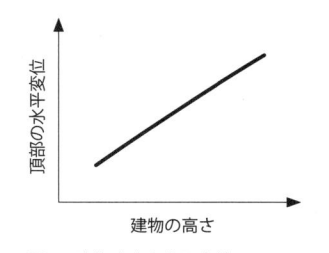

図2　建物高さと水平変位

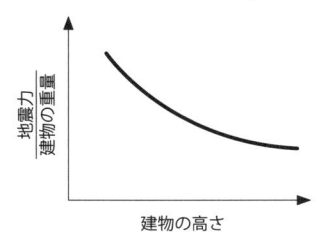

図3　建物高さと地震力／建物の重量

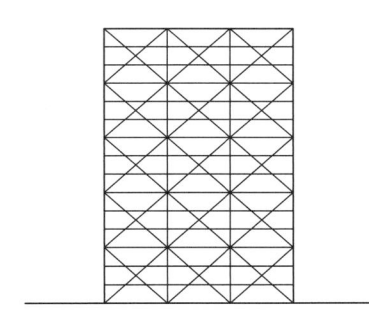

図4　全面ブレース架構

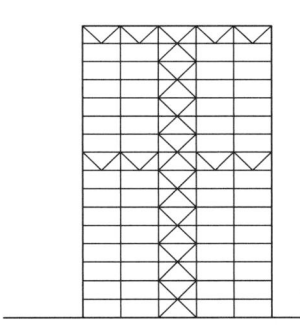

図5　大架構1

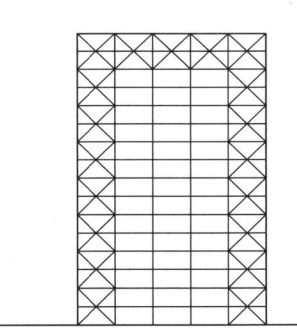

図6　大架構2

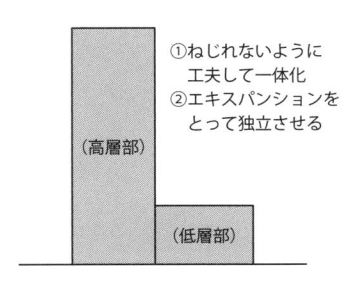

図7　低層部と高層部

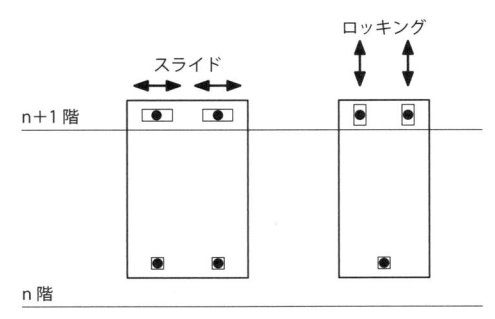

①ねじれないように工夫して一体化
②エキスパンションをとって独立させ る

（高層部）　（低層部）

図8　カーテンウォールの原理

スライド　ロッキング

n+1階

n階

7 建物の形態と耐震性能

7-1 耐震性能上バランスのよい建物とは

不整形な建物だけでなく、一見整形な建物でも耐震性能上バランスの悪い建物となる場合があるので注意が必要である。しかし、コストアップになるが架構、構法を工夫することでバランスの悪い建物も、バランスのよい建物とすることができる。

耐震性能確保の基本

建物の耐震設計の基本的な考え方は、建物形状をなるべく整形とし、架構全体のバランスをよくすることである。平面的な、あるいは立面的なバランスが悪い建物は地震の被害を受けやすく、近年の地震の被害例がこれを証明している。

平面的なバランス（偏心率）

建物の重心位置と剛心（柱、梁、耐震壁、ブレースなどの耐震要素の中心）位置のずれ（偏心）が大きくなると剛心を中心としてねじれ変形を起こす。

図1の点対称の平面形状を持つ四角型、十字型、Z型建物は、重心と剛心が一致し偏心によるねじれの心配がないバランスのよい建物である。

線対称の平面形状を持つT型、L型、コ型、円弧型建物は、非対称方向に重心と剛心が偏心しねじれの大きいバランスの悪い建物となる。

一見整形な建物もバランスの悪い建物になる

点対称の整形な建物でも耐震壁（ブレース）が偏在したり、柱スパンが均等でない場合、ねじれの大きいバランスの悪い建物となる。

また、図2のように十字型建物は、地震力の方向に対して長辺部分の水平変位 δ_1 は小さく、突出部の水平変位 δ_2 は大きくなり変位差が生じる。そしてその接合部分では大きな水平力の伝達があり、入隅部分（図中〇印）に大きな応力が作用する。これは現在広く使用されている一貫構造計算プログラムでは多くの場合、剛床仮定（床版は面内に歪まないとする）として解析しているので現れない応力であり、構造設計者の多くが見落としがちである。Z型、T型、L型、コ型建物も上記と同様の問題を含んでいる。

立面的なバランス（剛性率）

多層建物において、各階の構造骨組の「硬さ（水平剛性）」にばらつきが大きいと、水平剛性が小さい階に水平変位や部材の損傷が集中するため、バランスの悪い建物となる。ピロティを持つ建物（図3）、階高の高い階がある建物（図4）がその代表例である。

その他のバランスの悪い建物

図5のようにセットバック建物は、静的解析により柱・梁などの断面を調整し剛心を重心に一致させ、各階同じ方向に地震力が作用する場合にはねじれは小さい。しかし、実際の地震動は、各階同じ方向に作用するとは限らず違うこともある。その場合は大きなねじれを生じる。元々形状的にねじれ変形しやすい建物なので注意が必要である。

図6のようにツイン建物は、高層階の根元部分で応力集中が生じるので要注意である。さらにツイン建物でも左右の建物が異なる高さの場合、地震時に左右の建物が別々に揺れ、逆の方向に変形することもあるため、高層階の根元部分に生ずる応力集中と合わせ、高層階の慣性力による低層階のねじりモーメントに対する検討も必要となる。

架構、構法の工夫による改善

バランスの悪い建物の改善策として、
①柱・梁・耐震壁の断面調整や耐震壁（ブレース）の配置変更により、剛心を重心にできるだけ一致させ、ねじれを小さくする方法。
②応力集中が生じる箇所を補強する方法。
③バランスのよい建物より耐震強度を上げる方法。
④エキスパンション・ジョイント（EXP.J）を設け、それぞれをバランスのよい形状にする方法（図7）。
などがあるが、④の方法が一般に用いられている。また近年件数が増えている免震構造を採用することも有効な方法である。

設計者の意識

以上、耐震性能上バランスの悪い建物のいくつかの例について述べたが、このほかに傾斜地に建つ基礎レベルの異なる建物や部分地下のある建物、大空間構造のような幾通りもの力の流れを想定しなければならない建物などもあり、設計者は客観的な判断により建物を計画し設計することが重要である。そしてバランスの悪い建物はバランスのよい建物よりもコストアップにつながることを認識しておかなければならない。　　　（米本孝志）

[平面形状]

[重心と剛心]

$e_x=e_y=0$ 四角型建物

$e_x=e_y=0$ 十字型建物

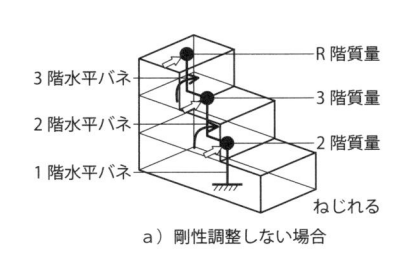

$e_x=e_y=0$ Z型建物

$e_x=0$ T型建物

L型建物

$e_x=0$ コ型建物

$e_x=0$ 円弧型建物

R：剛心位置（○印）
G：重心位置（●印）
e_x：X方向の偏心量
e_y：Y方向の偏心量

図1　平面形状の重心と剛心

図2　十字型建物の地震時の変形と応力集中

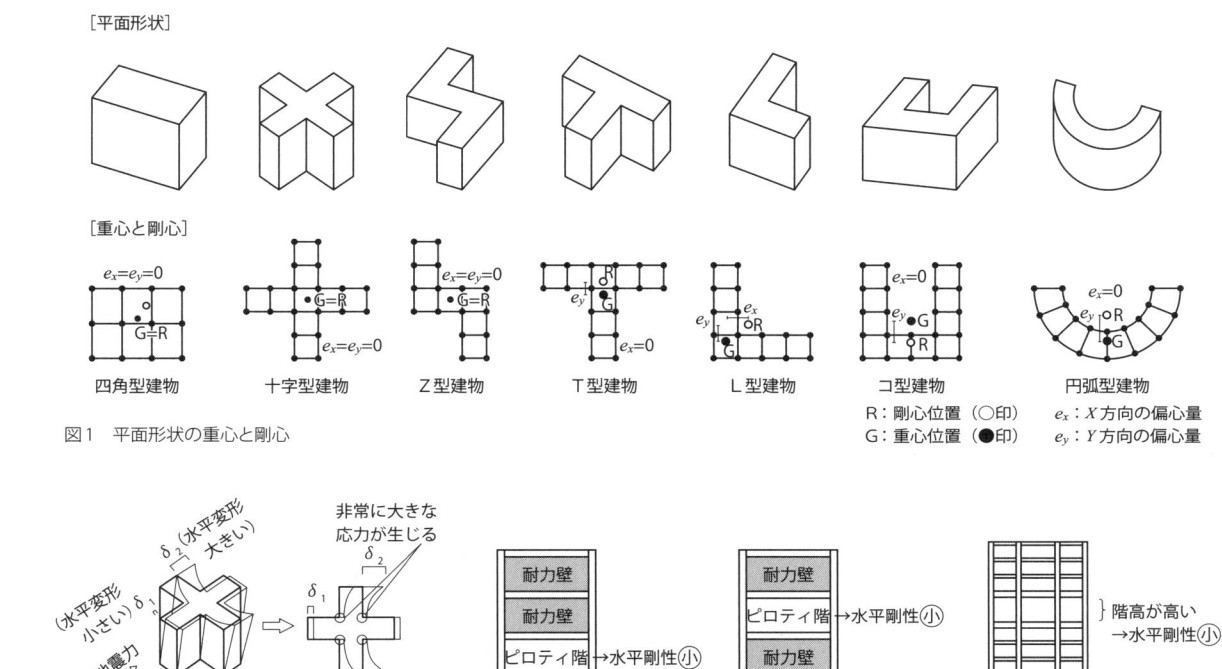

図3　ピロティを持つ建物

図4　階高の高い階がある建物

a）剛性調整しない場合

b）剛性調整した場合
（地震力が各階同じ方向に作用）

c）剛性調整した場合
（地震力が各階違う方向に作用）

図5　セットバック建物の解析モデルと地震時の挙動

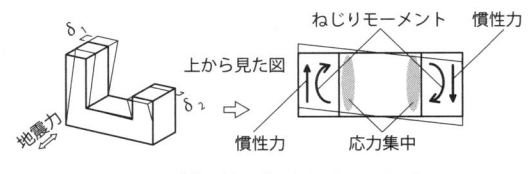

ツイン建物の地震時のねじりモーメント

図6　ツイン建物の地震時の挙動

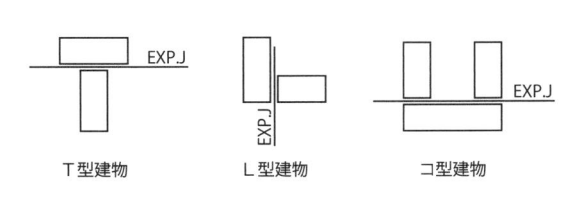

T型建物　L型建物　コ型建物

図7　エキスパンション・ジョイント

7-2
平面的にバランスのよい建物をつくる

偏心とは、建物の重心と剛心が離れていることであり、その距離が大きくなると建物が地震を受けたときにツイスト状の回転挙動を起こし、ひいてはねじれの影響による局部破壊を引き起こす原因となる。

建物の構造的バランス

地震力は建物各部に水平力として作用する慣性力であり、その大きさは当該階から上の質量×応答加速度に等しい。この地震力に抵抗する構造部材を耐震要素と呼ぶ。建物の各階において、耐震要素として有効な耐力壁、柱などの配置が偏っていると、地震時に建物全体に思わぬ大きな被害をもたらすことがある。

平面的な剛性バランスのよし悪しは、建物重量の中心である重心と、柱・梁・耐力壁など耐震要素の中心である剛心との距離で決定される。この中心のずれが偏心であり、重心と剛心との距離を偏心距離という。偏心は耐震壁の偏在や不均一なスパン、上下階の偏在などが原因になって生じる（図1）。

建物のねじれ挙動

重心と剛心の位置が平面的にずれると地震力により剛心を中心として建物を回転させようとする力が生じる。これにより、剛心周りに回転変位を起こす。これを「ねじれ」と呼ぶ（図2）。

通常の建物では、床版の面内剛性が非常に高いため、地震の水平力によって床版は面内方向に歪まないと仮定して差し支えなく（これを剛床仮定と呼ぶ）、剛床仮定が成り立つ建物では、バランスのよい建物ほど同一階の各部分の変位量は等しくなる。このように平行移動することを並進という（図3）。

剛心と重心がずれてくると並進に回転が加わり変位差が生じる。その差は偏心距離が大きくなるほど増加し、変位量は剛心から遠い場所ほど大きくなる（図4）。その結果、地震を受けたときにツイスト状の回転挙動を起こし、剛心から遠い部分が大変形によって局部的に崩壊し、建物に大きな被害をもたらす（図5）。

偏心率

偏心率とは、重心と剛心の偏り（偏心距離）のねじれ抵抗（弾力半径）に対する割合として定義され、その数値が小さいほどバランスのよい建物であることを表している。

偏心率　$R_e = e/r_e$
e＝偏心距離、r_e＝弾力半径

剛性バランスが悪い建物は、構造全体の持つ耐震性能を十分発揮する前に、局部的な崩壊を引き起こす可能性があることから、現行の建築基準法・同施行令では各階の偏心率が0.15以下になるように耐震要素の配置計画を求め、それ以上の建物には、各階の偏心率の大きさにしたがって、保有水平耐力を通常の1.0〜1.5倍に上げる必要がある。それはすなわち建物のコストアップ要因となる。

ねじれやすい建物ほど建物の耐力を大きくしなければならないというのがその内容であるが、地震による建物の被害の分析や解析的な研究結果の一般的傾向により決められた値であり、その考え方や数値は暫定的なものである。

免震構造・制振構造の利点

建物を免震化すれば、巨大地震時でも建物は弾性で納まるため、ねじれによる局部崩壊もない。すなわち免震上部の階では多少、偏心率が大きい建物でも免震層の重心と剛心を合わせることによりねじれの影響が小さい建物をつくることができる（図6）。

制振構造の場合は、免震よりも効果は小さいが、ねじれによる変形が進むと思われる構面に制振部材を配置することにより、地震のエネルギーを吸収し、ねじれを抑える効果が期待できる。そのためには制振部材をバランスよく配置することが大切であり、ねじれを抑える効果を期待するために極力外周側に入れるのが望ましい（図7）。

現行基準の問題点

現行の建築基準法における偏心の取扱いは有効ではあるが、偏心率が大きい場合に全体の強度を一律に上げるのは場合によっては大変効率が悪く、建物プラン上も制約が出てくる可能性がある。それならば、上記の免震化や制振化をすることによって地震エネルギーそのものを断絶または吸収し、ねじれが進行しないような建物を計画するほうが効果的である。しかしながら、現時点の解析手法（静的解析）では免震・制振構造の評価は難しく、時刻歴応答解析で確認しないとその効果が見えにくい。

（飯田正敏）

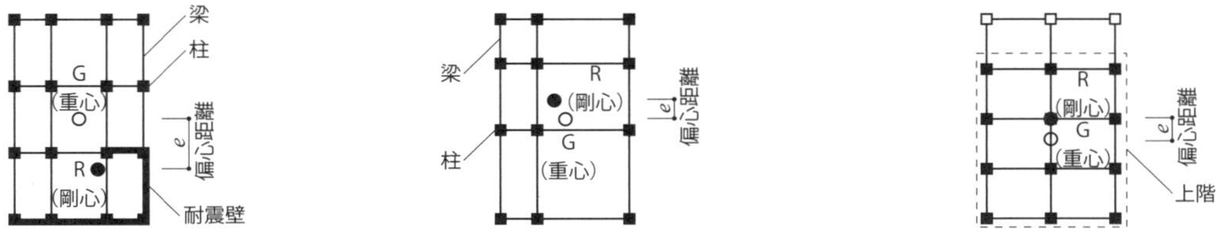

7 建物の形態と耐震性能

図1 平面的な剛性バランスが悪い例
- 剛性の高い耐震壁がバランスよく配置されていない
- スパンが均等でない
- セットバックした階の下階

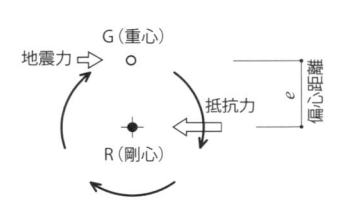

図2 剛心位置と重心位置のずれによる回転運動
剛心を中心とした回転モーメントが作用する（ねじれ）

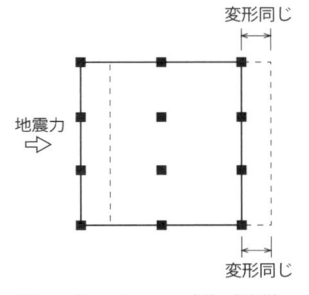

図3 バランスのよい建物（並進）

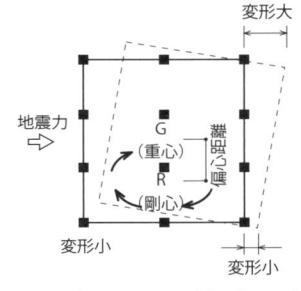

図4 バランスの悪い建物（ねじれ）

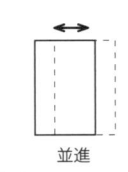

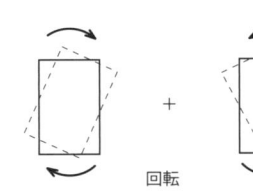

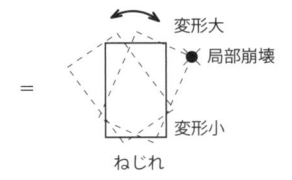

図5 ねじれ挙動による局部崩壊 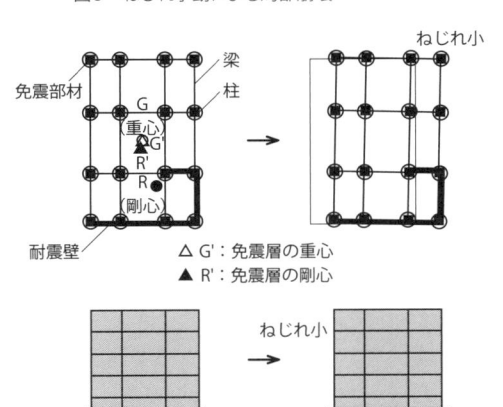
並進 + 回転 + ねじれ = 局部崩壊

図6 免震化の利点
△G'：免震層の重心
▲R'：免震層の剛心
免震化をすればねじれの影響が低減されほぼ並進する

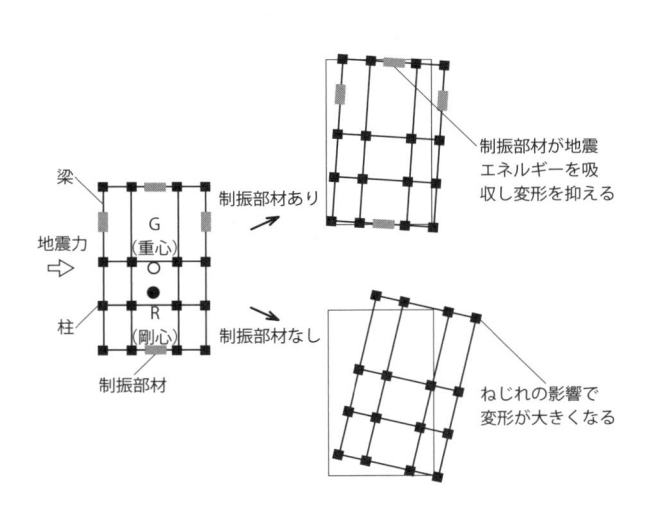

図7 制振化の利点
- 制振部材あり：制振部材が地震エネルギーを吸収し変形を抑える
- 制振部材なし：ねじれの影響で変形が大きくなる

7-3
剛性の低い階をつくらない

建物において、各階の剛性バランスおよび層間変形角の制限などが、建物の安全性および耐力上重要な要素になってくる。これらの指標として剛性率の制限を設けている。

剛性率が原因となった被害

近年の地震における建物の被害状況報告書および現地調査の被害の状況について、剛性率の影響と思われるものを下記に示す。

図1のピロティのある建物において、1階ピロティ部の層崩壊、ピロティ柱のせん断破壊などの被害が見られた。

図2の中高層建築物において、構造種別がある階で変わり、剛性、耐力が急変したためと考えられる中間階での被害が見られた。

剛性率・層間変形角とは

図3のように上階が耐力壁、腰壁などで剛性、耐力共に下階に比べ著しく大きい場合、地震エネルギーは下階に集中してしまうため、上階は損傷が軽微でも下階は大きなダメージを受けてしまう。

耐震構造による対策としては、建物全体で地震エネルギーを吸収できるように、各階の剛性バランスがとれた構造計画とすることである。具体的には、耐震要素である耐力壁やブレースを各階にバランスよく配置して建物全体の剛性・耐力を高める計画や、柱・梁のみで構成する純ラーメン構造とし、柱・梁断面を調整して各階の剛性・耐力を確保する計画などである（図4）。耐震要素を配置する計画は、耐震要素を各階に効果的に配置する必要があるが、建築計画、設備計画との整合をとることが難しい場合が多く、設計初期の段階から考慮する必要がある。

純ラーメン構造は、各階の柱・梁を耐震要素として地震力に抵抗する架構である。ブレースや耐力壁などの耐震要素がないため、平面プランは計画しやすいが、柱・梁断面が大きくなりやすいので天井高さの設定などに注意が必要である。特に、長スパンを有する建物、階高が高い建物、建物重量が重い場合などは余裕を持った断面で計画するか、図5のように間柱形状の耐震要素を配置するなど工夫が必要である。

また、純ラーメン構造は各階の剛性バランスがよく建物全体で地震エネルギーを吸収できる一方、建物全体の剛性が低い場合に各階の層間変位が大きくなり、その損傷度合いが大きくなる傾向にある。地震時の損傷を小さくするには、各階の層間変位をなるべく小さくすることが大切である。

以上のような建物の耐震性を定量的に示す指標として、建物各層の剛性バランスを示す指標が剛性率であり、建物の損傷程度を示す指標が層間変形角（層間変位を階高で除した値）である。

注意が必要な建物

図6のようにエントランスとなる1階や中間にホールを有する階などは比較的大きな空間が要求されることが多く、このような建物ではその特定の階に被害が集中しやすい。

また、図7のように下層階がオフィス、店舗などで上層階が住宅となるような計画の場合、その間に設備切替え層が必要となるが、梁を上下に配置して階として扱うか、大きな梁として二重床形式のピット形状とするかによって建物の構造的バランスが大きく変わるため注意が必要である。

図8のように下階が鉄骨鉄筋コンクリート造で、上階が鉄筋コンクリート造となるような構造種別が変わる場合は、剛性、耐力が大きく変化するため、図2のような層崩壊となってしまうことがあるので注意が必要である。

図9のように2層程度を鉄骨造としてペントハウスフロアとするような計画をする場合は、地震時に上階の鉄骨造がむち振りのような挙動を示すため非常に大きな加速度が生じてしまうので注意が必要である。

免震構造について

剛性が小さい階があるとその階に地震エネルギーが集中する特性を利用して、意図的に剛性の低い階を最下階に設け、その階で地震エネルギーを吸収し、上階の損傷を抑える構造計画も考えられる。免震建物などがその代表的な例である。免震建物は免震層の剛性が建物剛性に比べて非常に小さいため、図1のようなピロティ形状の建物でも層崩壊の可能性を低減することができる。

（吉川寛文）

7 建物の形態と耐震性能

図1 1階ピロティ部で層崩壊した例

図2 中間階で層崩壊した例[1]

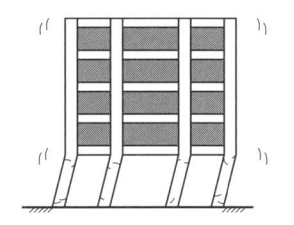

図3 ピロティ建物の層崩壊

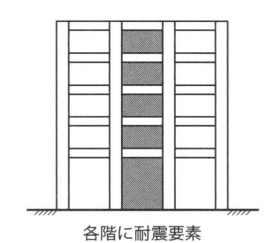

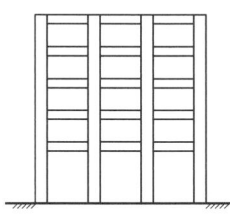

図4 架構形式の例
各階に耐震要素／純ラーメン構造

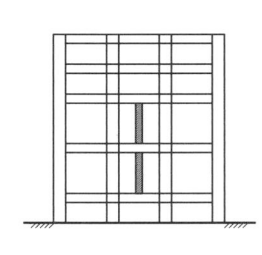

図5 間柱を配置

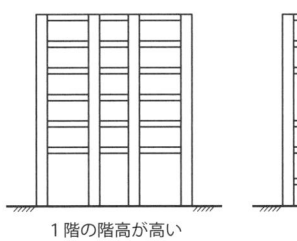

図6 注意が必要な建物
1階の階高が高い／階高が不均等

図7 用途が切り替わる場合の例
住宅 客室等／設備切替え層／オフィス 店舗等
階として計画／ピットとして計画

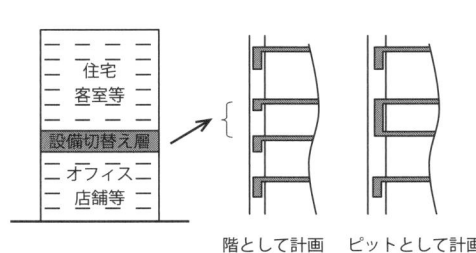

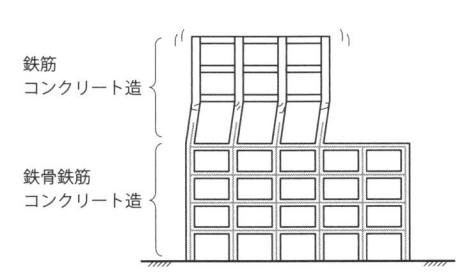

図8 構造種別が変わる建物の例
鉄筋コンクリート造／鉄骨鉄筋コンクリート造

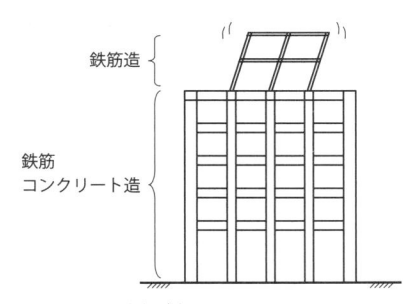

図9 上階に被害が生じる例
鉄筋造／鉄筋コンクリート造

図版出典
1) 日本建築家協会都市災害特別委員会編『建築家のための耐震設計教本』彰国社、1997年

調査　企画　設計　施工　維持　その他

7-4 エキスパンション・ジョイントの効用と注意点

エキスパンション・ジョイント（EXP. J）は、構造上有害な挙動を未然に防ぐために設ける。EXP. Jの有効寸法と機能的・効率的な納まり詳細は、防災・機能・美観上重要である。

必要な部位

エキスパンション・ジョイント（以下EXP. J）は地震・風などの外力、温度変化、乾燥収縮、不同沈下などの変動要因による構造上有害な挙動を未然にコントロールし、構造上安全であり機能・美観を保持するために設ける。必要部位は以下の8項目であり、それぞれの挙動に注意して計画することが必要である。
①振動特性の異なる建物の接続部。たとえば、階数の大きく変わる部分や構造形式の異なるブロックの接続部（図1a）。
②構造種別・形式が異なる建物の接続部（S造とRC造など）（図1b）。
③建物の建つ地盤の地質が異なる場合や軟弱地層の厚さが異なる場合の上部に建つ建物相互間、また、同一建物で基礎形式を変える場合の接続部（図1c）。
④不整形建物の接続部（図1d）。
⑤温度変化やコンクリートの乾燥による変形が懸念される長大な建物（RC建物で長さ80m程度）（図1e）。
⑥既存建物と増築建物の接合部（渡り廊下と建物本体など）（図1f）。
⑦離隔のある建物のアトリウム屋根や渡り廊下など（図1g）。
⑧免震建物の外周部や隣接棟との接続部（図1h）。

必要寸法

EXP. Jの有効寸法は建物高さにより決まり、棟ごとの建物変形量の合計が必要寸法となる。建物変形量は構造種別・構造形式により大きく異なり、ラーメン構造であれば地上高さの$1/100 + 1/100 = 1/50$が必要幅となり、20 mの高さであれば40 cm以上のクリアランスが必要である。60 m以上の超高層建物は時刻歴応答解析で変形量を確認する必要がある。二棟間の地盤面より下部にEXP. Jを設ける場合は地盤の変位量を考える必要がある（20～60 cm程度）。

免震建物の外周部の設計クリアランスは、装置のシステムや要求性能により異なるため、十分な打合せが必要である（一般的に60 cm程度）。

要求される性能

EXP. Jの性能は中小地震で損傷がないこと、大地震でEXP. Jカバーや仕上げ材が脱落しないことが重要である。天井や床のEXP. Jは避難時に人的被害がないよう、フェールセーフ機構にするなど特に留意する。一方で、補修しなければ雨漏りなどの原因となる場合があるため、温度変化、不同沈下に対して仕上げ材も追従可能なクリアランスをとり、修理、取替えが容易にできる構造とする。

このほかに要求される性能は耐火・耐久・水密性などである。耐火性能は両面を1.5 mm以上の鉄板やステンレススティールで覆い、ロックウールなどの不燃材を充填してEXP. Jの耐火性能を満足させるが、不燃材についても追従性を考慮する。耐久性能は劣化・老化してもシーリング材が打ち直せることが重要で、EXP. Jカバーを外さないで施工できるようにする。また、錆・腐食などが発生しないようにアルミやステンレスなどの使用に際して、異種金属接触面を絶縁するようにする。水密性能は止水性のよい納まりを選択し、室内に水が浸入、漏水しないようにする。その他、納まりを単純化して簡単に取り付けられることと、破損時に簡単に部位ごとに取り外せ、修復、取替えが可能なようにする。

被害例

近年の地震においてもEXP. Jの被害は多数報告されている。既製品を使用する場合でも、設計者がメーカー任せにせず水平・上下方向の変形に対する追従性を考え、確認することが重要である。以下に被害例について考えられる要因を示す。
①EXP. Jが建物変形に追従せず、仕上げが変形、落下（図2a）、b））。
②EXP. Jの間隔が狭く、建物が衝突し躯体への被害が拡大（図2c）。
③既存建物の改修工事などで、EXP. Jの挙動を理解せずに周辺に障害物を配置し、EXP. Jが損傷。

施主への説明

EXP. Jは地震時に稼動するもので、維持管理においても取合い部の劣化や周辺障害物の確認が必要であることを施主へ説明する。大地震時には、建物躯体が損傷しないように仕上げ材が損傷する場合があるなどの説明も必要である。

（山口秋子）

7 建物の形態と耐震性能

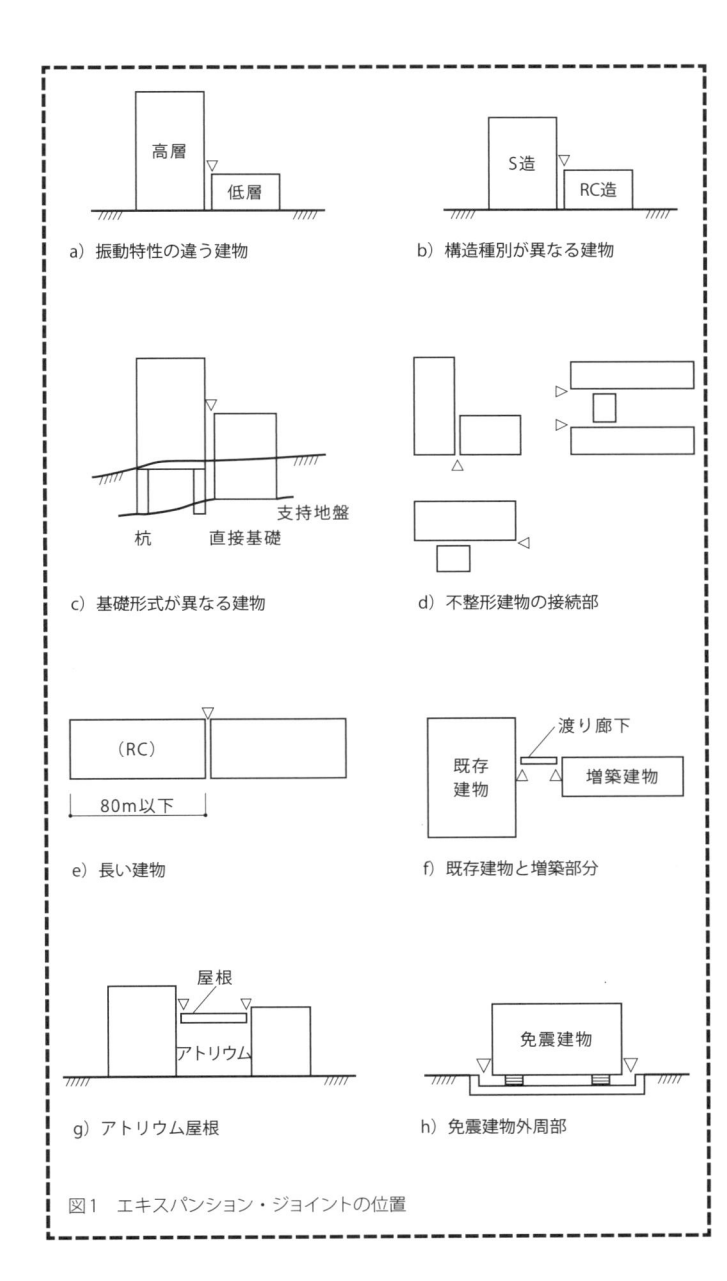

図1 エキスパンション・ジョイントの位置
- a) 振動特性の違う建物
- b) 構造種別が異なる建物
- c) 基礎形式が異なる建物（杭／直接基礎／支持地盤）
- d) 不整形建物の接続部
- e) 長い建物（RC／80m以下）
- f) 既存建物と増築部分（既存建物／渡り廊下／増築建物）
- g) アトリウム屋根（屋根／アトリウム）
- h) 免震建物外周部（免震建物）

図2 エキスパンション・ジョイントの被害例
- a) 天井のEXP.J仕上げパネルの落下（撮影：石山智・秋田県立大学）[1] 
- b) 壁のEXP.J仕上げのパネルの変形（撮影：清家剛） 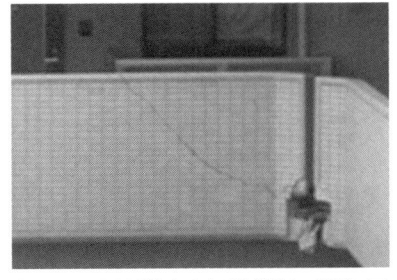
- c) EXP.Jの間隔が狭く手すり壁が衝突（撮影：田中照久）[1]

図版出典
1) 日本建築学会編『2011年東北地方太平洋沖地震災害調査速報』2011年

7-5
地下室の効用と注意点

地下室を設けることによる建物の根入れ増加は、地震力入力の低減に有効であるとともに、杭の設計や液状化対策にも有効な場合がある。しかし、地下工事はコストや工期のかかる工事であるため計画には十分注意する必要がある。

地下室の耐震性能に対する有効性

地下室を有することが、建物の耐震性能を上げることに有効であることは、過去の地震の観測記録においても実証されている。

基礎に作用する慣性力は、地中部分の土圧抵抗、摩擦抵抗により低減される。また、剛性の高い基礎に位相差を持った地震動が作用すると、基礎がこの動きを拘束するため、入力地震動が低減される。

地震動が建物に作用した場合、この二つの低減効果が同時に発生するが、地下室を設けることで地盤に深く埋め込まれた場合は、上部建物への入力地震動をより低減することが期待できる（図1）。

このことは、耐震診断において構造耐震指標I_s値を算出する式にも考慮されている。I_s値は以下の式

$$I_s = E_0 \times S_D \times T$$

で表され、数値が大きいほど耐震性能は優れている（E_0：強度指標、S_D：形状指標、T：経年指標）。この中の形状指標S_Dは地下室がある場合、ない場合と比較して最大1.2倍となり構造耐震指標I_s値を引き上げる。

一般に地下室には水圧、土圧に抵抗する厚い地下外周壁が設けられ、内壁にはスリットを入れない場合が多いため剛性が高くなる。さらに、地下室を設けることによって建物の重心位置を下げ、根入れによる地震時の転倒防止、および浮き上がり防止が期待でき、地震時の変形を抑える効果につながる。根入れ深さは一般に、建物高さHの1/12程度以上とされているが、地下室を設けると概ねこの数値を満足できる。

その他の効用

1978年6月の宮城県沖地震を機に基礎構造の耐震設計に関する基準が見直された。日本建築センター発行の設計指針によると、根入れが2.0m以上の場合、杭頭に作用する水平力を、0.7を超えない範囲で下式による割合だけ低減できることになっている（H：建物の地上部分の高さ、D_f：基礎の根入れ深さ、2.0m以上）（図2）。

$$\alpha = 1 - 0.2 \times \frac{\sqrt{H}}{\sqrt[4]{D_f}} \quad (\alpha \leq 0.7)$$

傾斜地に建つ建物の場合は、地下室を設けると、基礎底面の摩擦による抵抗に加え、地下外周壁の受働土圧による抵抗が期待でき、滑動の対策になる（図3）。

支持層が浅い場合は、地下室を設けることで直接基礎が可能となることも多い。この場合杭基礎とのコスト比較になるが、杭長が短く許容支持力を低減する必要がある場合はコストアップになることがある。

2011年3月11日の東北地方太平洋沖地震でも大きな問題となった液状化に対しては、地下室を設けることで建物直下の液状化層が排土され、杭に与える液状化の影響を小さくすることができる（図4）。

地下室を計画する場合の注意点

構造的に有効となる地下室は、周辺地盤によってしっかり固定され、十分な剛性を有する必要がある。建築基準法上の地階（床が地盤面下にある階で、床面から地盤面までの高さが天井高の1/3以上のもの）であることとは関係のないことに注意すべきである（図5）。

周辺地盤の条件によっては片側のみに土圧を受ける場合がある。この場合水平力のつり合いがとれなくなるため滑動の検討が必要となる。直接基礎とした場合は基礎底面摩擦による抵抗が考えられ、杭基礎とした場合は断面算定の際に土圧による水平力を考慮する必要がある（図6）。

地下外周壁は土圧、水圧を受ける壁であり、壁厚も厚く大部分が耐震壁となる。よって地上階に作用する地震力は、地下階では外周部の地下外周壁が負担することになり、1階床スラブは地震力を外周部に伝達することが可能な剛性と耐力が必要となる（図7）。また、施工ヤードとして1階床が使用されるケースが多いため施工荷重を考慮したスラブの設計も必要である。

地下部分には7-2、7-3節で述べた剛性率、偏心率の検討が義務付けられていない。しかし、平面的にある部分のみに地下室が設けられている場合は、重心と剛心がずれて、ねじれ挙動となり、過大な変形や応力集中による損傷の可能性が考えられるため計画時に注意が必要となる。

計画敷地によっては既存建物の杭や地下躯体が残ったままで問題となることがある。

この場合には既存躯体などを避けて計画することでコストを抑えた設計が可能となる。また、既存躯体を利用して計画する場合は既存躯体の耐力、損傷度を適切に評価して利用する必要がある。

地下工事に伴う施工には、山留め、根切り、残土処分、排水などのコストや工期のかかる工事の比率が大きくなり、全体工事への影響が大きくなるので慎重な検討が必要である。地上容積に較べて地下容積の大きい建物の場合、地下常水位の高さによっては建物全体に水圧による浮力が作用するため、その対策など注意が必要である。

(山崎和広)

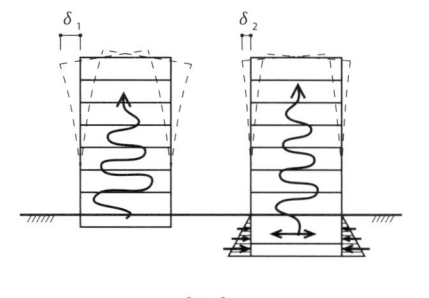

図1　入力地震動の低減効果 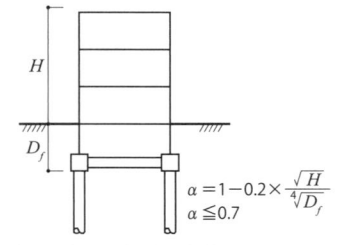
$\delta_1 > \delta_2$

図2　根入れ部分の水平力分担率
$\alpha = 1 - 0.2 \times \dfrac{\sqrt{H}}{\sqrt[4]{D_f}}$
$\alpha \leq 0.7$
α：根入れ部分の水平力分担率
H：地上部分の高さ（m）
D_f：根入れ深さ（m）$D_f \geq 2$mに適用

図3　滑動対策に有効な地下室
$\Sigma P_1 + \Sigma R_f = \Sigma P_2$
P_1：地下外周壁の受働土圧
P_2：建物背面地盤の主働土圧
P_3：基礎底面の摩擦

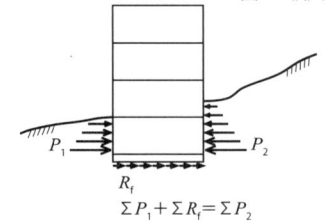

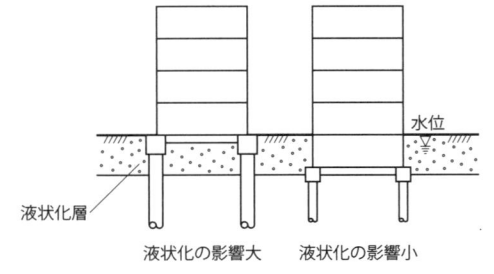

図4　杭に与える液状化の影響

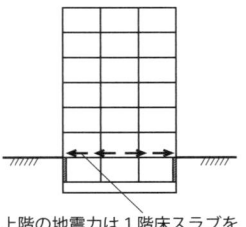

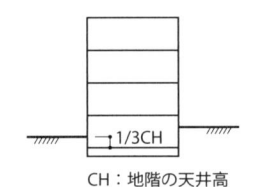

図5　構造的に有効でない地下室
CH：地階の天井高
法律上は地階だが構造計算上は地下部分と見なせない

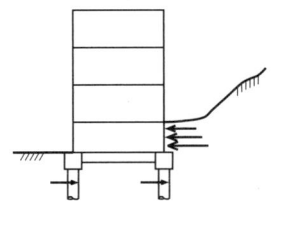

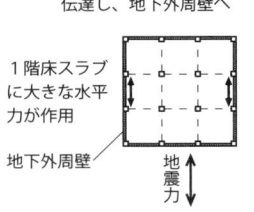

図6　片土圧を受ける建物
土圧による水平力を杭に負担させる

図7　1階床スラブに作用する水平力
上階の地震力は1階床スラブを伝達し、地下外周壁へ
1階床スラブに大きな水平力が作用
地下外周壁
地下外周壁がある場合

7-6
その他の留意点

意匠設計者に認識しておいてほしい実務上しばしば問題になる構造的な問題点をいくつか挙げる。耐震性能とデザイン性の両立は、お互いに問題点を共有することが重要で、意匠設計者と構造設計者のより深い連携が望まれる。

耐震スリットと目地のディテール

耐震スリットは、建物の剛性バランスを改善したり、柱・梁・壁の変形性能を確保するために設けられる。

鉛直スリットは、大地震時に柱の変形を阻害しないように、鉛直スリット幅は、階高から梁せいを差し引いた柱の内法長さの1/100程度に設定することが多い。一般に集合住宅では20〜25mm程度となる（図1）。一方、1階などの低層階では階高が高く、柱の内法長さが一般階よりも長くなるため、40mmを超えるような鉛直スリット幅が必要になることもある。よって階ごとに必要なスリット幅が異なることになる。

水平スリット幅は、柱の内法長さにかかわらず20〜25mmの一定値としている。躯体どうしのクリアランスとしては問題ないが、その変形に追従できる目地のディテールとなっているかが問題となる。目地に追従性がない場合は、中程度以上の地震動を受けたときに、水平目地近傍で外壁タイルの剥離や脱落が生じる可能性があることを認識しておく必要がある。2011年の東北地方太平洋沖地震でも外壁タイルにこの損傷を受けた例が目立った。

突出したEVコアとの接続部

エレベーターや階段を建物フレームの外に突出して配置する場合（図2）、地震時にその突出部と建物本体フレームが異なった揺れ方をするので、本体との接続部の計画は以下の点に注意する。突出部と建物本体をEXP.Jで分離する場合は、十分なクリアランスと、損傷しないEXP.Jのディテールで、避難経路の確保を徹底すべきである。突出部と本体建物を一体の構造とする場合は、接続部の床に非常に大きな力が生じるので、適切な計算のもとにスラブの補強や梁を設けるなどの対策が躯体損傷の防止に有効である。

連層壁に縦連層の開口

連層壁に縦連層の開口がある場合（図3）には、耐震スリットを設け雑壁として扱うか、耐震壁として扱うかの二つの場合が考えられる。耐震壁とする場合は、開口際に間柱を設け境界梁と2枚の耐震壁があるものとして構造計算することになる。そのため、境界梁には大きなせん断力が生じ、梁貫通孔に制限を受ける。

陸立ち柱にはできるだけしない

セットバックの際、梁のスパン中間から陸立ち柱を計画する場合（図4）には、大地震時にその柱の損傷が避けられないことがあるので、支える階数はできるだけ少なくすることが望ましい。一般的には1、2階までにとどめたい。また、陸立ち柱を支える梁には十分な強度を持たせる必要があるので、大きな断面となるほか、梁貫通孔にも制限を受ける。

大きな吹抜けの問題点

図5のように大きな吹抜けがある場合には、剛床範囲が他の階と異なり、上階から伝達された地震力がその階で再分配される。これによって応力の不均衡が発生し、スラブの面内せん断力や梁の軸力などの二次応力の問題が発生する。また、独立柱となるので吹抜け部の水平剛性が低下する。これらの構造的問題に対処するためコストアップとなる。

吹抜けの大きさが平面の1/8程度以上になる場合や、3層以上を貫く吹抜けには注意する。

搭状比は4以下

搭状建物の構造的問題は転倒である。地震時にロッキング振動（図6）するため変動軸力が大きくなり、柱の軸力に対する余裕が小さくなる。また、転倒防止のため基礎構造の負担が大きくなるが、十分な根入れや地下階を設けることが有効である。

搭状比（軒高H/短辺長さD）は通常4以下とするのがよい。搭状比が6を超える場合は建築確認の前に性能評価を受けることとなる。

4本柱の建物

柱の本数が少ない建物は架構の不静定次数が低く、少数の部材の破壊で建物全体が不安定になる恐れがある。そのため、斜め方向の地震力を考慮したり、地震力を割増しするなどの構造計算上の安全側の配慮が必要である。

ロングスパン梁

一般に事務所ビルや集合住宅の経済スパンは6〜8mである。鉄骨造の事務所ビルなどでは無柱空間を得るため15〜20m程度のロングスパン梁とすることがある（図7）。RC造でもプレストレスト梁を採用することによって20m程度までロングスパンが可能である。この場合の問題は、上下方向の振動障害と不均等スパンによる応力のばらつきのために生じるコストアップである。十分な梁せいの確保と直交方向のスパンを小さくするなど、梁の負担面積が過大にならないような計画が重要である。

以上、実務上で問題となる事項をいくつか挙げた。コストアップにつながる構造的な問題について意匠設計者にも認識してもらい、お互いに問題点を共有することが重要である。

（荒　真一）

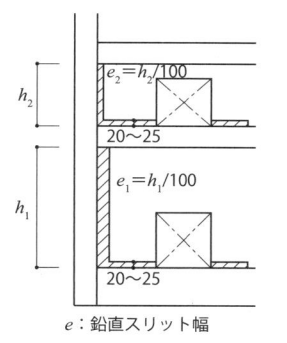

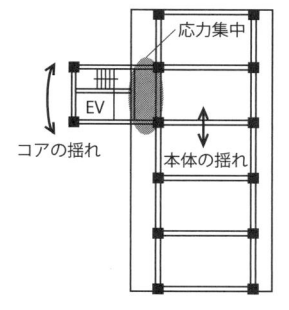

図1　耐震スリット幅図　e：鉛直スリット幅　$e_2 = h_2/100$、$e_1 = h_1/100$、20〜25

図2　建物外部に設けたEVコア

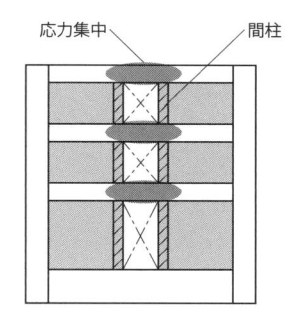

図3　縦連層の開口部

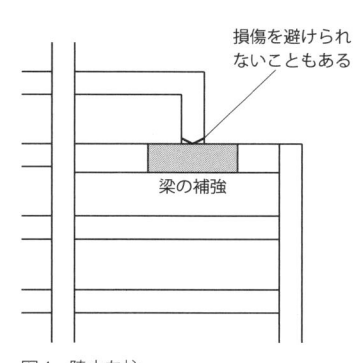

図4　陸立ち柱

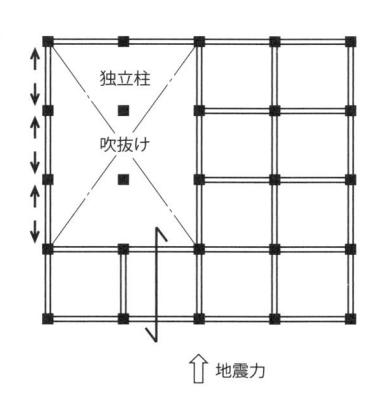

図5　大きな吹抜けの問題

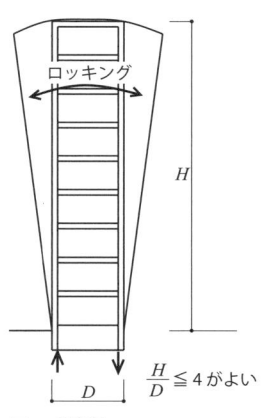

図6　搭状比　$\dfrac{H}{D} \leq 4$ がよい

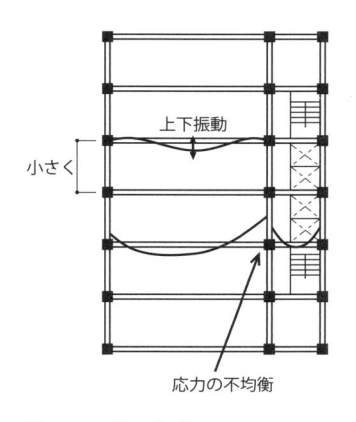

図7　ロングスパン梁

8 非構造部材の耐震設計

8-1
躯体から非構造部材の耐震性へ

建物全体の耐震性能は、躯体のみではなく各部位・各部材の耐震性能の整合性のとれたバランスが大事である。設備やエレベーターの整合性および家具類の留め方も大事な要素である。

非構造部材の耐震性に関する認識

3.11東日本大震災の被害は、広範囲にわたる。津波被害にあった東北沿岸はもとより、首都圏にも及ぶ。長時間停電し、多くの帰宅困難者が出た。超高層ビルでは揺れが激しく、エレベーターは止まり、書類は散乱し、天井が落ちたりしている（図1）。音楽ホールの天井が全面にわたり崩落し復旧工事に1年以上かかっている。戦前の建物である九段会館の天井が崩落し、死者を出している。躯体が損傷しなくとも、非構造部材の損傷によって、機能が失われるばかりではなく、人命を失う事態に至ることを一般の生活者も知るところとなった。

非構造部材の種別

非構造部材は、躯体以外の建築部材すべてを指し、外壁・開口部（建具、ガラス）、間仕切り壁、天井、床および屋根材などの内外装材および設備と範囲は広い。カーテンウォールやALCなどのようにそれ自体で壁を構成する帳壁（図2）と、タイルや石などのように躯体に取り付けられる仕上げ材（図3）と、大きく二つに分けられる。

非構造部材の耐震性

内外装材の壊れ方は、躯体からの加速度・速度および層間変位の影響を受け、ほとんど損傷を受けないものから大破に至るものまでさまざまな様相を呈する。各部位の壊れた状況と、地震時の揺れとの関係を整理しておくと、建物の耐震性を総合的にとらえる手掛かりになる（非構造部材の部位別耐震レベルについては、5-5節表1を参照）。しかし、早期復帰ということで、阪神・淡路大震災およびその後の大地震でもきちんとした調査は行われず、設計に使えるような工学的資料として整理されていない。建物の耐震性は、命が助かればよしとする躯体だけの丈夫さのみでは不十分であることが一般の生活者にも認識され、3.11で損傷した天井および非構造部材について国レベルで原因究明の調査と対策が検討されている。

阪神・淡路大震災のように震度7の激震でなくとも、震度6、震度5レベルの地震が今日の「まち」を襲ったとしたら、生活の場である建物の機能を引き続き保持していくことができるのか疑問が残る。構造上の問題については、大きな地震で予想もつかなかった被害が発生したとき、構造基準が見直され更新されて今日に至っている。阪神・淡路大震災および今回の東日本大震災で新耐震基準以後の建物においては、全体としては、構造躯体の損傷は少なく、人命保持レベルの耐震性は確保されたといってよい。

構造方式と非構造部材の損傷

同一の地震の振動であっても、建物の構造方式によって地震エネルギーの吸収の仕方が変わり、建物の揺れ方が違ってくる。建物に耐震壁を入れて硬くつくれば、非構造部材に地震の影響が直接及び、地面と建物の間に免震装置を入れれば、地震エネルギーが吸収され、免震装置の上の建物への地震エネルギーの影響が軽減されることになる。どの構造方式にするかによって非構造部材の組立て方が変わる。建物の目的に沿って適正な構造方式を決めることが重要である。

損傷と非構造部材の成立ちとの関係

非構造部材は種類が多く、さまざまな業種の仕事が次から次へと重なってでき上がる。東日本大震災で問題になった天井を例に取り上げてみても、多くの仕事が絡んでいる。天井ができ上がる順番をまとめてみると、
①設備機器の配置を決定し、天井を吊るインサートを躯体に打ち込む適切な位置を決める。
②天井伏図の決定。
③インサートを型枠に固定する。
④しっかりとコンクリートを打ち込む。
⑤問題なくインサートが埋め込まれているかを確認し、吊りボルト、天井野縁受け、天井野縁を取り付け天井の振れ止めをして、吹出し口や照明器具などの開口補強の工事を行う。
⑥この間に天井内の設備関係機器を取り付け振れ止めを行う（それぞれに固有の振動があり、揺れ方が異なるので、お互いの接触を避けるため）。
⑦天井仕上げ材を張る。
⑧設備機器を取り付ける。

以上のように、8種の工程が順次積み重なる。

　天井は常に重力がかかりどこか1カ所でも不具合が生じて落下すれば、その部分の荷重を隣接するところが支える必要があり、耐え切れずに連鎖して天井の崩落事故に至る。非構造部材は少なからず多種の業種の仕事が絡んでいることから、それぞれの仕事をしっかりと積み重ねる必要がある。

　躯体から非構造部材まで一体としてとらえて、設計・施工段階に至る全工程を一つ一つ積み重ねることによって耐震性は確保される。

(中田準一)

図1　天井の部材が大量に落下した学校体育館（東日本大震災・長野県栄村）[1]

図2　ALCパネルの崩落（阪神・淡路大震災）

図3　躯体に直接取り付けられるタイル仕上げの損傷

図版出典
1) 消防科学総合センター、災害写真データベース　http://www.saigaichousa-db-isad.jp/drsdb_photo/photoSearch.do

8-2
ガラスを落下させないために

地震時にガラスが落下すると被害が拡大する。巨大地震でなくとも地震に伴う落下例は報告されている。カーテンウォールに限らず、落下・破損防止を考えた設計が必要である。また鉛直震度なども考慮しないといけない（図1）。

地震時のガラス落下を防ぐには

窓ガラスが地震で落下すると大きな被害が発生する。2005年に福岡県西方沖で起こった地震の際も硬化性パテ留めが原因でガラスが繁華街に落下した。枠の変形がそのままガラスに伝わったと思われる。まずは枠の変形を小さくすることであるが、枠との離隔をとること（いわゆるエッジクリアランス）が大切である。シーリング材は弾性で変形に追従できるものでないといけない。FIX窓は特に逃げが少なく、またコーナーのガラスを突付けの納まりとしたものは二方向からぶつかる形状になるので双方の挙動を考慮した納まりが必要となる。可動窓は枠との間に隙間があるため、FIX窓に比べれば多少有利であるが、地震時の変形にヒンジなどが追従できるかどうかのチェックも必要であろう。

ブーカムの式

耐震性能上必要なエッジクリアランスはガラスの厚みと種類から標準的な寸法[1]が決まっているほか、枠内で回転して追従する式（ブーカムの式、図2）から算出することが一般的である。ガラスは最近では省エネ目的などから複層ガラスや安全のための合わせガラスなど、厚いものも見られるので注意したい。枠をデザイン的に細く見せたいとしても限界があることを心得るべきであろう。

変形追従性

構造躯体の変形は避けられないとして、それに取り付く非構造部材の変形を最小限に抑えることが、ガラスカーテンウォールにも大切である。ガラスは枠がしっかりして初めて地震に耐えられる。ガラス枠の構成と変形について主なものを考えてみる。

(1) 層間方式（ユニットサッシ）

階の上下でガラスやパネルを組み込んだユニットを留めるもので、剛性はある程度必要となる。地震力を逃す方法としてはPC系カーテンウォールのようにスウェー方式とロッキング方式があるが、ロッキング方式が一般的である。

(2) スパンドレル方式

パネル（PC版なども同様）を腰部（スパンドレル）に固定し、その間にガラスをはめるもので、層間変位が窓ガラスの上下に集中する可能性が高い。窓枠とのエッジクリアランスを十分にとる必要がある。また柱と梁をパネルで構成し窓をはめる「柱・梁方式」もパネル部が構造躯体の動きに追従するので同様の注意が肝要である。

(3) 方立て方式

上下の層間に方立て（マリオン）を建てて、それに窓枠やパネルを取り付けてガラスをはめる方法である。この場合は方立てとスラブの取付け部分での工夫が必要となる。回転方式で対応し、窓枠はエッジクリアランスを検討することになろう。

DPG構法採用の際の注意点

阪神・淡路大震災時にはそれほど普及していなかった構法として強化ガラスを点で留めるDPG（Dot Point Glazing）構法がある。枠にガラスがはまらないので、点支持金物に応力集中を緩和する工夫がなされている。層間変位はガラスのスウェーとロッキングで逃げることとなる。東日本大震災でも多少の被害があった。比較的大きい変形には追従できるようだが限界はある。地震への対応としては点支持位置が大きく変わらないような、全体での変形を抑える構造体とすることが大事である。

またガラスは原則穴あきとなるため強化ガラスが用いられるが、ガラス破損時の二次被害を防ぐためにも飛散防止フィルム貼りが必要である。これは強化ガラスの自然爆裂対策としても有効である。またできれば合わせガラスとしたいところである。

ガラススクリーン構法

カーテンウォールではないが、自動車ショールームなどによく見られるガラススクリーン構法（図3）によるものには阪神・淡路大震災だけでなく東日本大震災でも被害が見られた。原因はいくつかあるが、構造体が鉄骨でスパンが大きいことなどから変形が大きかったこと、ガラスが枠に収まらず突付けとなることから方立てガラスと面ガラスの間のクリアランスが少ないこと、コーナー部では二方向からぶつかるかたちになることなどが挙げられよう。対策としては十分なエッジクリアランスやガラス間のクリアランス寸法を確保すること、枠とのかか

り代をとることなどが大切である。また構造躯体の層間変形角が示されていない場合、最低でも1/100以下に抑えることが必要で、構造設計者との連携が求められよう。

長周期地震動に対して

東日本大震災でクローズアップされたものとして「長周期地震動」がある。地震波の長周期成分が遠くまで伝わり、超高層ビルや免震ビルなどの固有周期の長い建物が共振して船のように揺れる現象である。この場合には建物の変形が大きくなるとともに、キャスター付きの家具などが移動して被害をもたらす可能性がある。カーテンウォールなどに求められる対策としてはファスナーなどが耐えられるほか、ガラスへの家具などの衝突を防ぐ必要があろう。床までのガラスとしないで腰壁を少しでも設けたり、手すりを設置したりして対応したい。また物品の衝突を考慮したガラスの選択も場合により必要となろう。

（富松太基）

注記
(1) 特に指定がない場合、日本建築学会『建築工事標準仕様書・同解説　JASS17 ガラス工事』および各ガラスメーカー推奨値による。

参考文献
1) 公共建築協会「建築工事監理指針」国土交通省大臣官房官庁営繕部監修　平成22年版

図版出典
1) 日本建築防災協会『安全・安心　ガラス設計施工指針』2011年2月

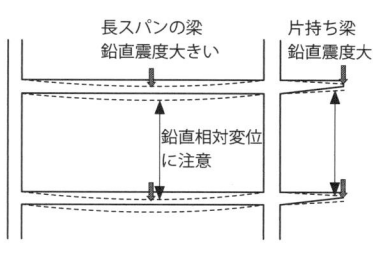

図1　地震時の鉛直の動き

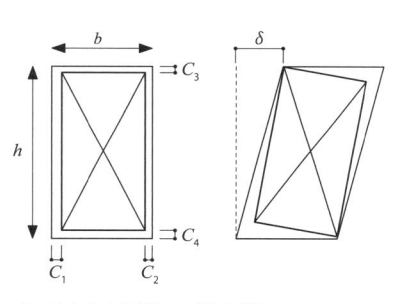

長スパンの梁の中央部や片持ち梁の先では、地震時に鉛直震度が大きくなることがある。また、上下階の鉛直相対変位にも注意する必要がある。

$$\delta = C_1 + C_2 + (h/b) \times (C_3 + C_4)$$

δ：サッシの変形量
b：サッシ溝　内法幅
h：サッシ溝　内法高さ
C_1, C_2：左右のエッジクリアランス
C_3, C_4：上下のエッジクリアランス

図2　ブーカムの式[1]

ブーカムの式は板ガラスがサッシ内で自由に移動・回転し、サッシの変形後その平行四辺形の対角線の短いほうの長さが板ガラスの対角線の長さに等しくなったとき破壊に至るものとして、板ガラスとサッシが接触し、幾何学的にサッシの許容水平変形量を求めたものである。
実際は板ガラスの下部にはセッティングブロックがあり、またシーリング材による拘束やサッシ自体の回転もあって、この理論式通りというわけにはいかないのが現実であるが、弾性シーリング材を使用し、この式によるクリアランスをとれば、耐震上安全であることが実績によって確認されている。

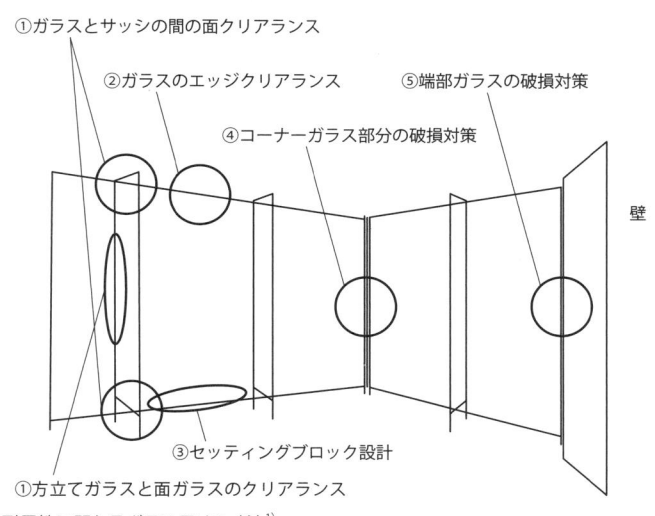

①ガラスとサッシの間の面クリアランス
②ガラスのエッジクリアランス
⑤端部ガラスの破損対策
④コーナーガラス部分の破損対策
③セッティングブロック設計
①方立てガラスと面ガラスのクリアランス
壁

図3　耐震性に関わるガラス周りの寸法[1]

8-3
カーテンウォールは意匠とともに性能を

高層建築の外装にカーテンウォールが多く採用されてきた。特に耐震性能については、多くの工夫が積み重ねられて現在に至っている。設計者は意匠とともに耐震性能、耐風性能、水密性能などを考慮して、メーカー、施工者と協力して自由な意匠を目指したい。

カーテンウォールの種類

カーテンウォール（帳壁、以下CW）は大きく分けて、メタル系とプレキャストコンクリート（PC）系がある。両者はガラスと枠は共通だが、壁や腰部（スパンドレル部分）などのパネルがアルミなどの金属かコンクリートなどかという差がある。単位面積当たりの重量に大きな違いがあり、構造上、耐震上での工夫にそれぞれの特徴がある。またガラスを全面に使うもの（ガラスCW）もあり、広義の構法にDPG構法も含み、ここでは耐震設計上の注意点を紹介したい。またPC系は構成部材が少なく、タイルや石、塗装など仕上げに多様性がある上にコストが安い。メタル系（ガラスCWも含む）には軽快なイメージなどがあり、設計者は多くの選択肢を持っているといえよう。

既製CWとオーダーCW

CWにはメーカーのカタログにある、比較的低層建築用の既製品（若干自由度のあるセミオーダーも含め）と、設計者が自由に設計できる特注品がある。性能について既製品は十分に検討され明示されているが、特注品は設計者が性能を設定し、意匠とともに発注（性能発注）するもので、メーカーの技術者と協力して開発しないといけない。設計者は技術面や耐震設計についても意匠上の自由度と引換えに責任が生じるので、建物がCWに要求する性能の設定と、その確保の確認には慎重を要する。専門的知識が必要となる。

地震時の被害防止

東日本大震災ではそれほどでもなかったようだが、阪神・淡路大震災では特にPC系に多く被害があった（図1、2）。1978年以降の耐震基準に基づくものに被害が少なかったということから、まずは構造躯体自体が大きく変形しないことが肝要であるが、非構造部材としてのCWに大きな力が加わることを避ける工夫が必要である。CW自身は構造躯体に比べそれほど強度を持たないので外力が加わると壊れてしまう。またメタル系やガラス系には被害が少なかったといわれるが、部材が細かく分かれて力を分散したり、軽いために大きな慣性力が働かなかったこと、メタル部材に弾性があったことなどによると考えられる。ただ構造躯体に大きな変形があったと考えられるものには被害が見られ、総合的な検討の必要性がある。

地震時の構造体の動き

まず地震時の構造体の動きを抑える必要がある。また時刻歴応答解析が60m以上の超高層ビルなどで行われるが、これから得られる層間変位や水平・鉛直震度などに対応する必要がある。層間変位は上下階のずれる分をいう。通常は階高の1/150程度ということであるが、鉄骨造や柔構造の建物では地震の性状や地盤の状況などで大きく異なることがある。また水平・鉛直震度は建物の平面の中でも異なり、長スパンの梁やスラブの中心部あるいは片持ち梁の先などでは重力加速度が相当大きくなることもある。また上下2層の距離変化の鉛直相対変位もある。このような構造体の動きをベースに非構造体のCWの動きを検討することになる。

CWの地震時の動き

CWは地震時には構造体とは別の動きをする必要がある。CWを動かし、入力を逃す方法としては、スウェー（スライド）方式とロッキング方式が一般的である（図3）。PC系は梁などに固定する方法がいくつかあるが、特にロッキングは縦長のものでないと難しいし、パネルを梁固定にすると層間変位が窓の上下に集中するなどの課題がある。メタル系でもパネルの剛性の高いもの、たとえばアルミキャストはPC系と同様の動きがあろう。

耐震設計の目的とポイント

地震時の対応として二つのことが考えられる。大地震時にはまず仕上げ材やガラスを含めて落下しないこと、それほど大きくない地震時には修復可能なこと、機能が維持されることが設計の目的となろう。具体的には層間変位追従性能でこれを見るが、大まかには鉄骨造で1/150〜1/120、剛性の高いものでは1/200程度を目標にすることが多い。柔構造の超高層ビルなどでは1/100に設定

することもある。また、シール切れは1/300程度を許容することが多い。ただしこれはあくまで目安であり、建物の種類、重要度などを加味して設定すべきであろう。耐震設計のポイントを次に挙げる。

① 構造体とのクリアランスを確保すること。層間変位をどこで吸収するかを考えたディテールとして、ガラス周りのクリアランスも含めて検討すること。

② 支持金物（ファスナー）の構成と強度を確実にすること。また施工にも注意して十分に動きのあるものとすること。もちろん金物を受ける構造体も強度を確認すること。

③ 仕上げ材の取付けを確実にし、落下防止の二次対策もできるものは実施する。経年劣化も含めて検討したい。

④ デザインと整合した耐震設計を志すこと。パネルの軽量化やファスナーの工夫など新構法にも取り組み、実大実験など実証的な性能確認も目指したい。

（富松太基）

図版出典
1) 東京大学坂本・松村研究室、プレコンシステム協会「平成7年PCカーテンウォール被害調査報告」1996年
2) 産業調査会編「建築材料実用マニュアル事典」産業調査会事典出版センター、1991年

図1　PCのCWの破壊例

図2　コーナーのCWの落下したもの[1]

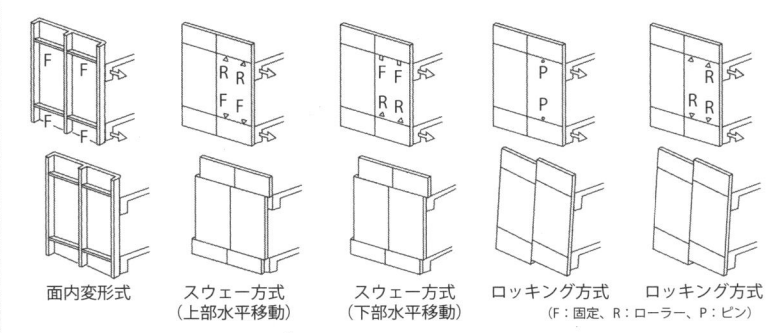

図3　層間変位追従方式の考え方[2]

面内変形式　　スウェー方式（上部水平移動）　　スウェー方式（下部水平移動）　　ロッキング方式　　ロッキング方式
（F：固定、R：ローラー、P：ピン）

8-4
ALCとパネル外壁の耐震設計

ALCは広く使われている材料である。生産管理が行き届き施工性もよい。しかし軟らかい材料なので、地震時には拘束を避け、損傷を免れるために動ける取付け工法が基本である。また、外壁ではパネルを落とさない、内壁では損傷で防火区画が破壊されないことが重要である。古い既存建物に多い縦壁挿入筋構法は危険である。

ALCとは

ALCとは、Autoclaved Lightweight aerated Concreteの略称で、蒸気養生がなされた軽量の気泡入りコンクリートのことである。わが国では市街地の中層建築用に広く使われ、3、4階建ての店舗や住宅に多い。軽く、断熱性があり施工性もよい。工期が短く、比較的廉価な優れた材料である。木造建築の伝統のあるわが国では、鉄骨ALCの建築が馴染みやすかったと思える。それだけに、古いものには問題のある使われ方も多い。上手に使いたい素材である。

基本はPCと同じ

ALCの耐震性は、PCパネルと同様に考えられる。地震時に拘束を避け損傷を免れるために、ロッキング工法とスライド工法をとっている。違いはパネルの強度である。ALCは軽量化のために気泡が混入された素材であり、パネルそのものは柔らかい。豆腐のような扱いが必要と、ディテール通は言う。したがって固定の金物や取付け方に注意を要する。柔らかくつかむ必要がある。

縦張りと横張りについて

ALCの張り方には、次のような種類がある。縦壁挿入筋構法、縦壁スライド構法、縦壁ロッキング構法、横壁カバーボルト構法、横壁ボルト締め構法、横壁ロッキング構法など（図1、2）。この中で2002年ごろから、縦壁ロッキング構法が標準的な耐震構法として一般化された。しかし縦壁挿入筋構法もまだまだ数多く見かける構法である。他の構法は耐震的な考慮がされているが、縦壁挿入筋構法は力任せに耐えようとする構法である。阪神・淡路大震災以降の地震被災地でも目につく被害があった。この構法の場合、鉄骨との取付け詳細、溶接工事の管理などに問題があればただちに落下の被害が生じやすい。ローコストで普及した構法であり、多くの既存建物で注意を要する（図3、4）。

耐震設計のポイント

ALCは工場製品のため生産管理も行き届き、安定した性能を持つ材料である。施工は販売工事店の責任施工が原則である。1978年の宮城県沖地震以降、耐震設計基準も何度も改良を経ている。メーカーのマニュアルをベースに、設計者として注意をすれば、十分に安全な設計ができる。問題が生じるのは、他のシステムとの境界部分が多い。鉄骨工事、溶接工事、シーリング工事などの工事監理、タイルなどの仕上げとの馴染み、サッシとの取合い、防火区画との連続性である。これらは、いずれも設計者にも責任が生じる部分である。十分な注意を要する。

ALCの仕上げについて

ALCは、吸水性が高く、表面の強度が低い素材である。したがって外部の仕上げとしては、吸水を抑え、薄く伸び、軽いものがよい。弾性吹付け塗料の類が最も適している。しかし、タイルを貼りたいという要求が相当ある。専用の仕様と施工基準にしたがった材料選択と施工が必要である。最近はALCの表面に凹凸のパターンが付けられた製品もある。工場塗装品を用いれば外観も性能も期待できる。

建物内部での使い方

ALCは、低コストで施工性がよいため、建物内部の壁としてもよく用いられる。間仕切り壁、階段室の壁、シャフト壁などで、防火区画の壁になっていることが多い。このALC壁が、阪神・淡路大震災では被害を受けた。東日本大震災でも長周期の揺れにより、遠隔地で損傷が出ている。接続するコンクリート壁や、カーテンウォールとぶつかって壊れたものが多かった。耐震的には、やはり動いて力を逃がすような詳細が必要である。また、ある程度の被害があっても、防火区画の機能が維持できるような詳細が必要である。仕上げのGL工法は、パネル強度が弱いため、石膏ボードがボンドごとALCパネル表面を剥がして落ちているものがあった。材料と工法の改良が必要である。

押出し成型セメント板

押出し成型セメント板は標準的には、縦張り構法はロッキング、横張り構法はスライドで躯体の変形に追従させている。ALCより硬い素材であることに注意を要する。

既存建物をどうするか

まちの中にはALCの建物が多くある。特に商業、住宅の密集地に多い。木賃アパートに対し鉄賃アパートと呼ばれるものもある。古いものは構造の耐震性にも疑問がある。多くの場合、アスベストの耐火被覆材があり、鉄骨の接合部の確認ができない。地震時の大規模火災の問題と合わせて、対策を講じるべきである。しかし、単体の建築だけでは解決できない。建築家や都市計画家が行政に協力し、地域ぐるみで解決していく問題である。

(安達和男)

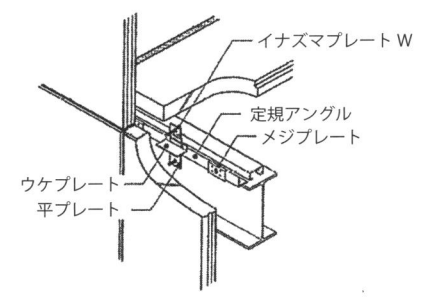

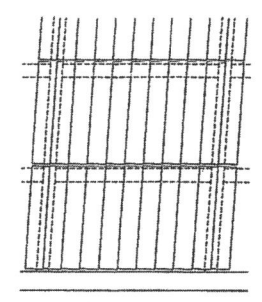

図1 縦壁ロッキング構法の取付け例と層間変形時のパネルの動き[1]

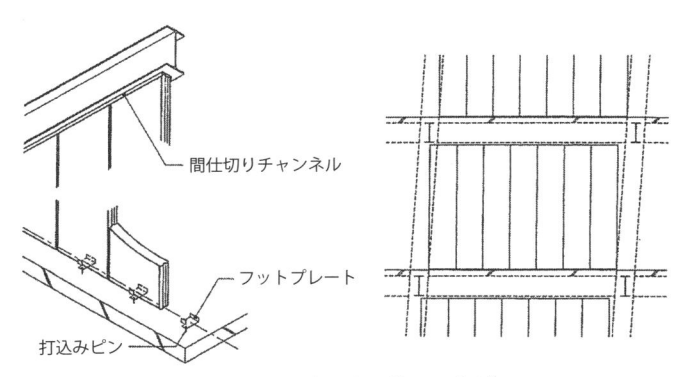

図2 間仕切り壁構法の取付け例と層間変形時のパネルの動き[1]

図版出典
1) 『ALC取り付け構法標準・同解説』平成16年版、ALC協会

図3 阪神・淡路大震災でのリブ付きALCパネルの落下。縦壁挿入筋構法である

図4 東日本大震災における岩手県大船渡市商業施設の駐車場。ALCパネルは地震による損傷は受けていないが、津波が押し破り、車を流出させた。これも縦壁挿入筋構法である

8-5
天井崩落を防ぐ

天井は、倒壊など建物の構造的な耐震性能とは直接関連しないが、実際の地震では天井崩落の被害は多く、東日本大震災では死者も出た。耐震計画では、見逃せない部位である。崩落が起きるメカニズムと、予防方法を理解することが大切である。

大地震のたびに発生する天井崩落

2001年の芸予地震、2003年の十勝沖地震、2005年の宮城県沖地震、そして2011年の東日本大震災でも、大規模な建物での天井崩落の被害が発生している（図1、2）。天井は建物の主要な構造ではなく、建物倒壊につながるような部位ではないが、落下することにより人命に関わる被害につながるので重要である。

地震時の天井崩落のメカニズム

地震時に天井に加わる加速度は、建物が揺れることにより生じる。地震による力は、建物→天井下地材→天井材へと伝わるが、天井の崩落は、多くの場合、吊り材に固定された野縁受けと、ボードが張られた野縁の間を留めるクリップが破損することによる脱落である。地震による天井崩落は、体育館など大規模空間での被害が多いが、なぜ、大規模空間の被害が多いのだろうか。

構造物が地震時に受ける力は、地震の加速度だけでなく振動周期に関係する。建物には固有の振動周期があり、地震の周期と一致した場合には共振して揺れが大きくなる。吊り天井は、基本的にブランコのような構造であり、吊りボルトの長さによって振動周期が異なる。吊りボルトが長いほど周期が長くなるが、体育館など大規模空間では吊りボルトが2mを超えるようなケースもあり、このような場合には、建物の固有周期に対して天井の周期のほうがずっと長くなる。この場合には、建物本体と天井が異なる揺れ方をするために、天井の端部は壁に激しく衝突して大きな力を受ける。この力によって天井全体が変形し、野縁が次々と脱落して全体が崩落する。つまり、地震時の天井崩落は、建物の固有周期と天井の固有周期が関係しているのである。

天井の崩落を防ぐには

天井の崩落を防ぐには、まず天井の下地を補強することが重要である。前述したように、吊り天井は、吊り材がブランコのように揺れることで、変形が生じる。そこで吊り材と野縁受けの間に斜め材（ブレース）を設けることによって、補強をする。この斜め材により、天井の変形が抑えられるとともに固有振動周期も短くなる。

また、斜め材（ブレース）により変形を小さくするだけでなく、天井が壁に衝突することで加わる力を軽減するために、天井と壁の間に隙間をあけてクリアランスを設けることが有効である（図3）。

2003年の十勝沖地震での釧路空港ターミナルビルの天井崩落では、下地にブレースを入れたことで天井の固有周期が短くなり、発生した地震がそれに近い周期成分を持っていたために共振が起こったと報告されている。しかし、地震は発生や伝達の過程によりさまざまな周期成分を持つので、壁とのクリアランスをとるとともに、ブレースによる補強を併用することが、対策として最も有効と考えられ、2003年に国土交通省が作成した「大規模空間を持つ建築物の天井の崩落対策について（技術的助言）」（平成15年10月15日付け国住指第2402号）では、これを基本としている（図4、5）。さらに、東日本大震災を受けて対策の見直しが進められている。

下がり天井に注意

一つの空間の中で、天井の高さが異なるケースは、よくあることである。この場合には、吊り材の長さの違いから、それぞれの天井が異なる揺れを生じ、取合い部分で変形の大きい箇所が生じやすい。平成15年の国住指第2402号では、天井に段差がある場合、段差部分の剛性を確保するための補強をするか、高さの異なる天井の間にクリアランスを設けるよう指導している（図6、7）。

（高木恒英）

図版出典
1) 建築研究所、国土技術政策総合研究所の合同調査『平成23年（2011年）東北地方太平洋沖地震（東日本大震災）調査研究（速報）』2011年
2) 日本建築防災協会「既存鉄骨造体育館等の耐震改修の手引きと実例」

図1 間仕切り上部天井の損傷（東日本大震災、2011年）[1]

図2 体育館の天井崩落被害（東日本大震災、2011年）[1]

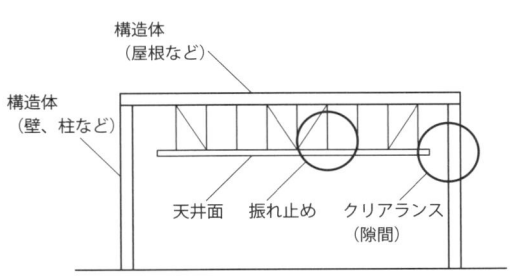

図3 振れ止めブレースとクリアランス（国住指第2402号より）

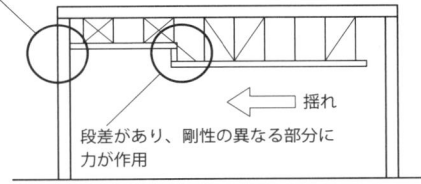

図6 損傷を受けやすい部分（国住指第2402号より）

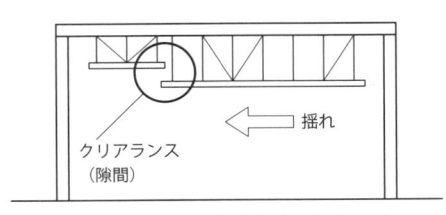

図7 段差にクリアランスをとる（国住指第2402号より）

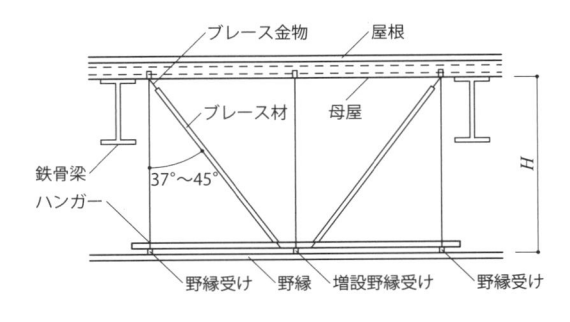

図4 下地の補強（高さが1,500以下）[2]

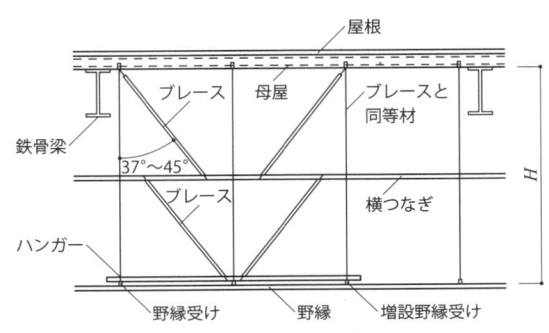

図5 下地の補強（高さが1,500を超える）[2]

8-6
内壁・内装の耐震設計

内壁や内装は、建物を支える構造部位ではないので、建物の倒壊とは関連しないが、実際の生活においては重要な部分である。また、地震時に内壁・内装が破壊・変形すると、避難の妨げとなり危険である。被害の防止と低減が設計時に配慮される。

設計者と居住者の意識のずれ

建築の構造を設計する立場から見れば、非耐力壁が損傷するのは、建物にかかる歪みのエネルギーを解放することであり、設計において想定されることである。しかし、居住者には耐力壁と非耐力壁という理解は難しく、壁のクラックなどは大きな不安要素となる。また、実際の地震では、壁が変形してドアが開かなくなったり、家具の下敷きになり死亡する災難も起きている（図1、2）。内壁や内装の被害は、生活に直結するのだという認識が、設計者側にも必要であり、大地震時にはどのようなことが起こりうるのかを設計時に建築主に説明をしておくことも重要である。

安全に避難ができることの重要性

建築の構造設計では、究極的に「倒壊しない」という観点で設計をするが、実際の災害時には、安全に避難できるということが極めて重要である。壁や柱の変形により、ドアが開かなくなり避難ができなくなる事態が発生する場合がある。近年では、こうした被害に対応して、ドアと枠とのクリアランスを設けて耐震性を高めた玄関ドアや対震丁番などがメーカーにより開発されているので、こうした製品は有効だろう（図3）。家具も壁に固定するなど転倒防止の配慮が必要である。店舗の商品陳列の什器などは地震時の転倒防止の配慮に欠けるものが多い。大規模な店舗に置かれる大型の什器では人命に関わることもあるので注意が必要である。

建物は変形するという認識で設計

建物は地震時に揺れるが、それは建物が一時的に変形することにほかならない。この変形の度合いは、RC造（鉄筋コンクリート造）とS造（鉄骨造）、木造で大きく異なり、実際の地震時の層間変形角（建物の水平変位を階高で割った値）は、大ざっぱにRC造で1/500～1/2,000、S造で1/200、木造で1/120程度のオーダーである。それぞれの構造について、相応の変形を想定して壁の仕上げ材や工法を選択する必要がある。S造に多いALCパネルの外壁は、地震時にパネル相互がずれるロッキング構法による設計が望ましいが、パネルに貼られた仕上げ材のタイルが剥離する被害も多く発生しているので、パネルの挙動を吸収する目地を設けるなどの配慮が必要である。木造建物ではラスモルタル外壁が剥落する被害が多い。このような壁面の仕上げ材の

図1　玄関ドアの破損（東日本大震災、2011年）[1]　　図2　壁クロスの亀裂（東日本大震災、2011年）

剥離は建物の構造には影響しないものの、落下物が人に当たれば人命に関わるので注意が必要である。内装壁での石材の使用では、接着貼りで施工されることが多いが、吹抜けなど高い部位では金物で留めるなど落下を防止する工法とするべきである。

間仕切り壁下地による違い

　間仕切り壁は、ほとんどの場合、木造または軽量鉄骨スタッドの下地にボードをビス留めしてつくる。仕上げはペンキ塗り、クロス貼りなどさまざまである。木造住宅では、下地となる間柱は土台や梁に固定されており、地震時には建物とともに変形するため、ボードの継目で亀裂が発生する。被災した木造住宅のほとんどの壁でボードの継目でクロスの破れが見られる。RC造や鉄骨造では、軽量鉄骨スタッドの下地が多く用いられるが、ボードを張るスタッドは上下端をランナと呼ばれる部材に差し込んで固定する（図4）。ボードの継目に現れる亀裂は構造上問題ないものだが、無用な不安感を生じさせないために設計時に説明が必要だろう。

（高木恒英）

図版出典
1) 建築研究所、国土技術政策総合研究所の合同調査、『平成23年（2011年）東北地方太平洋沖地震（東日本大震災）調査研究（速報）』2011年

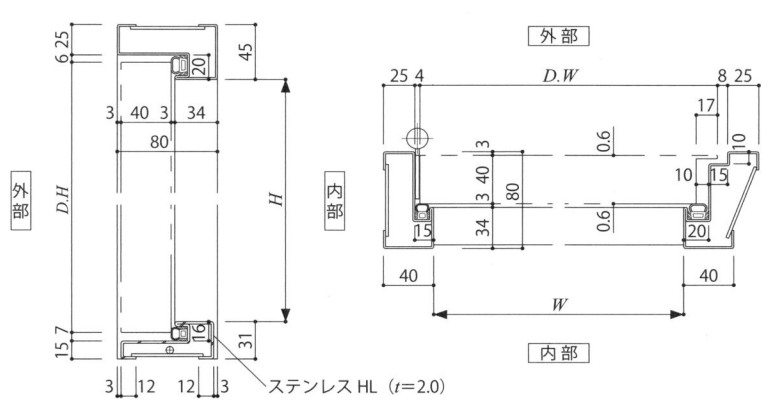

図3　耐震仕様の玄関ドア（フジメタル株式会社）。ドアと枠の間のクリアランスを広くとることで、枠の変形に対してドアが開かなくなるのを防止する

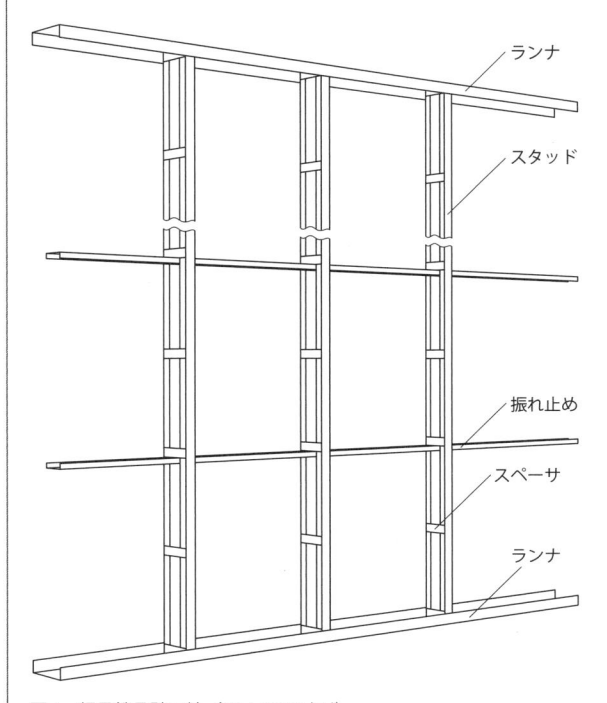

図4　軽量鉄骨壁下地（JIS A 6517より）

8-7
家具・備品の固定とレイアウト

家具類の転倒・落下を防ぐことは、地震時の人的被害を低減する上で重要である。また、病院、電算センター、官庁施設など、地震後にも重要な機能を果たさなければならない建物では、家具の転倒・落下を防止して地震後の「機能維持」を図る必要がある。

家具被害が及ぼす影響

地震時の負傷の多くは、家具の転倒や落下物が原因である[1]。家具の転倒や落下を防ぐことは、家具や収納物の物的被害を防ぐだけでなく、人的被害を低減するためにも重要である。また、避難通路に家具が転倒したり収容物が散乱すると、地震後の避難にも支障をきたす恐れがある。さらに、家具の転倒や収容物の散乱により、地震後の事業や生活の継続が困難になる可能性もある。病院、電算センター、官庁施設など、地震後にも重要な機能を果たさなければならない建物においては、特に家具の地震対策に留意する必要がある。

家具類の転倒

文献（2）をもとに、代表的な家具の転倒限界加速度を図1に示す。転倒限界加速度は家具の寸法により異なり、図1の直線を上回る加速度では各家具の転倒可能性が高い。また、図には各種建物の床応答の例も併せて示した。床応答は地震により異なるため図に示したのは一例であるが、一般に建物の下階よりも上階で家具の転倒可能性が高いことや、免震建物で家具の転倒可能性が低いことなどが読み取れる。

家具類の固定

家具の転倒や移動を防止するには、あらかじめ家具を造付けにすることが最良である。しかし、実際には、建物使用者の都合で家具が追加設置されることも多く、そのような場合に備えて、家具が固定できるように壁の下地を補強し、どの部分に固定できるのかを使用者側にわかるようにしておくことも重要である。

家具を固定する場合には、固定先の壁や床に十分な強度があるか確認する必要がある。家具の重量によって固定に必要な力は変わるため、内容物を想定して十分に余裕を持たせた強度で固定すべきである。東日本大震災においても、天井勝ちのパーティションに重い家具を固定していたために、家具が壁と天井を壊して転倒した被害や（図2）、図書室の本棚の頭つなぎの強度が不十分で本棚が連鎖的に倒れた被害などが見られた（図3）。安易な固定が被害を大きくする可能性もあることに注意が必要である。

適切なレイアウト

すべての家具を壁や床に固定することは、実際には難しい。家具のレイアウトを工夫することにより、被害を低減することも考えられる。

(1) 転倒しにくい設置方法

背の高い家具を部屋の中央に設置する場合には、家具を背中合わせに配置して、両者を固定することによって転倒しにくくすることも考えられる。また、パーティションは、T字型やコの字型に設置することで転倒しにくくなる。

(2) 生活空間と収納空間の分離

建物使用者が滞在する空間と、収納空間を分離することで、人的被害を低減させる方法もある。オフィス内のパーティションで区切った場所に、冷蔵庫やコピー機など転倒・移動の危険性のあるものをまとめて配置することもその一例である。

(3) 避難の動線を考えた配置

避難経路や避難扉の周辺に家具が倒れたり落下物が散乱すると、避難や救助の障害になる恐れがあり、家具のレイアウトを考える上で、避難の動線を考えることも重要である（図4）。

(4) 窓際への設置を避ける

窓際に設置された家具が地震時に窓ガラスに衝突し、ガラスが破損して建物外部へ落下した被害例がある。特に高層建物では、窓際に背の高い家具や重量の重い家具を設置することは避けたい。

高層建物での注意点

高層建物では、背の高い家具の転倒だけでなく、キャスターの付いた機器類の移動も問題になる（図5）。超高層建物の上階を模擬した振動台実験では、固定されていない背の高い家具の転倒のほか、コピー機が室内で大きく移動する挙動が確認されている[3]。コピー機やピアノなど、重量の重いものは移動すると危険なため、転倒・移動防止対策が必要である。

また、高層建物は長い時間揺れることで被害が大きくなる可能性がある。東日本大震災では、ラッチ機構の付いていない机や棚の引出しが少

しずつスライドし、その影響で家具の重心がずれて転倒した被害が見られた。ラッチ機構の付いた家具を使用する、または背の低い机や家具も固定することが必要になる。

免震の効果

建物が免震構造の場合には、加速度応答が低減されるため、家具の転倒被害が大幅に少なくなることが報告されている。建物全体を免震化することが難しい場合でも、建物内を部分的に免震化する免震床や、美術品などを守るための免震テーブルなども開発されており、必要に応じて適切に活用したい。

（金子美香）

参考文献
(1) 東京消防庁『家具類の転倒・落下防止対策ハンドブック』2010年
(2) 日本建築学会『非構造部材の耐震設計施工指針・同解説および耐震設計施工要領』2003年
(3) 長江ほか「E-Defenseにおける超高層建物実験」防災科学技術研究所兵庫耐震工学研究センターHP

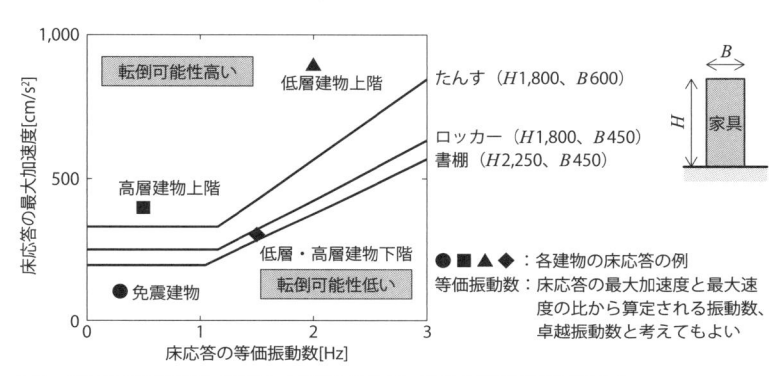

図1　各家具の転倒限界（直線を上回る加速度で、家具の転倒可能性が高い）
たんすとロッカーは、低層・高層建物の下階では転倒可能性が低いが、上階では高い。免震建物ではスレンダーな書棚でも転倒可能性は低い

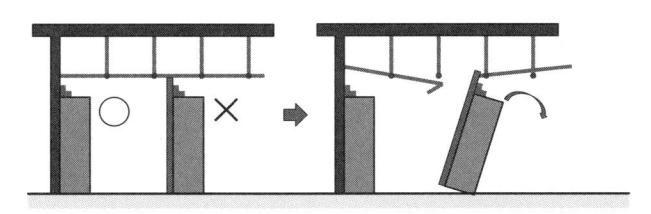

図2　天井勝ちで施工されている間仕切り壁に重い家具を固定すると、家具が壁や天井を壊しながら転倒する恐れがある

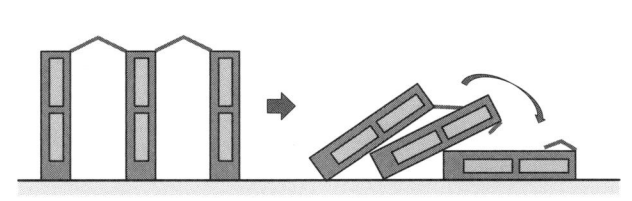

図3　図書室の本棚の頭つなぎの強度が不十分だと、本棚が連鎖的に倒れる恐れがある

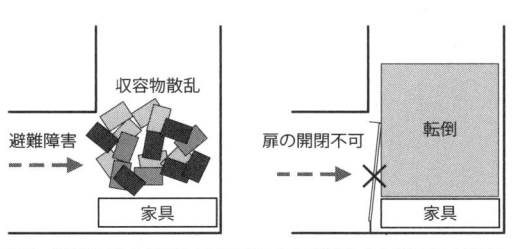

図4　避難経路や避難扉の周辺に家具が倒れたり落下物が散乱すると、避難や救助の障害になる恐れがある

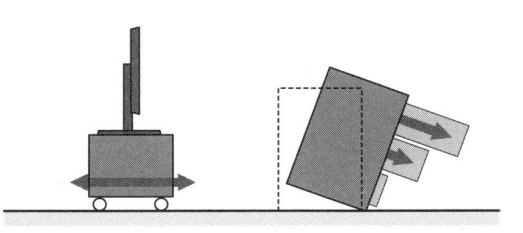

図5　高層建物では、キャスターの付いた家具の移動や、引出しのスライドによる家具の転倒にも注意が必要である

9 設備の耐震設計

9-1 耐震設計のポイント

建築設備の耐震対策の基本は建築設備を構成する機器や配管などが地震により人的被害を生じさせたり、避難通路などを塞いだりしないことである。そのためには機器や配管などを構造躯体などに緊結することと、構造躯体や非構造部材と機器や配管などに生じる変位を吸収することである。

建築設備の耐震に関する指針と求められる機能確保

建築設備の耐震に関する指針は『建築設備耐震設計・施工指針 2005 年版』（以降、センター指針と略す）が日本建築センターから発刊されている。

さらに最近は地震後の建物機能確保に対する要求が高まっていて、非構造部材や設備に対する要求が多くなっている。設備機能の確保には個々の機器や配管などの耐震支持を強化することに加え、二重化や予備機などシステム的対応が必要である。

建築設備機器の耐震支持

表 1 にセンター指針による機器に作用する地震力を局部震度法として定めた設計用標準震度を示す。同表は 60 m 以下の通常建物に適用し、設備機器や建物の用途係数（各 1.0 ～ 1.5）を、通常グレード（耐震クラス B）を 1.0、構造計算による応答解析が行われない基準震度を 0.4 とし、その他の係数を考慮して決めたものである。基準となる「地階および 1 階」の設計用標準震度は 0.4 とし、「中間階」と「上層階・屋上および塔屋」とではそれぞれ 1.5 倍として 0.6、1.0 としてある。また設備機器や建物の用途係数を増して耐震クラス A、さらに同 S を兵庫県南部地震の後に加え、それぞれ 1.5 倍として最大を 2.0 としたものである。なお、水槽を地階および 1 階に設置する場合には（　）内の値を、また、防振架台を付した機器は耐震クラス A または同 S とするとある。

機器の耐震強度に関する規定は水槽以外にはなく、同指針に示す設計用標準震度などはあくまでも据付けに関する規定である。

配管などの構造躯体への緊結

センター指針には配管などの耐震支持も規定している。配管などは機器とは異なる特性であることから耐震支持部材の必要強度は、耐震クラス A と同 B とでは耐震支持部材間の全質量の 0.6 倍、耐震クラス S では 1.0 倍としている。また、耐震支持部材は地震力が作用した場合に管軸直角方向の変位を抑制することを目的としている。ただし、吊り材長さが平均 30 cm 以下の配管やダクト、電気配線などを除いている。

機器などを構造躯体に緊結するコンクリート基礎の形状と検討方式

図 1 にセンター指針に示されているコンクリート基礎の形状と検討方式を一部修正したものを示す。コンクリート基礎は基本的には構造躯体に緊結されていることが必要であるが、屋上などの防水層がある床では防水層の扱いが問題になる。コンクリート基礎上に機器や配管などが設置された状態で作用する地震力に対して耐力があるか否かが評価になる。

基礎形状の d タイプと e タイプの基礎は構造躯体と一体化される基礎形状であり、設備設計者が構造設計者に機器の寸法や重量、重心位置などを示し、構造設計者により設計され、建築工事で施工するべきものである。同 a ～ c タイプの基礎は防水層上の押さえコンクリートの上に設けられるもので、平面的配置や機器と基礎とを含めた重量、重心位置などを構造設計者に示して確認をとり、設備工事で施工してもよいとするものである。構造躯体と一体化されていないので適用には各種の制約がある。

変位吸収

センター指針には建物に生じる変位や機器と配管などの接続部に生じる変位を吸収する必要性を示している。前者による部位には、構造躯体自体が変位する「建物のエキスパンション・ジョイント部」や「建物導入部」「層間」、さらに非構造部材体による「天井と上部床スラブなど」が代表的部位となる。また、設備内でも防振装置を用いた「機器」と「接続配管」や「主管と枝管」などに変位が生じる。それら変位を生じる建物部位を横断したり結ぶ配管などには三軸方向の変位吸収が必要となる。

変位を吸収する管継手には、支持を考慮して管軸直角方向に変位するが管軸方向には変位しない「変位吸収管継手」を用いることが基本となる。ここで、材料強度が弱い脆性材料で製造されている水槽などが地震力で水平方向に変位した場合に、接続配管にはその配置により上下方向にも

変位が生じる可能性がある。そのような場合の接続配管で管内圧が非常に低い場合には、軸方向および軸直角方向への変位を同時に吸収できる「フレキシブル管継手」を用いる場合もある。（平山昌宏）

表1　局部震度法による建築設備機器の設計用水平震度の要旨[1)]

	建築設備機器の耐震クラス			適用階の区分
	耐震クラスS	耐震クラスA	耐震クラスB	
上層階、屋上および塔屋	2.0	1.5	1.0	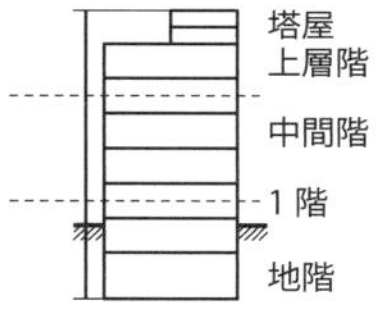
中間階	1.5	1.0	0.6	
地階および1階	1.0（1.5）	0.6（1.0）	0.4（0.6）	

塔屋
上層階
中間階
1階
地階

（　）内の値は地階および1階（地表）に設置する水槽の場合に適用する

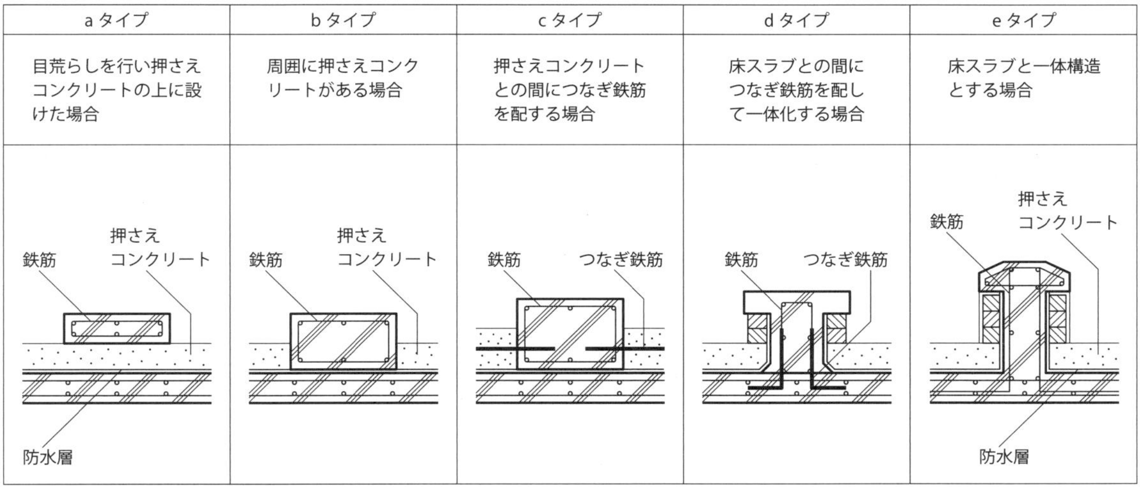
aタイプ
bタイプ
cタイプ
dタイプ
eタイプ
目荒らしを行い押さえコンクリートの上に設けた場合
周囲に押さえコンクリートがある場合
押さえコンクリートとの間につなぎ鉄筋を配する場合
床スラブとの間につなぎ鉄筋を配して一体化する場合
床スラブと一体構造とする場合
鉄筋
押さえ
コンクリート
防水層
鉄筋
押さえ
コンクリート
鉄筋
つなぎ鉄筋
鉄筋
つなぎ鉄筋
鉄筋
押さえ
コンクリート
防水層

図1　基礎の形状と検討方式（文献1）より作成）

図版出典

1）『建築設備耐震設計・施工指針2005年版』日本建築センター

9-2
地震被害例と被害を受けやすい部位と設備

設備が地震被害を受ける要因には「震度」と「変位（相関）」とがある。「震度」による損傷は前項の「設計用水平震度」や「基礎の形状」などにより設計・施工されていれば大きな損傷はない。しかし、「変位」はいろいろな状況で生じてしまうので設計・施工上では損傷が生じないように適切に考慮した措置が必要となる。

震度による損傷例と対策

図1や図2に示すコンクリート基礎上にアンカーボルトで緊結されている機器の損傷部位には、機器本体や機器底部などのベース部材、機器上部や側面に設けられた支持部材などがある。

水槽は製品の耐震化が規定されていることもあり耐震仕様の製品には「耐震仕様　1G」などの表示がされている。しかし、耐震仕様の水槽でもマンホール付き天板の被害例などは依然として多い。

また、最近目立つ損傷例としては、図3～5に示す床置き式機器をコンクリート基礎などに緊結する機器脚部や底部のベース部材が変形したりアンカーボルトで破断したり、本体のみならず防振架台まで変形したり、天吊り機器では上部や側面に設けられている支持部材の損傷例が多い。これらの多くは脚部や支持部材の強度を強くすれば解決される。しかし、設計・施工側にも機器の耐震強度を考慮した機器の選定や据付け方法を検討する必要がある。

コンクリート基礎は構造躯体と機器とを緊結する媒体として設備耐震ではアンカーボルトと同じく重要なものである。鉛直支持用の一般的自重支持用基礎と比べると耐震基礎には水平方向への耐力が必要であることからその仕様にはいろいろな条件がある。

屋上で置式基礎を用いたい場合には制約がある。押さえコンクリートとの接着面積が広いベタ基礎では水平震度が1以下（耐震クラスB）であれば基礎に浮き上がりが生じない限り使用することが可能である。しかし、図6に示す設置面積が小さい梁形基礎では、基礎の浮き上がりに加えてアンカーボルトに引抜き力が作用しないことが条件となり、さらに設置面積が小さい独立基礎では耐震クラスBでも屋上には用いることができない。

これらの基礎形状の計画には、機器の寸法や重量に基礎重量を加えた合計重量と構造設計上の許容積載荷重とからの判断が必要となる。許容積載荷重を超える場合には梁形基礎を組み合わせて基礎を構成するなどの基礎の軽量化の検討をする必要もある。置式基礎は追加工事などで使用してしまうことが多いので注意を要する。

また、設備で用いるアンカーボルトは埋込み深さが浅い傾向にあることからL形やLA形は用いないなどの措置が必要である。

変位による損傷例と対策

図7に示す建物導入部を通過する配管には建物と地盤との変位から鉛直、XY方向の三軸方向への変形が強制され、変位も時には大きくなる。そこで一般には通過する配管の変位を吸収する方法としてエルボで3または4クッションとしたり、変位吸収管継手を用いたりしている。さらに配管の損傷を少なくする方法として、建物側と縁が切れたピット（必要性により受台付き）などを用いて通過する配管の変位を少なくすることが行われている。

エキスパンション・ジョイント部を通過する配管も変位は三軸方向に生じるので配管はクランク形に曲げて可とう性を有する変位吸収管継手を3個あるいは2個設ける必要がある。しかし、このようにするには大きな空間が必要となって実際には難しい場合が多い。そこで図8に示すように多くがエキスパンション・ジョイント部を通過する部分の配管軸方向に1個の変位吸収管継手を設けていることが多い。しかし、この方法では管軸方向の変位には対応できないことから損傷が生じる可能性は高い。このような状況からエキスパンション・ジョイント部には配管を通過させないことが、もし通過させることが避けられない場合には変位が小さい1階に限ること、などの措置が基本となる。

図9など機器と接続配管など設備内に生じる変位に対する措置でも苦慮することがある。通常使用時の快適性を求めて高性能の防振装置は機器から生じる振動を極力低減するために用いられる。しかし、高性能の防振装置は比較的大きな変位が生じるので、一方では耐震性を弱めてしまう傾向にある。図10は高性能の防振装置例であるが、快適性を求めることと耐震性とは相反する特性を持つので最適な防振装置の選定と設計・施工法とが必要となる。

このような状況から変位吸収に関しては、内圧が小さい接続配管であり

脆性材料で製造された水槽にはフレキシブル管継手が、その他防振装置が設けられて変位が生じる機器の接続配管には変位吸収管継手が、加えてファンの接続ダクトにはキャンバス継手が用いられる。しかし、変位を吸収する変位吸収管継手やキャンバス継手の前後にはしっかりとした固定すなわち耐震支持が必要であり、それらの据付け位置の設定には注意が必要である。

（平山昌宏）

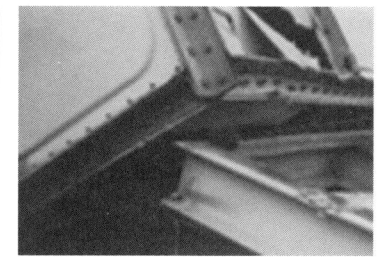

図1　アンカーボルトの抜け

図2　コンクリート基礎のコーナー部が破損

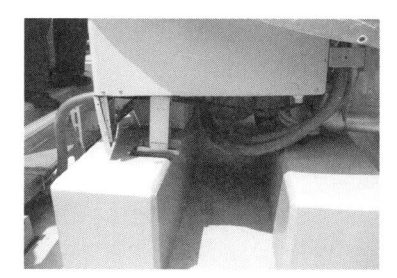

図3　機器の脚部が変形

図4　アンカーボルトで機器のベース部材が破断

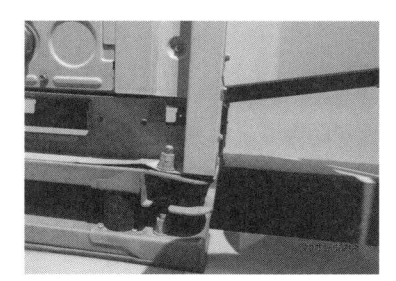

図5　機器のベース部材が変形し防振架台も変形

図6　梁形コンクリート基礎の転倒

図7　建物導入部の配管

図8　エキスパンション・ジョイントを通過する配管

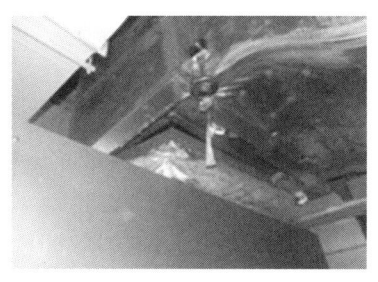

図9　空調機からのキャンバスダクト接続部の破断

図10　防振装置が外れストッパーが変形

9-3
地震後の設備機能の確保

建築設備の耐震対策の基本は人的損傷防止であるが、地震後にも設備機能を確保することを求められる建物用途も多い。設備機能を確保する必要性やその内容、確保時間などはその用途や位置付け、設置条件などにより異なる。

建物の重要度と設備の耐震性能とを整合させる

建物の耐震性能は用途により重要度レベルが異なる（5-3節）。主要構造部はやや余裕を持ち、非構造部材、設備は同等の耐震性能を確保することが望ましい。センター指針の建築設備機器の設計用標準震度（KS）を求める表（9-1節表1）では、建築物と設備機器のそれぞれの用途係数により耐震クラスB、同A、同Sとして区分している。一般に大地震にも耐え、地震後にも設備機能を確保する必要がある建物の設備は重要度レベルが高いと考え、耐震支持強度は耐震クラスSまたは同Aとする。設備の重要度レベルにより設備システムの耐震性を施主と十分に協議・検討しておくことが大切である。たとえば災害後の復旧を図る公共施設やハンディキャップを負っている人が多い医療施設、老人ホーム、福祉施設などでは、地震後にもその用途上必要な設備には相当期間の機能確保が求められる。

重要度の高い設備システム

大地震後には建物の損傷に加えて、ライフラインの被災、すなわち停電や断水、排水不能、都市ガスや通信の遮断、交通麻痺などが予想され、火災の発生もありうる。地震後も設備機能を確保する必要がある建物では、建物用途による地震後の状況をどのように考え、どのような設備機能が必要であるかを計画しておく必要がある。ライフラインが遮断された場合に、最も重要度が高い設備機能は一般に電源と水との確保である。最小限の照明や情報収集のための通信機能、生命維持のための飲用および雑用水の確保は当該建物に居住するためには必須の設備機能となる。さらに最近の高度な医療機器を設置している医療施設では電源の確保と付属する設備機能の供給が不可欠であり、災害後にも平常時とほぼ変わらない安定した供給が求められている。

大地震後に損傷したライフラインを復旧するのに必要な日数は、兵庫県南部地震や宮城県沖地震の例などから電気で約3日間、水道で約30日間、都市ガスで約45日間、情報で約2日間程度であるが、東京などではより多くの日数が必要になると予想されている。そこで、電源確保には自家発電設備と燃料とが、飲用水にはペットボトルや地震直後の高置水槽や受水槽の残留水など、雑用水には井戸などが必要となる。ここで医療施設など重要度レベルが高く必要設備機能が多い建物ではそれらに応じた設備機能を継続的に確保する必要がある。

電源の確保

電源の確保には自家発電設備を設けることが基本となる。発電機形式は冷却水の補給が不要な空冷式を基本とし、貯蔵油量は必要な設備機能確保日数から決められる。しかし容量にもよるが1日分以上の機能確保が求められる場合には、必要油量から「危険物一般取扱所」になる可能性が高いので対処が必要である。病院など地震後にも継続的に電源供給を確保する必要がある場合には、日ごろから行政とも協議して、優先して油の供給を受けられる体制を準備しておくことが必要である。最近の高度な医療機器は大容量の電源を必要とすることや、一旦電源が停止すると立ち上がりに多くの時間を要する傾向にある。医療施設内では災害後の医療機器の利用方法について日ごろから十分な協議をしておくことが必要となる。

水の確保

飲料水はペットボトルで、雑用水は受水槽などの残留水を利用することが基本であるが、継続的な供給が不可欠な医療施設などでは井戸を設けることが原則である。水道水は地震後に一旦水圧が下がった後には衛生的懸念から飲料には用いられないと考えるのが無難である。水道管から受水するには受水槽を地下階に設置することがよい。昼間に水道管の水圧が下がっても地域の使用水量が少なくなる夜間には受水できる可能性が高い。

設備機能を確保する設備システム

設備は基本的に「配管や線」で結ばれて機能を発揮するものが多いので、損傷部位に比較して機能を確保できる率は低くなる。当然のこととし

て個々の機器や装置を耐震的に据え付けることが原則であるが、重要な設備機能の確保には異システムでの二重化をすることが基本である。異システムとは空気調和設備では中央式空調と空冷式パッケージ方式との組合せなど、システム構成も配管ルートも異なることがよい。また加速度が小さい異なる場所に設けるなどとして二重化の質を高めることが基本である。

損傷事例の多いシステム天井に関する注意

　最近開発された耐震型システム天井は、横揺れ防止用に各種形鋼を用いることにより強化されている。軽量機器の照明器具や小型の器具類は、天井フレームに緊結することが耐震的設計・施工法となっている。しかし、天井パネルはグリッド形でもライン形でも基準寸法のものは比較的揺れに強いが、設備パネルなど小型のパネルは移動や落下が生じる可能性が高い。照明器具や吹出し口を配置することなどにより生じる小型の設備パネル類は小さな寸法となり固定状態が不十分になりやすい。設備パネルなども極力基準寸法に近づけた寸法とすることが望まれる。

　一方、最近の空調方式の特徴である小型分散形空調方式による天吊り室内機が採用されることも多い。センター指針では1kN以下の軽量機器は軽量であることを考慮し、製造機器メーカーの指定する方法で確実に施工すればよいとしている。しかし、軽量機器の据付け方法を示しているメーカーはなく、設計・施工側も軽量機器と1kNを超える機器との区分けも不十分なまま横振れ防止策を行うことなしに据え付けていることも多い。天吊り機器や主ダクトが天井内で横揺れした場合に、吹出し口に接続するフレキシブルダクトも三軸に変位し、吹出し口も三軸方向に地震力が作用する。結果としてシステム天井に据え付けられた吹出し口はスプリング部材の反力を利用して固定する方法やクランク型固定バネを取り付ける方法では外れやすく、天井フレーム材に締具で固定する必要がある。当然、上部スラブから落下防止ワイヤーなどを併用する必要もある。

　スプリンクラーヘッドは最近では巻出し配管にSUS製フレキシブル配管や樹脂管、その他変位を吸収できる配管が用いられているが、それでも散水事例があることが不思議とも考えられている。しかし、散水事例の多くが天井裏で自在なはずのフレキシブルな巻出し管の動きを吊りボルトや空調機器、ダクトや配管などでその動きを阻害している状態になっていることが多い。損傷防止には巻出し管とその他の物体との離隔を確保することが必要であり、重要室では20cm程度の離れを確保しておきたい。またスプリンクラーヘッドの固定部材も天井フレーム材にバネ式ではなく締具で固定することが必要である。

　照明器具のシステム天井フレームへの固定方法は照明器具メーカーにより各種の方法が採用されている。多くはクランク型固定締具で天井フレームに締め付ける方法を採用している。また、上部スラブから落下防止用ワイヤーなども併用している。

（平山昌宏）

9-4
免震建物における設備計画のポイント

免震建物の免震層では設備配管などが敷設され、設備計画と建築計画の調整が不可欠である。免震継手の仕組みを把握し、建築と設備機能に支障のない計画が必要である。また、免震層はクール＆ヒートピット利用や換気が必要な場合がある。これらを含めて免震建物と設備計画上のポイントを記述する。

設備と免震装置の搬出入

基礎免震層内では、図1に示すように、設備配管やケーブルラックなど設備搬送経路の展開に利用される。また、エレベーターピットや水槽などを設置する場合もある。こうした免震層では、免震装置の搬出用のマシンハッチの設置位置とともに搬出入ルートの設定が必要となる。その場合は図2のように搬出入用のルートを配管が横断するなどの支障がないように計画しなければならない。これには設備計画だけでなく上階の平面計画の調整も必要である。

免震装置の耐用年数は60年と躯体と同等とされているが、劣化や震災による交換を前提とする計画が必要である。また、図3のように、搬出入機は免震改修（レトロフィット）を通じて種々の方式が開発されている。

中間階免震の対応

中間階免震も上下階で生じる相対変位を吸収するため配管などは免震継手を利用して接続する。ただし、熱源機械室や電気室が免震層の下階の場合は供給系統が分散しているため、基礎免震に比べ、縦管やケーブル本数が多くなり、免震継手の数量も増える。また、相対変位の吸収クリアランスの確保も難しくなる。また、熱源機械室が免震層の下階にある場合の煙突の免震継手は技術的には可能であるが、耐熱性、気密性の維持や変形の追従性など課題が多い。

免震継手の種類

免震構造の建物で、配管に使用する免震継手の種類は、材質ではゴム製、ステンレス製が多くあり、設置形式は、表1に示すように、横型、縦型、スプリング型、ローラー型に分類される。材質は流体や設備機能により選択される。設置形式は相対変位（免震量）、配管重量（配管口径）、コストから選定する。相対変位（水平方向）は300～800mmの対応が可能で、

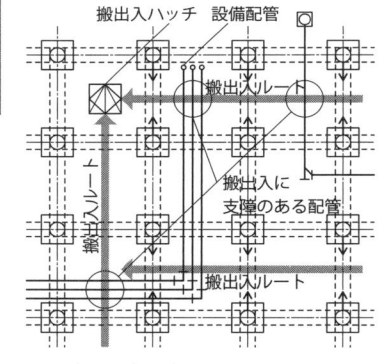

図1　免震層内の設備配管

図2　免震層内の計画例

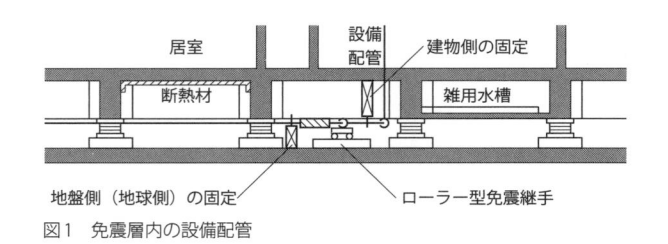

表1　免震継手の形式（株式会社TOZEN）

	横型	縦型	スプリング型	ローラー型
免震継手の種類				
材質・用途	ゴム製：汚水、雨水、通気	ゴム製：給水、冷水、冷却水、汚水、雨水、通気 SUS製：給水、冷水、冷却水、消火	ゴム製：給水、冷水、冷却水、汚水、雨水、通気 SUS製・テフロン製：給水、冷却水、汚水、雨水、通気、消火、油、蒸気	ゴム製：給水、冷水、冷却水、汚水、雨水、通気 SUS製・テフロン製：給水、冷却水、汚水、雨水、通気、消火、油、蒸気

配管口径は20〜300Aまでが対応できる。設置については、免震建物側と地盤側（地球側）の固定点を明確にし、免震スペースは、たとえば水平面での最大変位が600mmとすれば、直径1,200mmの円内を継手が移動する範囲を確保する。また、変位（移動）の障害とならないよう周囲との離隔が必要になる。免震継手の変位の確認は、図4のようにシミュレーションによるほか、図5に示す振動実験によって大地震を想定した実験を行い、変位追従の確認が可能である。

電気ケーブルの変位吸収の仕組みは、図6のようにケーブル余長を敷設するので配管の処置より対応がしやすい。

免震層の上階の温熱環境と換気

免震層は外気が浸入するため、上階の床スラブは外壁と同様の熱伝達および熱損失が生じると考える。すなわち、免震層上階が居室であれば、スラブを断熱する必要がある。特に、冬季は床暖房が必要となる室用途もある。

最近は図7のように、免震層をクール＆ヒートピットとして、地中熱を利用した外気負荷の低減を図る仕組みも多い。ホールや集会場などの建築面積の大きい建物では、免震層面積が大きい、すなわち地中に面する面積が大きいので有効となる。この場合は、経年的に臭気が生じないように、断熱だけでなく、防水やごみやほこりの浸入に注意したい。地中熱利用を行わないこうした広い免震層では、換気装置が必要となる場合がある。ただし、面積が大きいため換気回数が1回/hでも相当な風量となるため、デリベントファンで気流方向を一定にさせるなど工夫が必要となる。

(黒田　渉)

図版出典
1) 日本建設機械化協会『建設の施工企画』2008年11月
2) 公共建築設備工事標準図（電気工事編H22年度）
3) 柳井崇（『空気調和・衛生工学便覧　5　計画・施工・維持管理編第14版』空気調和・衛生工学会、2010年）

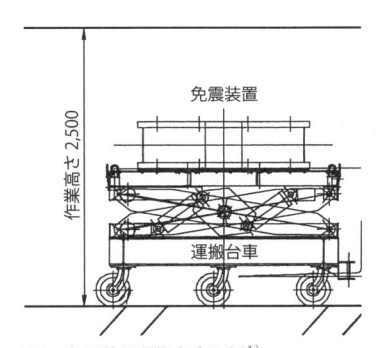

図3　免震装置運搬台車の例[1]

図5　免震継手の振動実験（株式会社TOZEN）

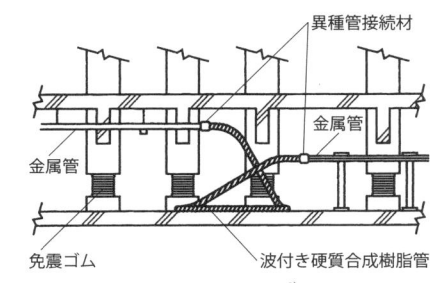

図6　電気ケーブルの免震対応例[2]

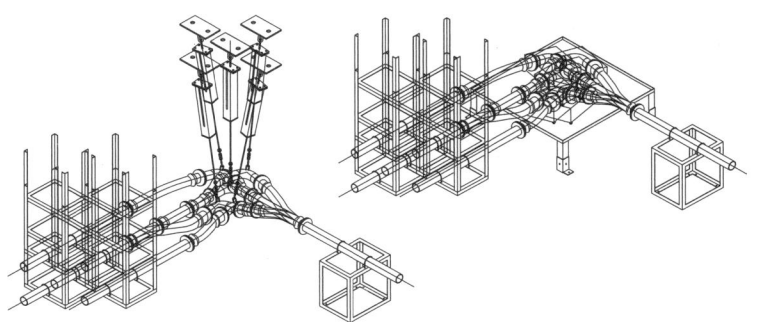

図4　免震継手の変形シミュレーション例（株式会社TOZEN）

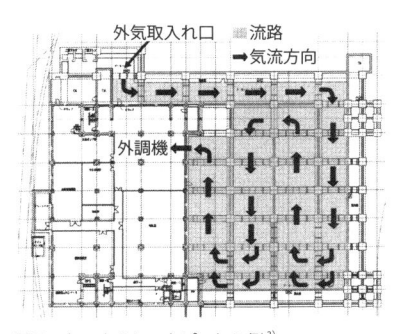

図7　クール＆ヒートピットの例[3]

9-5
エレベーターの耐震対策（1）

エレベーターの耐震対策も大地震を経験して進化してきた。緊急時の閉じ込め防止や、乗客の救出が可能なこと、ロープの引っかかりによる運転停止の予防が耐震目標の主眼である。このため耐震クラスや管制運転項目の確認が必要である。高層のエレベーターでは長周期対策も必須である。

かご（ケイジ）とつり合いおもり（カウンターウエイト）を鋼製のロープで結んで巻上げ機で駆動させるという、現在一般的な方式のエレベーターが定着してから100年近い年数が経過している。5、6階を超える高さを階段のみで昇降するのは日常的には不可能なのでエレベーターの開発によって初めて5、6階を超える高層化が現実的になったのである。こうした意味でエレベーターは近代建築の高層化の陰の主役であるということができる。現在日本全体で約70万台、東京だけでも約15万台という膨大な数のエレベーターが設置され、中高層・超高層建築の機能を支えている。

建物の耐震基準と同じくエレベーターの耐震対策も進化してきた

1968年に霞が関ビルが竣工し、日本における超高層ビル時代が始まった。それ以降、構造の耐震基準が大地震の被害を受けて見直されてきたように、エレベーターの耐震対策も見直されてきた。1995年の阪神・淡路大震災ではエレベーターの設置が1983年以前か以後かで被害に差が出た。2004年の新潟県中越地震での長周期振動への対策が、2009年以降の指針に反映された（図1）。2011年、東日本大震災での地震動被害ではエスカレーターの落下があり、見直しが行われると思われる。

建物とエレベーターの耐震目標は整合していなければならない

建物の耐震目標は稀に発生する地震動に対して建築物の構造耐力上の主要な部分に損傷を生じないこと、および極めて稀に発生する地震では建築物が転倒・崩壊しないことである。エレベーターの耐震目標もこれに合わせている。稀に発生する地震に対しては運行できることである。また、極めて稀に発生する地震にはかごを吊る機能を維持し、乗客の救出が可能なことである。こうした目標に対して各部分や部品の耐震性能が規定される。

エレベーターにおいても耐震クラスが設定されている。耐震A_{09}が一般の建築物施設用の標準である。さらに地震後の運行限界耐力に対しては、建築物の規模ならびに公共性に応じて耐震設計震度を増したS_{09}段階がある。S_{09}は規模や被災後の早期運転再開要求に応じて、耐震設計用震度を1.5倍まで大きく設定する。機器の耐震強度の強化や長尺物の引っ掛かり防止策の強化がなされる。

エレベーターの管制運転項目も増強されている

走行中のエレベーターを制御して乗客の閉じ込めや二次被害を避けるのが、管制運転システムである。建物の高さや用途によって採用される項目が異なる（表1）。
（1）P波管制運転
　初期微動を感知して最寄階に停止し、閉じ込めを少なくする。荷物用、自動車用、昇降行程7mを超える乗用、寝台用エレベーターに義務付けられる。
（2）S波管制運転
　P波の後に来るS波（主要動）の水平加速度の大きさに応じて運転・休止を行い、地震後の早期回復の妨げになる二次災害を抑制する。
（3）長尺物振れ管制運転
　遠距離地震でP波感知が困難な長周期地震動が発生した場合に、ロープやケーブルが昇降路内の突起物に引っ掛かる状態での運転を避ける。60〜120mの建物でS波の特低検知による最寄階運転や、120m以上の建物で長周期地震動感知器によって運転を制御する。
（4）その他の管制運転
　管制運転装置への予備電源の設置、運行情報表示、リスタート運転機能、自動診断仮復旧運転などがある。いずれも地震時に限られた人数である保守技術者の救援を待つケースを減らすべく考えられたシステムである。

長周期地震動への対策

2003年の十勝沖地震、2004年の新潟県中越地震そして2011年の東北地方太平洋沖地震では、震源から遠い東京や大阪の高層エレベーターに長周期地震動による被害が出た。地震加速度は小さくP波、S波感知器は動作しなかったが、ロープなどが大きく揺れて昇降路内の突起

物に引っ掛かり損傷を受けた。ゆっくりと大きく揺れる地震動に長い部材が共振したためである。加速度は小さいが変位が大きい揺れをS波感知器の感知設定を低くして、建物の一次固有周期による揺れを感知し、ロープなどの長尺物の揺れを予測する方法で対処する。揺れが大きくなるという予測の場合、最寄階に着床し、長尺物の揺れを管制するために運転を停止する。超高層のオフィスや住宅でエレベーターが損傷した場合、その影響は大きい。複数台のうちの1台だけの修理でも、修理期間中の待ち時間は長くなり、生活への影響が大きい。特に東日本大震災では原発事故による節電と合わさり停止台数が多く、利便性が著しく低下した。

(安達和男)

図版出典
1) 日本エレベーター協会『昇降機技術基準の解説 2009年版』

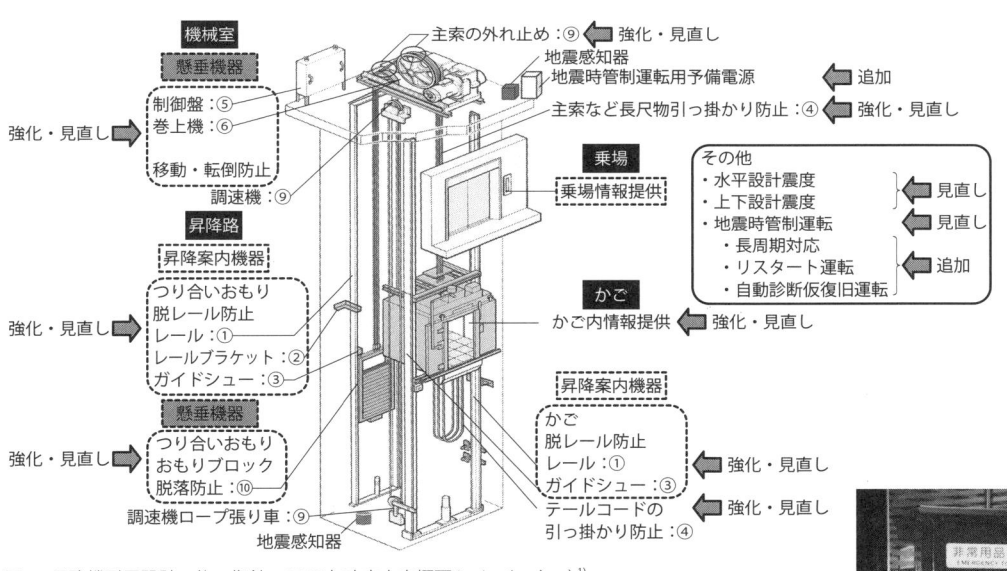

図1 昇降機耐震設計・施工指針 2009年改定内容概要（エレベーター）[1]

図2 エレベーター内の非常用収納ボックス 東日本大震災以降に閉じ込め対策に設置された

表1 各種管制運転義務付け区分[1]

管制運転などの内容	法令での義務付け	指針での標準仕様	指針でのオプション仕様
1. P波管制運転	○	○	
2. S波管制運転	○	○	
3. 予備電源の設置（管制運転の補助）	○	○	
4. 運転情報提示（かご内への表示）	○	○	
5. 運転情報提示（かご内への情報提供）		○	
6. 長尺物振れ管制運転		○	
7. 運転情報提示（乗場への情報提供）			○
8. 閉じ込め時リスタート運転機能			○
9. 自動診断仮復旧運転			○

9-6
エレベーターの耐震対策（2）

エスカレーターは本体が落下しないことが耐震目標となる。東日本大震災の事故を受け、耐震基準が見直される。さらに、既存エレベーターの耐震化は建物の耐震改修と同様、重要な課題。エレベーターをとりまく躯体の耐震性も見落としてはならない。高齢社会において、上下移動の手段を維持することはさらに重要になっている。

エスカレーターの耐震対策で重要なのは落ちないことである

　エスカレーターは大人数の上下階移動のために設置される。商業施設、交通施設、公共施設など、多くの人たちが利用する建物に多い。まずは地震時でも人に被害を与えないことが重要である。エスカレーターは稀に起こる地震で、たとえ停止しても乗客の閉じ込めがないので運転性能上の耐震規定は必要ない。したがって極めて稀に起こる地震に対して機器に損傷が生じても建築の梁などの支持材から落下しないことが耐震目標である。

　地震時に建物は層間変位により上下階の躯体が動く。エスカレーターは層間変位1/100までを設計限界としている。その躯体の変位に対し、エスカレーターの一端の支持アングルを建築の梁などの支持材に堅固に固定する。他端は建築の支持部に非固定とし十分な掛かり代をとる。また、一端が支持材に固定できないときは、両端の掛かり代を十分にとる。さらにエスカレーター本体トラスに中間支持部のあるものは、中間支持部で落下を防ぐ構造としている。支持部に必要な掛かり代は設計時に算出する。支持部材や受台の強度も十分なものとする。固定支持側は長手方向と左右両側を固定する。非固定支持側は長手方向を固定せず、左右両側のみを固定する。東日本大震災では商業施設で複数のエスカレーターの落下があった。一部は支持部材の施工ミ

スが原因といわれている。商業施設では鉄骨造でスパンが大きいので、躯体の変位が大きかったと思われる。幸い人への被害はなかったが、あってはならない事故である。商業施設側では地震後に落下防止の鎖の設置を行ったところもある。フェイルセーフの対策である。今後の対策検討が重要である（図1）。

既存建物のエレベーターは耐震対策が不十分なものが多い

　建築の構造が1981年の新耐震基準を境に耐震性に差があるのと同様に、エレベーターについても1983年の技術基準の前後で耐震性に差がある。その後も指針の見直しが行われ、より安全な技術が開発されてきたが、既存の多くのエレベーターはその改修への対応ができていない。既存建物の耐震診断を行う際に、構造のみならず非構造部材や設備の耐震診断も行うべきであり、エレベーターの耐震診断も重要である。エレベーターは保守点検が義務付けられており、点検報告書に耐震対策の有無の記載がある。これを見れば耐震診断が可能である。築30年以上の建物ではほとんどのエレベーターに問題があるのが現状である。

　しかし建築物の状況からすべての耐震対策を同時に行うことは難しい場合が多い。そこでエレベーター協会では次の耐震改修を提案している。①優先順位を設けて段階的に実施する。優先順位は、人命安全→運行限

界耐力の補充→運行限界耐力増しと地震後の混乱低減策の順である。
②1998年耐震以前のエレベーターではレール、レールブラケット、中間ビームの補強対策が困難なものがある。この場合は少なくとも1998年耐震の耐震クラスB基準を適用させる（表1）。

　全国で約70万台ある既存エレベーターの全耐震化は、これからも続く重要な課題である。

建築との取合いで運行や復旧に差が出る

　昇降路は縦穴として防火区画が必要である。地震時に昇降路の壁体に損傷が出て区画が維持できなくなることは許されない。この壁体は雑壁ではない。ALCでつくられる場合も地震動に対して十分な考慮のある耐震構法が必要である。また、エレベーター扉の枠やくつずりが建築の壁や床に押されて少しでも変形すると、扉が開かなくなったり、着床ができなくなったりする。日本ではエレベーターの精度は高く、クリアランスが数mmしかない。エレベーターと壁体や床の耐震性を共に高める必要がある。

バリアフリーの確保へ

　東日本大震災後に節電もあり多くの昇降装置が停止した。そのとき、急にバリアフリー化以前の状態に戻り、駅や建物で高齢者やハンディキャップのある人たちが苦労をした。これから超高齢化社会に向けて、あ

9 設備の耐震設計

るいはコンパクトシティ化に向けて、上下階移動装置の安全および機能維持の重要性はいよいよ増していく。

(安達和男)

図版出典
1) 日本エレベーター協会『昇降機技術基準の解説 2009年版』

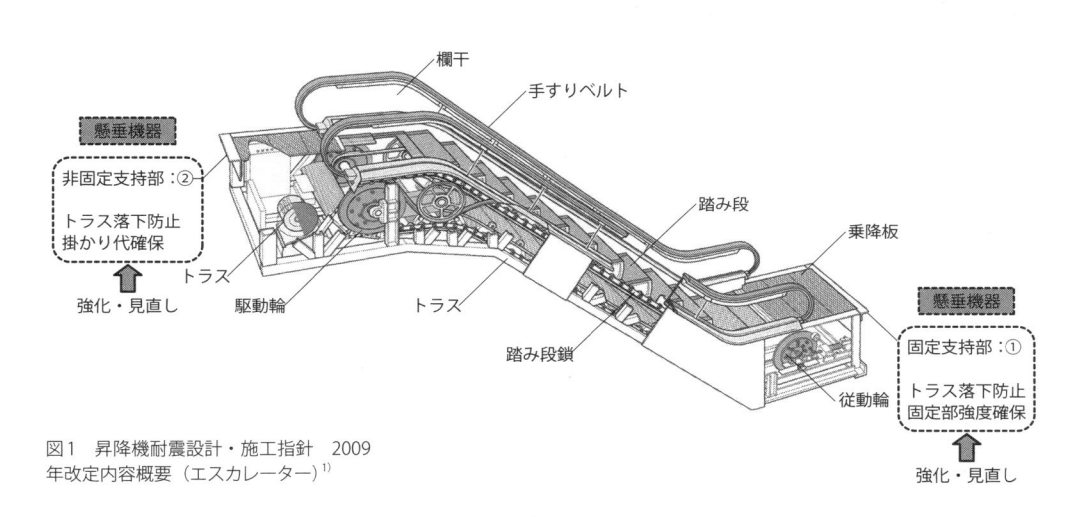

図1 昇降機耐震設計・施工指針 2009年改定内容概要（エスカレーター）[1]

表1 既存エレベーターの耐震対策の優先順位（表中の章、表の番号は文献1)による）[1]

順位		耐震対策項目	内容
Ⅲ（運行限界耐力増しと地震後の混乱低減策）	Ⅰ（人命安全）	地震時管制運転装置の設置	地震時管制運転装置を設置する。
		懸垂機器の転倒・移動防止	巻上機、電動発電機、制御盤などの機器に対し、7章の基準により対策を行う。
		主索などの綱車からの外れ止め	主索などが綱車から外れないように、7章の基準により対策を行う。
		つり合いおもりブロック脱落防止	7章の基準により、つり合いおもりブロックの脱落防止対策を行う。
		昇降路内の突出物に対する保護措置（主索に対する）	主索が突出物に引っ掛からないように8章の基準に準じて対策を行う。
	Ⅱ（運行限界耐力の補完）	昇降路内の突出物に対する保護措置（主索以外の長尺物）	調速機ロープ、つり合いロープ、テールコードその他のものが突出物に引っ掛からないように8章の基準に準じて対策を行う。
		ガイドシュー、ローラガイドなどの脱レール防止	ガイドシューまたはローラガイドの外れ止めの掛かり代が少ないものは、表6-2-1に示す基準を満足する外れ止めを設ける。
		停電時自動着床用電源設備の設置	3章の基準により、停電が発生してもエレベーターを最寄階に走行させることができるように、予備電源を設ける。
		長尺物振れ管制運転の設置	9章の基準により、長尺物振れ管制運転を設置する。
		レール、レールブラケット、中間ビームなどの補強	6章の基準により、地震力に対するレール、中間ビーム、レールブラケットなどの強度を確認の上、タイブラケットまたは中間ストッパーの取付け、中間ビームの補強、レールブラケットの補強などの対策を行う。
		情報提供	3章の基準により、地震時および地震後のエレベーター利用者の混乱を防止するため、かご内および乗場ホールでのエレベーターの利用者に、エレベーターの運転状態に係わる情報を提供する。

図2 耐震改修されたエレベーター機械室（撮影：田中孝）

10 木造住宅の耐震設計

10-1
木造住宅の耐震設計と工法

木造住宅建築の地震による壊れ方の映像をよく見て、倒壊のイメージを焼き付ける。それにより地震に対するふんばり方を創造することが耐震設計である。ふんばるといっても、建物全体が一体として固まっていなければならない。骨組の接合が堅固であることはもちろんである。

横揺れに対して、力ずくでふんばるか、揺れを制御する装置を働かせて倒れないようにするか、地盤が揺れても建物は揺れないようにする装置をつくるか、という三つの方法がある。これらがそれぞれ耐震、制振、免震ということである。

耐震

木造住宅では詳細な構造計算に頼る必要はなく、簡易な壁量計算で十分である。大切なことは建物が地震によってどのように倒壊していくかを具体的にイメージし、倒壊しないようにつくるにはどの部分の構造を強くすればよいかを考えることである。独立行政法人防災科学研究所、兵庫耐震工学研究センター、E-ディフェンスのホームページ上で建物の実大実験を動画で公開（加震実験映像）している。この映像により倒壊していくイメージを強く焼き付けておくことは役に立つ。地震による横揺れが始まると、建物は左右に揺れる。左右に揺れている状態では建物はまだ倒れないが、一方に揺れて傾いた後、他方に戻らない状態になってから、持ちこたえられなくなって倒れるのである。そのときの角度を倒壊限界変形角といっているが、耐震設計はこの変形角が大きくならないように、建物の一体性を高めて耐力壁でふんばるというのが基本的なイメージである。

(1) 壁量計算

耐力壁は「壁を設けまたは筋かいを入れた軸組」であり、各階のX方向、Y方向に配置して、地震力に対してふんばり、変形を大きくさせないものである。建築基準法施行令第46条に各階の床面積当たりに必要な壁量が規定されている（必要壁量）。耐力壁は軸組に使用される材料によっていくつかの種類があり、大貫筋かいを基準の1.0として、これに対する比（壁倍率）で強さを定めている。これによって設計した壁量の合計が必要壁量以上であれば基準をクリアしたことになる（壁量計算）。ここで壁倍率1.0とは、耐力壁の長さ1m当たり、水平力1.95kNの許容耐力を保有しているということである。この耐力値は実大単体試験から推定した値より、1.5倍程度大きい値としてある。その理由は、実際の建物では、耐力壁として算定していない非耐力壁や、腰壁、垂れ壁などの水平力に対する効果が期待できることを考慮したからである。ところが最近の建物では開口部を横架材いっぱいまで高くして垂れ壁を付けなかったり、筋かいを現しにして壁で塞がなかったりするデザインがあり、非耐力壁の効果がない。これらを考慮すると、壁量計算では十分な余力を持たせるような設計をすることを心掛けるべきで、木造建築の場合、50%程度の余力を与えて設計してもコストにわずかに影響するだけである。

(2) 耐力壁の配置と水平剛性

耐力壁壁量が十分であっても、その耐力壁が十分に働くためには建物の一体性を高めることが重要である。一体性を高めるということは床が剛で、横揺れしたときの床の重量が耐力壁に確実に伝わるということである（図1）。さらに、耐力壁はバランスよく配置されなくてはならない。耐力壁に偏りがあると、耐力壁が多くある部分は変形が少なく、耐力壁の少ない部分が大きく横揺れしてしまう。構造計算により偏心率を計算しなくても簡易な計算で確認する方法が定められている（4分割法）。建物の両端の1/4部分（側端部分）の存在壁量と必要壁量を算出し、それらの比率（壁量充足率）を算出する。両側の側端部分の壁量充足率の小さいほうを壁量充足率の大きいほうで除した値（壁率比）を求める。この壁率比が0.5以上でないと横揺れの差が大きく、建物がねじれてしまうという検討である。この検討はX方向、Y方向について確認し、0.5以下の場合は耐力壁のバランスを修正する。

(3) 接合部

筋かいを入れた軸組がその耐力を発揮するように、筋かいの種類（壁倍率の大きさ）に応じて、筋かい端部の接合方法が決められている。これが平成12年建設省告示1460号である。さらに、この告示では耐力壁の種類（壁倍率の大きさ）によって、耐力壁の柱頭や柱脚が確実に土台や横架材に緊結されるよう金物の取付け方についても規定している。特に最近では少ない壁でデザインする設計が増え、壁倍率の大きい耐力壁が設けられている。壁倍率が大きいと、

それだけ軸組の柱の引張り力が大きく、それに対する確実な接合方法が重要となる。E-ディフェンスの実験映像でも1階柱脚が抜け上がるのを見ることができる。

ところで、告示の柱頭、柱脚の規定をそのまま適用すると、過剰な金物を取り付けることになったり、この規定に記載されていない軸組や耐力壁の種類にどのように対応したらよいか困る場合がある。そのような場合は、引張り耐力がその部分の必要耐力以上であることを確認すればよいとして、告示の解説では簡易計算である N 値計算法が示されている。N 値計算をする簡単なパソコンのソフトはいろいろあるので、具体的な計算はそれらを頼ることとして、ここでは注意すべき点を述べる。

① N 値計算とは耐力壁の倍率から簡易的に引張り力を算定するものであり、引張り力と N 値との関係は次の式となる。

N 値＝引張り力(kN)／1.96(kN/m)
（壁倍率1.0）×2.7m（壁高さ）

② 隅柱では、上部の荷重の押さえの効果が小さいので N 値が大きい。ホールダウン金物のような耐力の大きい金物が必要となることが多い。
③ 出隅柱における片筋かいは、柱頭部に付けるより柱脚部に付けると N 値が小さくなる。
④ 柱の両側における壁倍率の差を小さくすると、N 値も小さくなる。
⑤ N 値計算の結果をそのまま金物に反映すると数多くの種類となってしまい、施工時に間違える危険が大きい。数種類にまとめたほうがメリットがある。

建築に限らず現代では、あまりにも数値を信頼しすぎている。N 値計算は簡易な計算方法であるから、算出された数値は目安にとどめ、意味をよく理解して使わなければ危険である。

制振

今回の東日本大震災では阪神・淡路大震災に比べて、木造家屋の被害が少なかった。木造家屋は建物が揺れている場合、固有周期が1秒を超えると倒壊しやすい。阪神・淡路大震災の地震動の周期が1.0～1.5秒くらいだったために、建物が共振して大きな被害となった。それに比べ東日本大震災の周期は0.5～1.0秒と短く、倒壊するほどの大きな揺れにならなかったといわれている。このように、地震はさまざまで予測できない。制震装置は中・大地震になってから効果が発揮されるので、耐力壁をなしとしてよいものではない。耐震工法が力ずくでふんばるのに対して、制振工法ではある程度までふんばったら、しなやかになって、やり過ごそうという合理的な工法である。制振装置として、オイルダンパー（図2）、ゴムダンパー、摩擦ダンパーを用いた工法などがあり、設計者として最も納得のいく工法を選択する。

免震

耐力壁による工事費のほかに、制振工法では40万円程度、免震工法では300～400万円程度アップしてしまう。免震工法は高度な装置を取り付けるので、コストを考えながら選択する。

（島田喜男）

図1 キャットウォークと水平ブレースによる水平剛性の確保

図2 オイルダンパーによる制振装置

10-2
木造住宅の耐震改修

旧耐震時代に建てられた木造住宅の多くは在来型の軸組構法で建てられている。建築基準法のたび重なる改正により強化された現在の耐震基準から見ると評点が0.3～0.5程度のものが多く見受けられる。

耐震基準の変遷

1891年の濃尾地震で木造建築に大きな被害が出たことで木造の耐震性について本格的な議論が始まったとされるが、法律に取り入れられるようになったのは関東大震災の翌年、1924年に市街地建築物法が改正され、耐震要素として筋かいの必要性が盛り込まれたのが最初である。死者3,900人、家屋の全壊約3万6,000棟の被害を出した福井地震の2年後の1950年に建築基準法が制定され、このときに初めて壁量規定が導入された。その後1959年、1981年の改正で壁量が増え現在に至っている。2000年には地耐力に応じた基礎の種類、耐力壁の配置方法や筋かい、柱頭、柱脚の固定方法が明確化されるなど木造住宅にとって重要な改正が行われた。

既存不適格

現存する建物にはそのほとんどに何らかの既存不適格要素があるといっても差し支えない（表1）。木造住宅の耐震改修ではこの問題を避けて通れない。

増改築に該当するようであれば、原則的には建築確認申請が必要になる。その場合は現行基準が遡及適用されるのでサッシなどの防火設備や基礎などの改修が必要になる場合もあり過大な費用負担となる。耐震改修促進法の認定があっても構造規定のすべてが遡及適用される。細街路に面した老朽木造住宅などは現行法の遡及適用に耐えられないため大規模な増改築は困難である。一部のみの改修にとどめて遡及を回避すれば、狭小道路の拡幅が進まない。法律や工事費用が障害となって耐震改修が非常に難しいというのが現状である。こうした場合は改修か建替えかの見極めが重要となる。

耐震改修の促進

自然建替えを待たずして、木造住宅の耐震化率を上げることは喫緊の重要課題であるにもかかわらず思うように進まない。その理由として、
①地震災害に対する切迫感がない。
②耐震改修工事の効果が不明。
③業者への信頼感がない。
④工事費用が不足。
その他高齢化、健康問題など個人的理由などが加わる。

新耐震以降の木造住宅

耐震改修を促進するための助成がさまざまなかたちで行われているが、対象となるのは1981年以前の旧耐震の建物である。木造については1981年の改正で従来に比べて耐力壁の量が増えたが、その機能を十分に発揮させるための措置については阪神・淡路大震災後の2000年（平成12年）の法改正まで明文化されなかった。

2000年の法改正では基礎、筋かい、軸組に関して具体的な仕様が明確化された。

最近の地震被害を見ると柱が引き抜かれて軸組が解体したり、筋かいの配置バランスが悪く軸組がねじれて倒壊に至っているケースが多い。今後は2000年以前に建てられた住宅の耐震改修も視野に入れておく必要がある。

耐震診断と補強設計

木造住宅の耐震診断の方法は難易度に応じて簡易診断、一般診断、精密診断がある。
①簡易診断：一般の人々に耐震化の必要性を認識してもらう目的で、居住者自ら行う。
②一般診断：建築士などが建物を目視調査して耐震補強の要不要を判断する目的で行う。
③精密診断：建築士や構造の専門家が建物についての詳細な情報をもとに補強の要不要、補強後の耐震性を診断する。

簡易診断以外はいずれも上部構造の評点により以下のように判定する。
　1.5以上：倒壊しない。
　1.0～1.5未満：一応倒壊しない。
　0.7以上～1.0未満：倒壊する可能性がある。
　0.7未満：倒壊する可能性が高い。

診断結果が評点1.0を下回れば補強する必要が生じる。旧耐震の建物はすべて築30年以上経過しており、老朽化も加わり評点も0.3～0.5程度のものが多く見受けられる。

耐震補強の方法として基礎や土台、壁、開口部ごとにさまざまな工法が

開発されている。免震、制振に働くものもある。耐震改修工事は費用が300万円程度以下、工期も数週間以内であることが多い。

精密診断の結果に基づき補強計画を立て詳細な設計図書を作成するが、その際に工事後の建物の耐震性について、施主に正しく理解してもらうことが重要である。計算上の評点の数値と実際の地震における挙動とは必ずしも一致するものではないことなども同時に説明する。

また、既存住宅の耐震補強工事は居住者が住み続けながらの工事になることが多いので、日常生活への影響を最小限にする配慮も必要になる（図1〜4）。

耐震改修の工事監理

新築工事と異なり既存建物の場合には工事が始まってからわかることもあり、計画通りにいかない場合がある。そのような場合はなぜ変更が必要になったのか、どのように変更するのか、費用はどうなるのかなどを明確に説明して完全な理解を得ておかないと、後日のトラブルのもとになる。建物の老朽度や既存工事の不具合などが工事中に判明した場合などには追加の補強工事が必要になるケースもある。そのため工事監理者には木構造についての十分な知識と現場で臨機応変に対処できる能力が必要となる。改修工事の設計・工事監理を行う者は単に構造技術だけでなく施主の生活感覚をよく理解しながら業務を行うことが重要だ。

耐震改修工事は一般に工事金額が小さいこともあって、施工業者まかせにするケースも見られるが、悪質な工事を防ぐためにも、適切な工事監理は不可欠である（図5）。　（庫川尚益）

表1　新耐震以降2000年までに建築された570万戸の木造住宅が既存不適格となっている（2008年総務省住宅・土地統計調査より作成）

築年別、木造住宅数	
〜1950年	1,796,300
〜1981年	11,494,900
1981年〜2000年	5,690,700

図1　工事着手直後。外壁はそのままに内部から改修

図2　基礎や土台を新設。既存の柱脚部を補強する

図3　解体後2階床梁の不足が判明したため追加補強

図4　耐震改修とリフォームを同時に行うことで成果を実感しやすい。コストパフォーマンスもよい

図5　まだまだ多い悪質な改修事例

10-3
木造密集地の居住環境と防災

木造密集地には老朽家屋も多く残る。大地震により倒壊、火災の被害が拡大しやすく極めて危険な地域であるとされる。公共空間が少なく居住環境にも問題が多い。一方で親密感や気安さなど、最近とみに希薄になっている人と人の距離が近く感じられるなどの肯定的な面も併せ持つ。

木造密集地とは

木造密集地は細街路が多く建物が狭小な敷地に高密度に建て詰まっており、さらに老朽木造建物の割合も高い（図1、2）。公園などのオープンスペースや公共施設が少ないなど防災面だけでなく居住環境にも問題がある地域である。国土交通省では整備を進めるべき重点密集市街地として不燃領域率[1]40％未満相当、住宅密度80戸/ha以上などの基準から全国の市街地約8,000haについて2003年に公表した、そのうち東京と大阪が各々2,000haとなっている。

東京都は2006年、2007年の土地利用現況調査で不燃領域率60％未満の地域約1万6,000haを木造住宅密集地域[2]としている。区部の総面積の約25％に上るこれらの地域は戦後の急激な人口増加で形成された市街地が多く、都心を中心とした環状道路沿いに分布している。

自然建替えを含めて最終的に不燃領域率70％達成を目標に整備を進めることになる。

木造密集地の問題点

木造密集地の防災安全性を高めるためのハード面での方策としては、道路の拡幅や沿道の建物の不燃化・耐震化などが重要となる。しかし道路を拡幅したり区画整理をするとなると、敷地が削られたり、時には移転を求められることがある。また、建物の不燃化・耐震化にはそれなりに費用も掛かるなど解決すべき問題が多く、改善がなかなか進まないのが現状である。

木造密集地を抱えている自治体では、地域の特性に合わせてさまざまな施策に取り組んでいるが、中でも老朽木造住宅の建替えは重要な柱になっている。借地や転貸など権利関係が複雑な場合が少なくない。居住者の高齢化や空き家の増加も考慮すべき事柄である。

路地と防災

木造密集地の中を細街路が網の目のように縦横に通っている地域は地震による延焼の恐れが大きく、また建物倒壊などで道路閉塞が生じると避難、消火、救助活動に重大な支障が出る（図3）。これらはすでに過去の大震災で経験しているところである。

建築基準法では幅員4m以上のものを「道路」と定義しているが、建築基準法制定時にすでにあった道については幅員4m未満であっても道路（いわゆる二項道路）と認めている。新築時や増築時に拡幅すればよいことになっているのだが、1950年の法制定時から60年以上経過しているにもかかわらず未だに多くの二項道路が残存している（図4）。接道条件を満たしていない敷地も残ったままだ。何らかの方法で建物が更新されていても道路がそのままというケースが多々見られ、4m道路への拡幅が思うように進んでいない。より実効性のある施策を考えるか二項道路の規定そのものを見直すなどの対策が必要だ。

また、電柱は道路内の固定的な障害物であるだけでなく地震などの災害では危険な存在になりうる。細街路の拡幅と無電柱化を同時に行うことで、景観や防災性能の改善につなげたい。

ミニ開発

木造密集地では廃業や郊外移転などで空き地になった工場跡地などの4～6棟程度の建売分譲のミニ開発が多く見られる（図5、6）。敷地中央の4m道路を木造3階建て住宅が囲んでいて、道路が袋小路状になっているものが多い。二方向避難ができない、敷地が細分化される、住宅の高密化など問題が多く、将来建物が老朽化した場合にはさらに建て詰まった危険な密集地になる可能性がある。

最近は特に開発地域内に道路をつくらずに、敷地の延長部分を道路代わりとする（旗竿敷地ともいう）ケースも出てきている。敷地を整理してオープンスペースを生み出すのではなく、逆に詰め込むような方向に向いたのでは密集地の危険性は改善されない。改めて敷地と道路との関係を見直す時期に来ているように思われる。

木造密集地の改善への取組み

行政の取組み事例として東京都墨田区の手法が注目されている。墨田

区では建物の一部についての耐震改修や高齢化対策と耐震・防火改修を合わせて助成措置を講じるなど独自の取組みを行っている。

墨田区内の木造住宅の約2/3は旧耐震で、2006年に東京都が公表した被害想定では全木造住宅の倒壊率は30％を超えるものとなった。

2006年に「墨田区不燃化促進事業再検討調査」を実施した結果、区の南部に比べて木造住宅が密集する北部では地震火災により延焼が拡大する可能性が高いことがわかった。そのため、次の五つの防災まちづくりの施策提案が行われた。
① 避難路沿道での延焼遮断機能の確保。
② 木造密集市街地の耐震性・耐火性能の向上。
③ 良質なストックの形成。
④ 区民の防災まちづくり意識の啓発。
⑤ 協働防災まちづくりの推進と体制づくり。

特に歴史的に市街地大火を何度も経験している地域であることから、延焼遮断機能の確保は優先課題である。そのため先の調査で示された 幹線道路沿いの防火上脆弱な地域を指定して、建築、金融の専門家による無料建替え相談を実施して建替えを誘導する取組みを行っている。下町らしい雰囲気を大切にしつつ、安全性を高めるために地元町会の協力を得て行政と地域住民、専門家集団が連携して減災のための取組みを行っている。

(庫川尚益)

図1　木造密集地
図2　親密な路地空間
図4　拡幅が遅れる二項道路

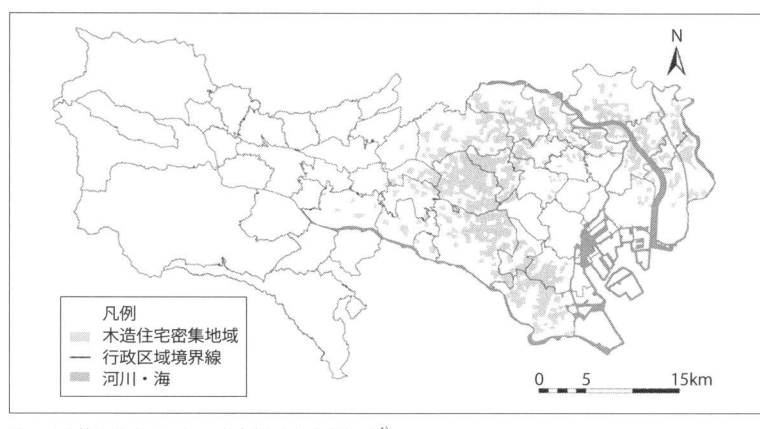

図3　環状に分布している東京都の木造密集地[1]

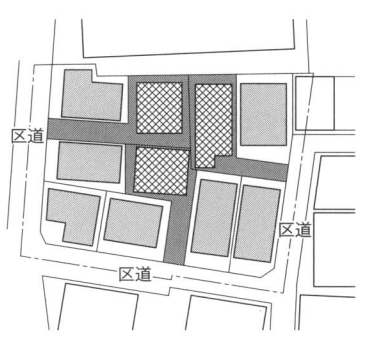

図5　ミニ開発の例。工場跡地を10分割して分譲。敷地を延長して接道条件をクリアしている

図6　1住居の跡地を3戸に分割して分譲

注記
(1) 不燃領域率：14-3節注記参照
(2) 東京都木造住宅密集地域整備プログラムでは、以下の指標のいずれにも該当する地域(町丁目)を木造住宅密集地域としている。
① 木造建築物棟数率（※1）70％以上
② 老朽木造建築物棟数率（※2）30％以上
③ 住宅戸数密度 55世帯／ha以上
④ 不燃領域率60％未満

※1 木造建築物棟数率：
木造建築物棟数／全建築物棟数
※2 老朽木造建築物棟数率：1970年以前の木造建築物棟数／全建築物棟数

図版出典
1)「防災都市づくり推進計画」平成22年、東京都より作成

11 工事監理と竣工後のフォロー

11-1 工事の良否で耐震性能に差が出る

東日本大震災では津波による被害が甚大であり、地震そのものにより建物が倒壊した事例は比較的少なかったと思われる。しかし、過去の地震においては適切な施工がなされていれば発生しなかった建物の倒壊などによる被害も多数あったことも事実である。さらには非構造部材の耐震性への認識を新たにさせられた。

過去の地震に見られた施工不良

過去の地震では、ごく単純な施工ミスなどが建物の構造体に大きな損壊をもたらし貴重な人命を失う結果となった。主な施工ミスの例を表1に示す。

建築の仕上げ工事の品質は目に見えるが、構造躯体は建物ができ上がればほとんどの場合隠れてしまう。確実に施工し、監理すれば防げた人為的なミスである。このミスに対して施工会社は当然のことながら、その監理者の責任も問われなくてはならない。

施工の良否による耐震性能の評価

建物の強度・品質はさまざまな要素で決定される。コンクリートの圧縮と鉄筋の引張りによって構成される鉄筋コンクリート造について考えてみると、設計者が考えた構造計画、構造計算を含めた構造設計、現場段階における確実な鉄筋の加工・組立て、かぶり厚を確保する型枠の適切な加工、そして適切な品質で十分に充填され打設されたコンクリートなどすべてが整うことにより、高品質の建物が完成する。それぞれの要素は人間のエラーに対応するためにあらかじめそれなりの安全率を確保しているが、どこかで大きくエラーが発生すると評価は大きく下がってしまうので、すべての項目でそれぞれの目標を上回っていれば、その性能は当初期待していた目標性能を大きく上回ることとなる。

非構造部材の耐震性

東日本大震災においては、非構造部材の耐震性についての被害も多かった。

鉄骨造の外装などに使用されるALCパネルの被害は広範囲で見られた。特に従来多用されていた縦壁挿入筋工法は近年普及してきたロッキング工法に比較して被害が大きかった。

また、天井の被害も今回は大きかった。特にホールなどの大空間、低層店舗建築での被害が数多く報道されている。天井については国土交通省から「大規模空間を持つ建築物の崩落対策について(技術的助言)」、日本建築学会から「非構造部材の耐震設計指針・同解説及び耐震設計・施工要領」など技術基準が示されているが、設計者がこれらを認識し把握しているかというと疑問を感じる部分もある。これから新たな基準づくりが待たれる状況ではあるが、主要構造部と同様に、非構造部材の耐震性能の確保への認識も重要である。

安全を積み上げ、安心を

日本は「ものづくり」に固執する国だといわれている。「職人気質」という言葉も多用されてきた。しかし、現在の経済環境のもと、建設業界における高齢化、後継者不足は著しいものがある。また、建築生産では一人一人の技術力が発揮され、技術者魂とか技術者の誇りによってつくり込まれなくてはならない。先端技術にばかりとらわれて基本技術が空洞化した現状を1日も早く改めると同時に、技術者として工学的に「安全」を積み上げ「安心」を構築する必要がある。

阪神・淡路大震災においては施工

表1 主な施工ミスの事例と原因

分類	内容
コンクリートの施工不良	・水過多で強度不足の水セメント比の不良
	・塩分の多い海砂や、アルカリ骨材反応により崩壊したコンクリート構造躯体
	・コンクリートに打ち込まれた瓶・缶類、木片・角材、軍手、タバコの吸殻などのコンクリート打設ミス
躯体の施工不良	・破壊した柱・主筋のガス圧接忘れ、不良
	・無理な台直しで破壊した柱
	・せん断クラックが出る前にコールドジョイントが断裂した耐力壁
	・ジャンカ部分から圧壊した柱
	・鉄筋のかぶり厚が不足しコンクリートが剥がれ落ち鉄筋が座屈した柱、梁
	・フープの爪が不十分で、コンクリートが剥離した柱、梁
	・脱落した強度不足の片持ちスラブ
鉄骨・溶接の施工不良	・後施工した躯体アンカー部の破壊
	・JIS規格でないダイヤフラムが割裂したボックス柱
	・フランジ突合せ溶接の欠陥から破断した柱、梁
	・無理な台直しでアンカーボルトが利かず変形した柱脚
	・ブレース付き間柱の下のスチフナーがないため局部座屈した受け梁
	・耐力を発揮する前に取付け部で破断したブレース
	・根巻きしたボックス内にコンクリートを充填していない柱の座屈

ミスが露呈してしまい、急いで壊したり隠したりした例が多くあった（図1、2）。今回の震災でも被害状況、特に内装に関わる被害状況の公表を差し控える事例が多くあったと思われる。設計者、施工者の責任の追及も重要であるが、次への教訓として、被害状況の開示と原因の究明そして改善策の提示が、今後同じような事態を引き起こさないために最も必要なことと考える（図3、4）。

（井上　博／輿　尉）

図1　阪神・淡路大震災では土木構造物や建築が大きな被害を受け、信頼を失った

図3　宮城県女川町の転倒建物は保存され、津波の脅威を伝える。原因の究明にも役立つだろう

図2　阪神・淡路大震災後の余りに早い取壊しは、原因隠しの疑惑を生んだ

図4　東日本大震災では鉄骨の損傷が多かった。施工が適切だったかどうか検証されるべきである

11-2
施工者選択のポイント

過去の地震ではごく単純な施工ミスや手抜き工事などの人為的なミスにより、多くの建物が被害を受けたが、耐震強度偽装問題以降、施工者における施工管理の重要性に対する認識も高くなった。建築家が設計した図面や仕様書などの質の高さと施工会社の質が建物の質を決める。

施工者の良否が施工の質を決める

施工者の中には、現在の社会的経済状況から無理をした受注もあり、それが品質低下の要因となることも考えられる。また、後継者不足、高齢化などにより施工者としての技術力の低下を招いている可能性もある。施工者の質、工事に取り組む姿勢、性能保証や竣工後のケア、現場代理人の質、技術水準や協力専門会社との関係などを総合的に調査して選定すべきである。施工者の選定次第で工事の質が左右される。

設計・監理者の責任、施工者の責任

耐震強度偽装問題以降、設計図書通りの施工をする厳格性が以前にも増して重要視されることとなった。逆に考えると施工者は設計図書通りに施工することが最重要課題となったわけで、そのベースとなる設計図書の質そのものが建物の質となる。

設計者としては可能な限り完全な設計図書を作成する義務がある。しかしながら、設計者がまったくミスのない設計図書を作成することは不可能であり、施工者として自らの経験に基づき施工者の立場として設計図書の不具合などの発見と改善に努めなければならないと考える。

公正な選択と妥当な金額で良質な施工を

施工者の選定には「競争入札」「見積り合せ」「随意契約」などがあるが、建築家の基本的スタンスは、その建物で生活し、使い続ける人々の立場に立ち、妥当な金額で良質な施工をする施工者を公正に選択することに尽きる。

性能発注と請負会社の保証能力

建築の法規定は、従来の仕様規定から性能規定に転換する方向にある。そこで、設計で規定した性能を保証可能な施工能力、質を保持した施工者であること、また、長期の性能保証期間に耐えられる健全な企業経営であることがポイントとなろう。

現場代理人と協力専門会社

現場代理人の力量や仕事に取り組む姿勢、情熱で工事の質は左右される。優秀な現場所長やスタッフが担当すれば工事の質は確保できるが、逆だと工事の質は落ちるし、監理者が現場所長の業務をカバーしなくてはならない場合もある。どの程度の施工技術者を揃え、社内の技術教育がどの程度なされているのかがポイントとなる。また、建築はすべて一品生産の手づくり商品であるから、手づくりの職人次第で、建物の品質は決まる。総合請負業と傘下の協力専門会社や職人集団の関係が良好かどうかも選択のポイントとなろう。

設計の質が建物の質を決める

建築家が構造、設備技術者と共同で設計した図面や仕様書などの質の高さや完成度が、建物の質を決める。建築家の考え方が明快に設計図書に反映し、設計密度が高く、論理性があり、建物への情熱が強く感じられる設計図書ならば、必ず意気に感じチャレンジしようとする施工者は現れる。逆にお座なりの図面で設計者の思想や情熱が感じられないものであれば、それなりの工事しかできない。建築家は、施工者が意気に感じ、工事に情熱を傾けたくなるような設計図書を作成しなければならないのは当然のことである（図1、2）。

クレーム低減のために

建築でのクレームが多いのは、音、振動、結露、漏水だといわれている。いずれも直接的には設備工事が原因と思われがちであるが、建築工事が関わっている場合も多い。結露だから設備工事の責任ではなく、建築工事の断熱の不良という場合もある。建築工事施工者がいかに設備に対しての認識を持っているかがクレーム低減の第一歩である。また、竣工直前に突貫工事を行わなくてはいけない状況の施工者であると、竣工引渡し前の試運転調整が十分にできず瑕疵やクレームの発生が多くなる傾向にある。十分なスケジュールコントロールができる施工者の選定も重要である。

建築と設備工事の施工者の選定

建築工事と設備工事について「分離発注」と「一括発注」の方式がある。

設備工事の施工者を建築工事の施工者と別に選定し、建築工事施工者に設備工事の統括管理費などを加算（コストオン）して一括発注する「コストオン発注方式」も行われる。

設備工事の施工者の選定

建築設備の施工者を選定するには、次の条件を満たすことが必要である。
①建設業法第3条に定める区分による許可を得ていること。
②経営能力のあること。当該工事を施工するのに十分な資金力と、支店などの組織力や人員を擁し、アフターサービスの体制が確保されることも必要である。
③信用のおける企業であること。
④施工技術能力を有すること。企業として当該工事を施工するにふさわしい経験を有し、かつ有能な施工代理人を雇用していること。
⑤同種の建築の経験があること。

建築はその用途に応じて、押さえるべきポイントが異なる場合がある。特に設備工事は使い勝手に応じた要点が異なる。住宅には住宅の、事務所には事務所の、病院には病院の押さえどころがあるので、施工者と現場代理人には同種の建築物の施工実績、経験が必要である。

（稲生 宏／輿 尉）

図1　監理者による配筋検査立会い

図2　鉄骨製作工場での材料確認

11-3
建築・構造・設備の工事監理

平成17年（2005年）に発生した耐震強度偽装問題に端を発し、建築に対する考えが大きく変化した。建築基準法、建築士法など関連法令も大きく見直されたが、特に現場段階における監理者の役割が重要視されるようになってきた。

工事監理とは
　工事監理とは、建築士法第二条6項に「工事監理とは、その者の責任において、工事を設計図書と照合し、それが設計図書のとおりに実施されているか否かを確認すること」とあり、業務の執行に当たっては、同法第十八条3項に「建築士は、工事監理を行う場合において、工事が設計図書のとおりに実施されていないと認めるときは、直ちに、工事施工者に注意を与え、工事施工者がこれに従わないときは、その旨を建築主に報告しなければならない」とされる。しかし、実務面では上記業務範囲よりさらに広く執行され、同法第二十一条（その他の業務）のうち「建築工事契約に関する業務」および「建築工事の指導監督」の業務が併せて行われる場合が多い。具体的には「平成二十一年国土交通省告示第十五号に記載されている工事監理に関する標準業務及びその他の標準業務」で明確化された。以下に抜粋して記す。

[工事監理に関する標準業務]
(1) 工事監理方針の説明等
　（ⅰ）工事監理方針の説明
　（ⅱ）工事監理方法変更の場合の協議
(2) 設計図書の内容の把握等
　（ⅰ）設計図書の内容の把握
　（ⅱ）質疑書の検討
(3) 設計図書に照らした施工図等の検討及び報告
　（ⅰ）施工図等の検討及び報告
　（ⅱ）工事材料、設備機器等の検討及び報告
(4) 工事と設計図書との照合及び確認
(5) 工事と設計図書との照合及び確認の結果報告等
(6) 工事監理報告書等の提出

[その他の標準業務]
(1) 請負代金内訳書の検討及び報告
(2) 工程表の検討及び報告
(3) 設計図書に定めのある施工計画の検討及び報告
(4) 工事と工事請負契約との照合、確認、報告等
　（ⅰ）工事と工事請負契約との照合、確認、報告
　（ⅱ）工事請負契約に定められた指示、検査等
　（ⅲ）工事が設計図書の内容に適合しない疑いがある場合の破壊検査
(5) 工事請負契約の目的物の引渡しの立会い
(6) 関係機関の検査の立会い等
(7) 工事費支払いの審査
　（ⅰ）工事期間中の工事費支払い請求の審査
　（ⅱ）最終支払い請求の審査

また、工事監理段階における設計意図伝達業務は設計者の業務として以下のように位置付けられた。

[工事監理段階において設計者が行う業務]
(1) 設計意図を正確に伝えるための質疑応答、説明等
(2) 工事材料、設備機器等の選定に関する設計意図の観点からの検討、助言等

工事監理の要点
　近年、「設計と監理の分離」が時代の流れになりつつあるが、そのような中、建築・構造・設備に共通する工事監理の要点は次の通りである。
①設計図書を十分理解すると同時に設計趣旨を把握する。
②設計図書の食違いや施工上無理な納まり、将来クレームとなりそうな箇所を予見し、設計者に助言を行う。
③設計図書が誤りではなくても、確実な施工性による品質の向上が図れるなど、よりよい方法はないか考え、よりよい方法があれば変更を設計者に提案する。施工する立場でも設計図書を検討し、施工者とともに品質向上が図れないかを検討する（図1）。
④施工者が間違いそうなところや、技術上、作業上、注意を要する箇所を早い時期にリストアップし、その対策を考え施工者に周知徹底させる。
⑤工事の工程を考え、施工図、製作図の進捗を十分に把握する。特に製作物が遅れると工事工程に大きく影響し、工程の回復が難しい。
⑥設計図書通りに、施工図通りに施工されているかを確認しながら現場を巡視し、現場の進捗状況を把握する。

⑦最大限の努力を図ったとしても、人間の行うことなので間違いは必ず発生する。間違いの修正、是正に当たっては付け焼き刃的な発想ではなく、本来どうあるべきかを見据えた対応が肝要である。

構造技術者の工事監理の要点

構造の工事監理は信頼できる構造技術者に任せるべきだが、建築家も監理の要点を把握する必要がある。

(1) 地盤状況について

これは構造技術者が地質調査技術者と相談して調査する。監理者としてはその調査報告書を理解し、支持地盤がどこか、また圧密沈下の可能性の把握、地盤の液状化への対応などを確認する。また、支持地盤が平坦でない場合もあるので、建物が大きい場合、調査箇所が適切であるかの判断も重要である。

(2) 杭工事について

杭工事には数多くの工法がある。既製杭としてPC杭、HPC杭、ST杭、鋼管杭、現場造成杭としてのアースドリル、ベノト、さらに拡底杭、拡頭杭、拡頭拡底杭、等々多種多様である。いずれの工法であっても杭の位置のすべてで地盤調査を行っているわけではないので、施工者がそれぞれの杭が確実に支持地盤に到達していることをどのように確認しているかを把握する必要がある。

(3) 鉄筋について

耐震強度偽装事件以降、施工者の構造設計図書通りに施工することへの意識はかなり高まったと思われる。施工者がどのように確認しているかを確認し、適切な確認方法であるかを検討する。また、鉄筋の継手は力を伝えるものとして非常に重要である。鉄筋の継手はD19以上の太い鉄筋の場合は圧接が主流である。しかしながら、施工者の技量、作業環境によって性能が左右される場合がある。技量の確認、雨天時、強風時の対策なども監理者として確認が必要である。近年は施工の安定性を優先し機械式継手を採用する場合もある。

(4) コンクリートについて

近年、建物の長寿命化が注目されている。その中で構造体としてのコンクリート長寿命化が最も重要な要素である。品質管理の行き届いた優秀な生コン工場の選定と同時に、現場におけるかぶり厚の確保、適切な伸縮目地の配置などが建物の長寿命化に大きく寄与する。

(5) 鉄骨工事について

RC造に比べ、軽く、粘りや強度に優れる鉄骨構造物の性能を発揮させるには、鋼材の種類、柱・梁接合部等の溶接の確実性など、鉄骨加工工場の技量が重要である。それと同時に現場溶接は必ずといっていいほど発生するので、圧接と同様、技量の確認、雨天時、強風時の対策、検査の方法の確認が必要である。

(6) 非構造部材等について

東日本大震災では揺れが長時間にわたったため、構造体そのものよりも、外装材、カーテンウォール、天井などが被害を受けた事例が数多く見られた。法令による基準などの整備はこれからの課題であるが、設計者、監理者においても今後留意しなければならないポイントになる。

設備技術者の工事監理の要点

設備工事の監理に当たっては設計趣旨を把握し、その建物に求められている性能の確保が重要である。また、東日本大震災では建築の非構造部材同様、設備機器も転倒、脱落、落下などの被害を受けた。取付け方法の確認も重要な監理項目である。さらに、建築物はその施工中に数多くの変更が行われる例が多いが、その変更に監理も追従できるようにしなくてはならない。

（稲生　宏／輿　尉）

図1　設計者と監理者と施工者との打合せ

11-4
竣工時の性能保証と情報管理

竣工後、建物は長期にわたって使い続けられる。引渡し時に建物の「耐久性」「耐震性」「維持管理性」「断熱省エネ性」などを説明し、建物の部位別の性能保証書、長期修繕計画、正確な竣工図や竣工書類の引渡しも不可欠である。建物と竣工図書が食い違うと、後々「図面通りにできていない」と追及されかねない。

建物は長期にわたって使われる

竣工後から建物は使い始められる。これ以降の建物の使い方や、長期の維持・保全計画を使い手や所有者に伝えなければならない。

建物の性能を明示

建築物は手入れ次第で100年、200年と長期に使い続けられる。

建物は構造躯体、非構造部材（建築二次部材）、防水材、内外装仕上げ材、給排水衛生設備、空気調和換気設備、電気幹線設備などで構成されている。

竣工引渡しに当たっては、どのような手入れをすれば、何年ぐらいの耐久性があり、またどのようなことをしてはいけないかを、建物の所有者にわかりやすく説明することが肝要である。

建物の耐震性能を明示する

長く使い続けられる建物は、50年に一度程度の周期で起こる大地震や数百年に一度発生する巨大地震に見舞われることもある。50年程度の周期で起こる大地震を受けたとき、建物の構造躯体、非構造部材、防水材、内外装仕上げ材、給排水衛生設備、空気調和換気設備、電気幹線設備などはそれぞれどの程度の損傷や被害にとどまるように設計してあるのか、建物の部位別の耐震性能と被害予測、およびその対策が求められる。

また、数百年に一度、起こるかどうかの巨大地震を受けたときは、建物の構造躯体、非構造部材、設備などの部位別の耐震性能と被害予測、およびその対策が求められる。

津波に無力な性能表示住宅

欠陥住宅紛争などを受けて、戸建住宅やマンションなどの共同住宅に関して「住宅の品質確保の促進に関する法律」が、阪神・淡路大震災後に成立し、住宅性能表示制度が成立した（表1）。住宅の性能に関して「耐久性」「耐震性」「省エネルギー性」「遮音性」などの性能表示が義務付けられた。

だが、この住宅性能表示制度により東北地方の海沿いに建設された木造家屋やプレハブメーカーの住宅は、東北地方太平洋沖地震の津波により流されてしまい、瓦礫となった。津波高さが建物高さを超える場合、性能表示された住宅はまったく無力で、瓦礫にしかなりえないことが証明された。

津波が到来する恐れのない地域に建設される住宅には、この基準は有効であるが、津波が予測される沿岸では戸建住宅の対津波性能はゼロである。

RC造・共同住宅の耐津波性能

岩手県陸前高田の海沿いに建つ鉄筋コンクリート造の中層の共同住宅は、ガラスやサッシ、金属手すりなどは巨大津波に襲われて破損したが、津波が海岸と反対側の窓ガラスを割り建物内を通過したため、洗掘による杭基礎の露出のほかは、躯体の損傷は見られなかった。

耐震設計されたピロティ型住棟であれば、洗掘による被害やサッシ、金属手すりなどの非構造部材の被害も低減されたものと判断される。

予測される津波高さより2層程度高くした、建物が津波を受け流す構造のピロティ型の共同住宅の躯体では、耐震性能と対津波性能は確保されよう。

さらに、避難経路が上層階や屋上に向けて確保されていれば人命を守ることも可能となろう。

ただし、津波が抜けた階の内装材やサッシなどの非構造部材は更新が必要である。また、津波が届かなかった上層階は給排水・ガス・電気などのライフラインが復旧すれば、再使用が可能となる。

建物の維持保全と長期修繕計画

建物はこまめに手入れをし、経年劣化する部位の性能を保持する必要がある。

「性能保証期間」が過ぎたら、即、その部位を修繕する必要はない。「性能保証期間」と修繕・更新するまでの「期待する耐用年数」とは異なる。リフォーム業者やマンション管理会社は自己の利益のために建物を構成する部位の修繕周期を短く設定し、建物の維持管理に要する修繕費を引き上げ、過剰修繕を求めたがる。

現実的には、設計時の「期待する耐久性能保証期間」と現実の劣化状況を見ながら必要に応じて修繕や更新をすればよい。

これらの建物を構成する部位ごと

11 工事監理と竣工後のフォロー

表1 UR都市再生機構の分譲集合住宅管理組合への瑕疵保証基準

保証対象		保証期間	適用除外
対象部分	対象現象		
(1) 建物の構造躯体（基礎、屋根、バルコニー、階段、庇を含む）	構造強度に影響を及ぼす変形および破損	10年	
(2) 建物の屋根部	雨漏りおよび雨漏りによる建物の損傷	10年	
(3) 建物の外壁部（外壁建具との接合部を含む）	雨漏りおよび雨漏りによる建物の損傷	7年	
(4) 受水槽、高置（架）水槽、し尿浄化槽（槽を支持する架台を含む）	漏水および漏水による建物（槽を含む）の損傷	5年	槽本体以外の付属品
	構造強度に影響を及ぼす変形および破損	10年	
(5) 浴室	漏水および漏水による建物の損傷	5年	浴室ユニットの場合にあつてはBL仕様以外または浴室ユニットメーカーの定める基準以外の据置型浴槽または給湯器ユニット等の設置を行うことに起因するとき

の期待する耐用年数と修繕周期、概略の修繕仕様をまとめたものが「長期修繕計画」である（図1）。

建物の「維持管理性」とは、長期的にランニングコストを抑え、建物を構成する構造躯体、非構造部材、防水材、仕上げ材、給排水・電気設備などの耐久性を高め、かつ維持修繕しやすく、更新の際に取り替えやすい設計としておくことが肝要である。

竣工図書は大切に保管する

長期に使い続ければ、その間に当然大規模な修繕や改修・模様替え工事が行われる。耐震診断と補強工事を実施する場合もある。

改修設計に際して正確な竣工図書や工事記録は不可欠である。ところが肝心の構造計算書や構造図が引き渡されなかったり、工事期間中の設計変更が竣工図に記載されず、図面と実際の建物が食い違う場合が少なくない。その場合、調査や改修設計の際に余計な調査診断費用がかかるばかりでなく、時として「建物が図面通りにできていない。手抜き工事ではないか？　あるいは工事監理ミスではないか？」と責任追及に発展する場合もある。建物と建築家の評価は100年後に決まる。そのときに建築家はすでにこの世にいないかも知れない。

（三木 哲）

図版出典
1）建築思潮研究所『建築設計資料50 集合住宅のメンテナンスとリニューアル』建築資料研究社、1995年

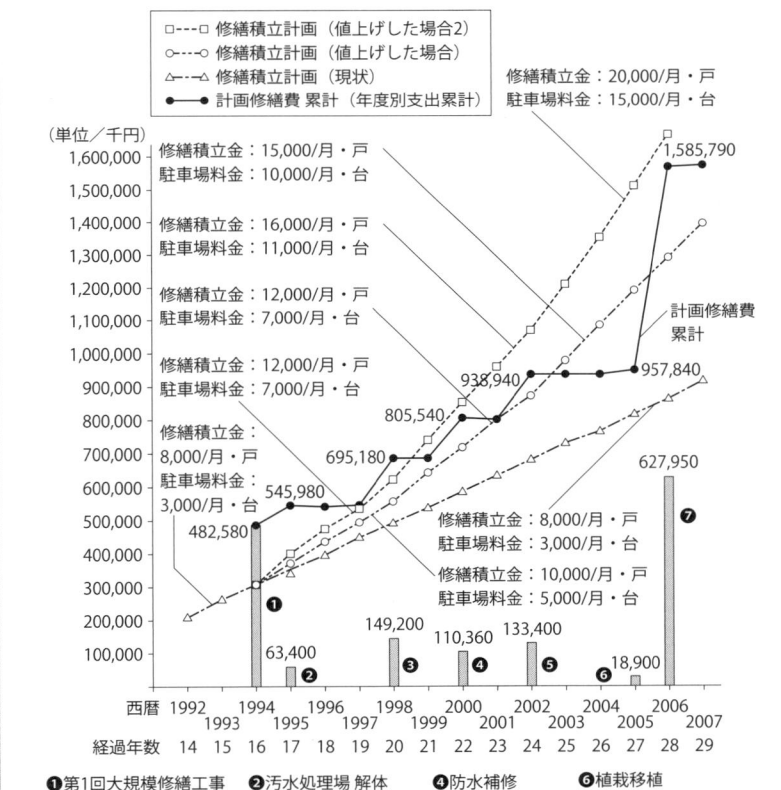

図1 マンションの長期修繕計画の例[1]

❶第1回大規模修繕工事
・住棟（建築）
・付属棟（建築）
・屋外工作物・外構
・電気設備
 （共用照明機具）

❷汚水処理場 解体
 屋外散水系給水管
 屋外埋設ガス枝管

❸鉄部塗装補修
 給水・排水配管設備
 屋外埋設ガス主管

❹防水補修
 鉄部塗装改修
 アスファルト
 オーバーレイ

❺鉄部塗装補修
 住棟幹線設備
 電灯配線設備
 電話配線設備

❻植栽移植

❼第2回大規模修繕工事
・住棟（建築）
・付属棟（建築）
・屋外工作物・外構
・給水ポンプ設備
・住棟ガス主管
・電灯配線設備
・TV共聴設備

11-5
メンテナンスとリニューアル

既存建物を壊しては建て替える時代は終焉し、ストックの時代へと転換した。建物は竣工後から維持管理や修繕・改修が始まる。
数百年の時代を越えて建物をメンテナンス・リニューアルし、持続可能な社会を構築するシステムが求められている。

建物の維持管理

建物は長期にわたり使い続けられ、竣工したときから維持管理が始まる。

よく手入れされた建物は時間の経過とともに風格を増し歴史を感じさせるたたずまいとなる。職人が丹精込めてつくった建物ほど、時間の経過とともに輝きを増す。

天平・飛鳥の寺院や、数百年前に建設された古民家や町家などの木造建築には伝統的な維持管理システムや手入れの仕方が確立されていた。

一方、プラスチックなどの化学製品やアルミニウムなどの工業製品で構成される現代建築は、建設工事の機械化や合理化に追われ、維持管理システムが確立されていない。

近代までの維持管理システム

明治・大正期や戦前までの建築は棟梁や職人の手でつくられていたので、竣工後も職人によってメンテナンスされていた。住まい手も日常の掃除や盆暮れの大掃除を丹念に行うことにより、建物は良好に保全されてきた。また大工や建具職人、畳職人などの専門職人も建物の維持管理で収入を得ていた。こうして大黒柱のある民家や都市の屋敷や100年以上の歴史を持つ鉄筋コンクリート造の建物は数百年の耐久性が確保されてきた。

現代建築の生産と管理放棄

現代の建築は、基礎と躯体工事は建設現場で加工・組立て施工されるが、サッシ建具などの非構造部材や設備機器、管材などは工場で製作されたパーツが躯体に取り付けられる。

鉄骨造建物やプレキャストコンクリート造建物では基礎のみが現場で施工され、躯体の過半は鉄工所やプレコン工場で製作され、現場で組み立てられるだけだ。

この建築生産方式は職人の手仕事を可能な限り削減し、工場で製作した部品を組み立てる方向に進んだ。非構造部材、設備機器メーカーには自社が生産した部材や建物のメンテナンスに興味を持たず、新製品の開発と売上げの向上に終始した。

20世紀末までは、日本の建設業界は既存建物を壊しては建て替えるスクラップ＆ビルドを繰り返してきた。

マンションの維持管理システム

設計者、施工会社、サブコンやメーカーの作業員や技術者も、建物の竣工後の維持管理に関与せず、つくったらつくりっ放しで、アフターケアはクレーム処理か新製品開発のための調査に限られていた。

建物のユーザーや住まい手は独自に建物のメンテナンスに取り組む以外になく、次第にデベロッパーや施工会社、メーカーや設計事務所に対して不信感を抱くようになった。

マンション・住宅団地管理組合などを中心に、維持管理についての経験交流や学習が進み、「点検」「清掃」「経常修繕」「計画修繕」などのメンテナンスシステムを確立してきた（図1）。これは建物を長期に維持・保全する上で不可欠なものである。以下順に説明する。

(1) 点検

専門技術者が行う「点検」や、法律で義務付けられた「法定点検」がある。点検の結果不具合が発見されたら原因を調査し、「経常修繕」で処置したり、「計画修繕」に組み込む。

(2) 清掃

美観を維持し、衛生的な環境をつくるもので、次のような作業がある。
①建物内外の定期的な清掃。
②雑排水管や換気ダクトなどの定期的な洗浄・清掃。
③受水槽・高置水槽の定期的清掃。

これは、清掃専門業者に委託するものだが、居住者が自ら行うものには住戸周りの清掃や、盆暮れに「清掃デー」や「緑地除草」を設け一斉に行う場合もある。

また、以下の清掃は架設足場があれば効率がよいので「計画修繕」に含めて実施される。
①換気ダクト内の清掃、ファイヤーダンパー、ベントキャップの清掃。
②外壁タイル、石の洗浄・清掃。
③ステンレス・アルミサッシ、手すり、面格子などの点錆防止、清掃。

(3) 経常修繕

点検や清掃で発見される異常劣化や不具合箇所の処理、風水害や事故や故障などで補修や応急処置、修復が必要な小口修繕など、比較的少額の工事費用で対応できる工事を経常修繕と称する。

(4) 計画修繕

経年劣化する仕上げ材、防水材や非構造部材、給排水・電気設備などは、定期的、計画的に修繕する。

竣工時の状態を継続的に保ち、建物の安全を確保する行為を「計画修繕」と呼ぶ。通常「計画修繕」は対象部位の経年劣化に応じて12〜15年周期で実施される。

(5) 修繕と改修

建物を原状に回復する行為を「修繕」と称する。これに対して原状より性能を向上する行為を「改修」と呼ぶ。

修繕から改修へ

「計画修繕」は、劣化診断を踏まえた修繕計画・設計を行い、修繕工事が行われる。修繕の範囲が多岐にわたれば工事費用も多額になる。12〜15年に一度、行う計画修繕であれば、この時期に修繕部位や項目をまとめて集中的に行うほうが長い目で見れば経済的になる。

計画修繕を2、3回繰り返し、築後40〜50年経過すると建物の使い勝手が悪くなり、人々のライフスタイルは変化する。40〜50年前の新築時の状態のまま建物を維持することに無理が生じ、何らかの「改修」「改良」が必要となる。これをリニューアルと呼ぶ（図2）。

改修と大規模修繕・模様替え

高経年建物の「改修」「改良」の要求はさまざまであり、リニューアルの方針も多岐にわたる。たとえば以下のような「改修」「改良」には、助成金や補助金があり、推奨されている。

①断熱・省エネルギー化改修。
②バリアフリー化改修。
③耐震診断と耐震化改修。

築後長い年数を経た建物は「既存不適格」建築と呼ばれる。が、竣工後に改定された建築基準法などにしたがう義務も基本的にはない。ただし、「主要構造部の一種以上について行う過半の修繕」または「模様替え」を行う場合は確認申請が必要となる。その場合は既存建物を現行法に適合するように「改修」することが求められる。

(三木 哲)

参考文献
(1) 日本建築家協会編『新・マンション百科』鹿島出版会、1999年
(2) 日本建築家協会・メンテナンス部会編著『マンション設備の改修』
(3) 日本建築家協会・メンテナンス部会編著『マンション改装読本』

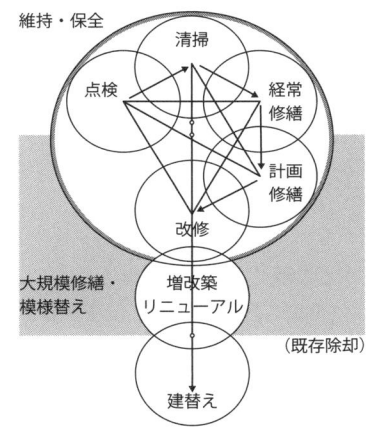

図1 マンションの「維持・保全」から「改修」「リニューアル」「建替え」の概念図

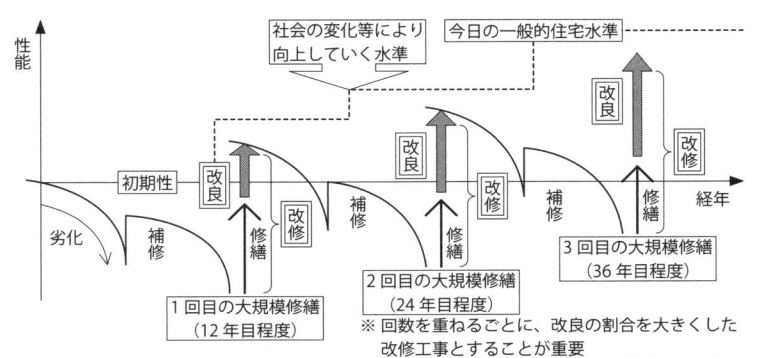

図2 マンションの経年劣化と「計画修繕」から「改修」への概念図。横軸が時間、縦軸の上方が性能向上。改修については下方が性能劣化を示す

11-6
既存建物の耐震診断

1995年の兵庫県南部地震では新耐震設計以前の建物被害が顕著で、同年「建築物の耐震改修の促進に関する法律」が施行された。1981年の新耐震基準に適合しない建築物の耐震診断や改修を進めることを目的とした。2006年の改正では、対象となる特定建築物の範囲を拡大、各種支援、緩和措置が盛り込まれた。

耐震化の数値目標の設定

2006年改正の耐震改修法では10年間で改修・建替えを進める住宅100万戸、特定建築物3万棟の目標を示し、既存建物の耐震化率を2015年までに75%から90%に引き上げた。この目標を達成するために耐震改修を義務付ける建物の範囲を拡大した（図1）。診断や改修について自治体による指示や立入り検査を可能とし、したがわなければ所有者の氏名を公表するなどがされるようになった。

耐震改修認定のメリット

さらにこの改正で以下の支援措置が展開された。

所轄行政官庁や認定機関により、耐震診断と耐震改修計画の内容が耐震改修促進法の基準に適合しているかの審査と認定を受ければ、以下のメリットが生まれた。
①建築確認が必要な工事であっても、確認申請手続きが不要となる。
②耐震規定以外の不適格事項の存続がやむをえない場合の既存不適格建築物の制限や耐火建築物に関わる制限が緩和される。
③2回以上に分けて段階的に耐震改修工事を行えるようになった。
④認定を受けた住宅の耐震改修には低利融資の貸付けが設けられた。
⑤特定建築物の耐震改修工事費では10%の特別償却が認められた。

準備・予備調査

旧耐震設計法の建物にはどんな問題があり、耐震診断はどのように進めるのかを説明する。

確認申請書、検査済証、意匠図・構造図などの竣工図書の有無を確認する。この竣工図書は建物を維持管理し、耐震診断や補強をするために不可欠の書類である。

予備調査は以下のようになる。
①建物概要書を作成し、新築時と現在の用途地域、建蔽率・容積率、日影規制などの概略をチェックし、竣工後建物は改変されていないか、「既存不適格建築」か、「法不適合部分」がないかチェックし、補強設計に進んだときに障害となる事項やポイントをチェックする。
②耐震診断に要する費用や、補強計画・設計、補強工事までの業務の流れと、補助金や助成金などについて説明する。

耐震診断のための躯体調査

以下のような躯体調査を行う。
①各階3カ所、100mm径・長さ150mm程度のコアを採取し、この供試体のコンクリート圧縮強度、中性化深度を測定する。
②建物の躯体に入ったひび割れや、鉄筋露出などを目視調査し、調査図に記入する。
③床などのレベルを測定し、建物の沈下・傾斜を判断する。
④構造図が紛失している場合は、柱や耐力壁、梁などの内部の鉄筋の位置・間隔などを鉄筋探査機で測定し、コンクリートの一部をハツリ、躯体内の鉄筋の径などを調査し、構造図を修復する。

鉄骨造建物の躯体調査

鉄骨造の調査は以下のようになる。
①耐火被覆にアスベストが含まれているかどうかを確認する。含まれている場合には特別な防護処理対策が必要となる。
②柱・梁接合部分の溶接調査。
③柱脚の接合確認、アンカーボルト、ベースプレートの調査。

耐震診断

耐震診断は、中層の鉄筋コンクリート造、および鉄骨鉄筋コンクリート造の建物では（財）日本建築防災協会の基準による二次診断を行い、耐震性を計算する。高層建物や同診断法マニュアルの適応範囲に該当しない建物は、上記協会の三次診断法の計算を建物の全部または一部に対し実施する。

建物の固有の耐震指標I_s値は、図2の式で算定する。

なお、耐震診断の結果を踏まえて、耐震補強の程度を示す目安として、補強計画（1案程度）を作成する。

診断結果と補強の目安を建築主に説明し、居住者の意見や反応を見ながら、補強計画・設計の方向性を探り、次のステップの業務内容を提案し、業務見積りを提出する。

診断結果は評定機関による評定を

受ける。

建築家の耐震診断

建築家が行う調査・耐震診断は以下のようになる。

①接する道路の幅員、緊急輸送沿道指定の有無、道路中心より45度の斜線を立面図に描き「道路を閉塞させる建築物」か、耐震化の「指導・助言が必要な対象建物」か判断する。
②地域のハザードマップを確認・検討し、建築主に提示する。
③バルコニーなどの避難経路や通路、階段の幅員、踏み面・蹴上げ寸法などを調査し、災害時の避難における安全性を診断する。
④ブロック塀や自動販売機など地震時に転倒し避難の妨げとなるものの耐震性（控壁の適正配置）や固定方法などを診断する。
⑤高さが2mを超える擁壁や崖は損傷や変形の有無、裏込め砂利や裏面排水の水抜き穴の有無、配置などを調査し、地震時に崖崩れの恐れがないかチェックする。
⑥屋根葺き材や看板、広告塔、煙突など地震時に脱落の恐れのあるものの固定方法や配置、腐食・損耗の程度を調査する。
⑦ガラスやサッシ障子、金属製手すりやALCパネルなどの非構造部材の脱落、鋼製建具の変形による開閉障害、エキスパンション・ジョイントの有効幅や破損・脱落、モルタル・タイルなどの仕上げ材の浮きによる界面剥離などの診断を行う。
⑧体育館やホールなどの大空間の天井材で、地震時に脱落の恐れのある仕上げ材は、下地材の耐震補強の有無、程度を診断する。

設備技術者の耐震診断

①高置水槽やエレベーター、冷却塔、キュービクル、貯湯式温水器などの設備機器や各配管類などの設置・固定方法、エキスパンション・ジョイント部のフレキシブル配管の状況を調査・診断する。
②火災報知機、スプリンクラー、消火設備などの防災設備の点検を行い、問題があれば改善を提案する。
③震災後の設備機器の機能保持や、ライフラインの確保についてアドバイスを行う。
④昇降設備は、地震感知設備と地震時の最寄り階停止、ワイヤーやつり合いおもりの外れ止めなどの耐震対策を確認する。

総合的耐震診断と補強計画

耐震診断は構造技術者だけが単独で行うものではなく、建築家、設備技術者が協力して総合的に行わなければならない。

構造技術者には直接、建築主と顔を合わせて打合せ協議する機会が少なく、説得力に欠ける人もいる。耐震診断と補強を円滑に進めるには建築家のコーディネート力が不可欠である。既存建物の修繕・改修が建築設計業務の主流になりつつある現在、建築家は構造技術者を中心とする耐震診断と補強を総合的にコーディネートする能力を身につけることが必要である。

（三木 哲）

耐震化指導・助言対象の建築物
次の規模、用途の建築物は耐震化の指導・助言の対象となる。
・2階・500m² 以上の幼稚園・保育園
・2階・1,000m² 以上の小・中学校等
・2階・1,000m² 以上の老人ホーム等
・危険物取扱建築物
・1,000m² 以上の一般体育館
・3階・1,000m² 以上の不特定多数が利用する病院、劇場、百貨店等
・道路閉塞させる住宅・建築物

指示・立入り検査対象の特定建築物
次の特定建築物は耐震化の指示・立入り検査の対象となる。
・2階・750m² 以上の幼稚園・保育園
・2階・1,500m² 以上の小・中学校等
・2階・2,000m² 以上の老人ホーム等
・500m² 以上の危険物取扱建築物
・2,000m² 以上の一般体育館
・3階・2,000m² 以上の不特定多数が利用する病院・劇場・百貨店等の建築物

図1　耐震化の対象となる建物

耐震診断は、I_s 値（その建物の固有の耐震指標）を求める。

$I_s = E_o \times S_o \times T$
$E_o = C$（強度指標）$\times F$（じん性指標）
$I_s =$ 構造耐震指標値
$E_o =$ 保有性能基本指標
$S_o =$ 形状指標
$T =$ 経年指標

図2　耐震診断の実際

11-7
既存建物の耐震補強

耐震診断の結果を踏まえて補強計画・設計を行う。I_s 値が比較的高い数値の場合には軽微な補強となり、低い数値の場合には大掛かりな補強となる。耐震診断の対象建物は、築後30年以上経過しているので、建築設備や非構造部材などは経年劣化が進行し、計画修繕やリニューアルと併せて耐震補強工事を行う場合もある。

I_s 値により異なる補強計画

耐震診断結果により、建物はどの程度弱いのか、建物の弱点はどこか、地震力を受けると建物のどこの部分から壊れ始めるのか、などが判断される。この結果を踏まえ、建物の補強計画に着手する。

I_s 値が高い場合の補強計画

診断の結果、I_s 値が0.6に近く比較的高い値が得られると軽微な補強計画となる。たたき台となる補強計画案を作成し、建築家、構造技術者、設備技術者が、耐震性や使い勝手、工事費、工期などを総合的に検討し建築主に提案する。

以下のような補強手法が多く使われる。

(1) 極短柱の解消

柱の両側に腰壁が付き階高に対して柱高さが極端に短い柱があると、地震時に、この柱にせん断亀裂が発生しやすい。「極短柱」は、柱の両側の腰壁に耐震スリットを設けて柱と腰壁の間に隙間をとると解消できる。

(2) ピロティの解消

「下階壁抜け柱」も壊れやすい。この解決方法には、柱・梁構面に、上階と同じような壁を設ける。

(3) じん性補強

帯筋間隔が広く粘り強さに欠ける柱には炭素繊維や鉄板などを巻き付けて柱のじん性を高める手法がある。

(4) 柱・梁構面の耐震補強

建物の全体的な壁量のバランスから必要かつ有効な柱・梁構面に耐震壁や耐震ブレースを設けて耐震性を高める手法。耐震ブレースに替えて制振ダンパーを設け、地震動を制御する手法もある。

(5) アウトフレーム補強

大地震などの災害時に二方向避難が確保されていない建物では、建物の外側に耐震フレームを設ける。これを避難バルコニーとして活用することにより、建物の耐震性を高めると同時に、災害時の避難経路を確保することができる。

I_s 値が低い場合の補強計画

I_s 値が低い場合、大掛かりな補強計画が必要となる。

この場合、補強設計に着手するのに時間を要する。「補強設計」の前に「補強計画」の業務契約を行うことをすすめる。

補強計画では、以下の計画の提案を行い、その特徴や耐震性、概算工事費用などを比較検討し、合意を得ることが必要である。

(1) 耐震補強の検討

目標とする耐震性能の I_s 値を満足するための補強案を提案し、建物は使用可能か、どの程度使い勝手が悪くなるか、検討する。莫大な補強費用や工事期間、居ながら改修か、空き家改修かの検討も欠かせない。

(2) 建替え案の検討

建替えのイメージと概算工事費を試算する。用途地域や建蔽率、容積率の変更、日影規制の追加などで既存建物の規模や形態が再現できない場合もある。これについて建築主と認識を共有する。

(3) 減築案の検討

建物の上層階を除却すれば荷重が削減され耐震性が向上する。何層分除却可能か検討し、耐震補強はどの程度軽減されるか検討する。

(4) 免震レトロフィットの検討

地下階や建物の基礎部分、中間階などに免震層を設け、地震動を建物に伝わりにくくし、耐震安全性を高める手法である。上層階の補強が少なくなり、使い勝手を大きく変更しないで耐震性能を高められる可能性がある。

(5) 段階的補強計画の検討

建替えも、減築も、免震も、耐震補強もできず、万策尽きたときの次善の対策である。大地震が来るまでに、I_s 値を少しでも上げ、耐震性を向上させる段階的補強が最後に残る。建物の寿命が来るまでに巨大地震が来ないことを祈りつつ、とりあえず予算内でできる限りの補強をし、将来予算ができたら、目標となる I_s 値まで補強するなど、妥当な対策を検討する。

以上の各種の補強計画を検討し、方向性が確定したら、補強の実施設計契約を締結する。

耐震補強設計の目標性能

補強後の耐震性能の目標を設定する。目標とする I_s 値は建物ごとに異なり、また建築主の希望によっても異なる。I_s 値は最低限、0.6以上必要で

あるが、災害時の避難施設として使われる学校建築では、0.7以上が求められる。

巨大地震を受けたとき、「人命さえ守れればよいか」「復旧工事により再使用可能な程度の被害にとどめるか」「地震時でも継続的に使用できる建物にするのか」など耐震性能にはグレードがある。これは重要度係数と呼ばれる。

建築主に対して改修の目標耐震性能を説明し了解を得る。

構造補強と道連れ工事

柱や梁、または柱・梁で囲まれた構面に補強がなされる。この構造部分は単独では存在せず、サッシなどの非構造部材、給排水、ガス、電気などの配管・配線や内外装仕上げ材が付随している。補強の対象となる構造材に付随するものの修繕・改修や配管の切回しが必要となる場合が多い。

耐震補強と計画修繕

補強対象建物は1981年の新耐震設計以前に建設され、築後30年以上経過した建物である。この経年でサッシ・鋼製建具などの非構造部材や給排水衛生、電気設備などは経年劣化し、計画修繕・更新工事が必要な時期を迎える。

耐震補強と計画修繕を別々に行うと仮設工事などが二重投資になり、できばえも綺麗に収まらない。耐震補強と計画修繕を併せた総合的計画修繕・補強工事として計画することが求められる。その場合、補強計画とは別に、建築、および設備の劣化診断と修繕計画・設計が必要となる。

耐震補強とリニューアル

耐震補強と併せて、「主要構造部の一種以上について行う過半の修繕や模様替え」などのリニューアルや用途変更、増改築を計画する場合には建築確認申請が必要となる。

耐震補強と計画修繕、リニューアルを併せて計画・設計する場合は、改修の経験豊富な建築家、設備設計者と構造技術者の協力が欠かせない。大規模な修繕や模様替え工事は建築確認申請が必要で、耐震改修促進法による補強工事は確認申請は不要とされる。どの程度の補強設計の内容であれば建築確認が不要なのか、所轄の建築主事や審査機関によって判断が分かれる場合が多い。事前に打ち合わせ協議が必要となる。

補強設計の判定、評定

補強設計が完了した段階で、構造補強に関して判定（評定）を受ける。補強設計の判定は主に構造設計が判定対象となる。

リニューアル計画・設計、確認申請は建築家が行い、給排水衛生、空調換気設備や電気設備の改修設計は設備設計者が行う。

工事完了後、耐震基準に適合していることを示す「⓵マーク」のプレートを設置できる（図1）。

補強計画・設計と助成金

診断・補強設計・工事の助成制度がある。これを有効に活用し、建物を長く使い続けることが肝要である。

また既存建物の修繕・改修計画・設計や工事監理は、新築の設計をするより、多くの労力を要する。正確な作業量は経験を繰り返さないとつかめない。

（三木　哲）

図1　補強が終わると耐震基準に適合した建物であることを表示する「⓵マーク」のプレートが設置できる（日本建築防災協会による）

11-8
災害における建築家の役割

被災直後二次被害防止のための応急危険度判定、生活再建支援のための住家被害認定調査等に専門的な技術が求められる。建築基準法による建築制限が解除されるころには住民の主体的な復興事業を技術面から支援する。平時より地域住民、行政と連携し自助・共助・公助について防災意識を高める啓発活動を行う。

応急危険度判定

応急危険度判定とは、人命に関わる二次的災害を防止するために地震発生後なるべく速やかに被災建物が余震によって倒壊しないか、外壁、窓ガラス、屋外設備機器などの落下物により危険なところはないか、外部から目視による調査を行い判定するものである（図1）。判定は危険、要注意、調査済みの3区分があり、危険は赤、要注意は黄、調査済みは緑のステッカーを被災建物の見やすいところに直接貼る。判定ステッカーには具体的に指摘箇所を告知し注意を促す（図2）。その建物の住民のみならず周辺住民、通行人に情報提供することが重要である。専門家の判定、危険回避のための具体的な勧告、助言によって被災者の精神的な不安を和らげられた例も多くある。建築家の職責は重い。応急危険度判定士は市区町村の要請により参集する。

災害に関わる住家被害認定調査

「災害に係る住家認定基準運用指針」には「災害の被害認定基準について（平成13年内閣府通知）」に規定される住家の損害割合に応じた具体的な調査方法や判定方法が定められている。地震・水害・風害による被害の運用指針があり、住家の被害の程度は、「全壊」「大規模半壊」「半壊」「半壊に至らない」の4区分としている。被害認定基準は災害の現況を迅速かつ的確に把握し対応するための情報の目安と、各種被災者支援策の判断材料となる被害調査の基準として活用される。罹災証明書は被災者生活再建支援制度を始めとする各種被災者支援制度において、給付金、融資、税の減免、公共料金の猶予、応急仮設住宅の供与などの適用の判断材料とされるので、基準を的確に読み取らねばならない。調査は市区町村職員や消防署員が行うが、大規模災害の場合、建築関係団体にも要請があり、判定の際専門家として助言する（図3）。被害の程度を判断することを目的としているため応急危険度判定で「危険」とされたとしても、必ずしも「全壊」「半壊」と認定されるものではない。被害認定調査の方針を決める際に、応急危険度判定の判定結果を参考にする場合もある。

被災者相談

役所や避難所には支援のための相談の場が設けられる。生活支援金の各種相談、被災した敷地や住宅の安全性や住宅の補修、再建、応急修理など専門技術を持った建築家が被災者の気持ちを汲み取りながら対応する。

東日本大震災では地震、津波被害、原子力発電所の事故による離村など避難者の多方面にわたる相談事に普段から連携していた他士業団体とともにそれぞれの専門分野の技能を生かして多面的に相談に対応した。

避難所生活

被災者は突如集団生活を強いられることとなる。体育館などで子どもから高齢者まで相当の人口密度になる。食事、排泄など暮らしに関わる基本的部分が困難な状況にあり、一人でも風邪をひけば全体に影響を及ぼす。このような追い詰められた状況のもと、秩序のある共同生活のために建築家に課せられた一役がある。非常時とはいえ生活の質の向上のため大空間における仮設的、簡易的なプライバシーの確保のための小空間の制作と同時に孤立化しにくい空間づくりの提

図1 応急危険度判定士の参集

図2 津波被害で要注意判定を受けた住宅

図3 建築家と市職員による調査

応急仮設住宅

災害救助法に応急仮設住宅についての基準が定められている。阪神・淡路大震災では入居者は高齢独居者が多く「孤独死」が相次いだ。屋根・外壁・界壁の温熱環境の性能不足と高齢者、身体障害者や多人数世帯にとっての使いにくさなど、居住環境の問題に対し改善が進められている。限られた予算・与条件のもとで、多少なりとも豊かな住まいのために地元の資源を生かして恒久的な活用も視野に入れた取組みがなされている。仮設住宅建設地の全体配置計画だけでなく被災住民の雇用促進、地元の技術や県産材利用という地産地消の考えも含めて総合的取りまとめに当たる（図4、5）。

災害からの復興

災害発生の3カ月後くらいから復興の取組みが本格化する。被災の程度によって、さまざまな復興計画が実施され、建築家の技術や経験が新しいまちづくりに求められる。土地利用の調整、土地区画整理事業などの大規模な市街地整備事業への協力が挙げられる。公共建築物はもとより住宅も地域社会復興のための新しい「公共性」としてとらえ、建替えや改修に技術協力してまちの復興に寄与する。国は、東日本大震災が複合的でかつ広域にわたる巨大災害であったため東日本大震災復興基本法に基づき復興の基本方針を以下のように作成した。
①災害に強い地域づくり。
②地域における暮らしの再生。
③地域経済活動の再生。
④大震災の教訓を踏まえた国づくり。

日本建築家協会東北支部は地域住民が中心となりまちづくりを共に考える場として「石巻まちカフェ」「閖上まちカフェ」ほかを立ち上げた。

都市やまちの記憶を連綿とつなげていくことの重要性に鑑み、建築的、文化的に重要な建築物の耐震性の向上、活用・再生に対応する。2007年の能登半島地震では黒島地区の被災後多くの建築家が協力して地区全体の復興に取り組み、伝統的建造物群保存地区に選定された。

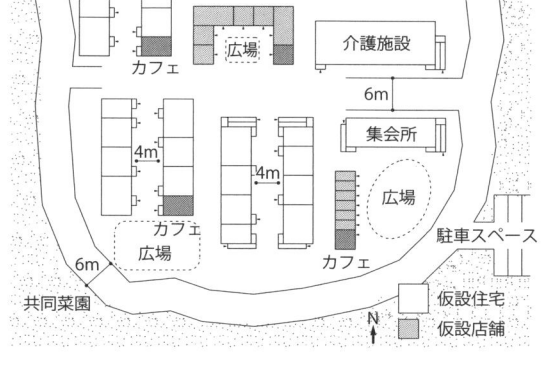

図5 仮設住宅配置イメージ

災害への備え

災害対策の基本は、平時から市民が自助対策をすることである。建物の耐火性や耐震性の向上、家具の転倒防止、地震保険の活用などの備えや、災害は他人事という市民の意識をいかに自分の身近なことと考えられるようにするかの啓発活動が重要である。また「事前復興」は被災後の復興のまちづくりを考えることを通して防災に対する意識を向上させることにある。建築家は行政と市民が協働で行う災害復興のためのマニュアルづくりや模擬訓練において協力する。建築関係団体は自身が被災した際に支援活動への影響を最小限にとどめるための事業継続計画（BCP）の整備が必要である。

（郡山貞子）

図4 県産材利用の木造仮設住宅（写真提供：JIA東北支部、大友彰）

図6 集団移転住民のワークショップ（写真提供：同左）

11-9
地震保険と建築家賠償保険

建築が地震で被害を受けたとき、被災者のリスクを軽減するために地震保険がある。加入率が低く問題もあるが、重要な保険であり機能している。一方、建築家のリスク担保のためには建築家賠償保険がある。任意加入だが、職能として不可欠な保険である。

地震保険の成立ちと仕組み

1966年「地震保険に関する法律」が制定され、日本の地震保険が誕生した。それまでは1923年の関東大震災などの際でも、「地震、噴火、津波により生じた損害を免責する規定」により火災保険では罹災者の救済は行われなかった。1964年の新潟地震を受け、当時の大蔵大臣、田中角栄の力とアイデアで地震保険ができたのである。

その仕組みは、地震保険会社が日本地震再保険会社に全額再保険を掛け、日本地震再保険会社は、一部を保有、一部を損保各社に再々保険を掛け、一部は政府に再々保険を掛ける。これにより地震国日本に巨大地震が起きても損害保険会社の経営を脅かさず、補償が行われる。1995年の阪神・淡路大震災では支払い実績が778億円に上った。東日本大震災の支払いはさらに大きく1兆2,000億円である。

地震保険の補償対象

地震保険は被災者生活の安定が制度目的で、当面の生活再建資金の手当をする。そのため地震・噴火・津波を原因とする火災・損壊・埋没または流失による損害を補償する。補償対象は、「居住用の建物と居住用建物に収容されている家財一式」である。居住用の建物は店舗併用住宅を含むが、工場、事務所、店舗、倉庫などは含まない。家財には自動車や高価な貴金属、有価証券などは含まない。

さらに建物の補償対象は主要構造部（軸組、基礎、屋根、外壁など）であり、内装材、設備、門、塀などは対象外である。

地震保険の保険料

地震保険は独立した保険ではない。火災保険の付帯で加入する。保険料は建物の構造と所在地で決まる。非木造は木造の保険料の約半分である。現状では、首都圏直下型や東海、東南海地震が予想される、千葉、東京、神奈川、静岡、愛知、三重、和歌山などの都府県の保険料は危険性が低い県より3倍ほど高い。

保険料には割引がある。2年から5年の長期契約での割引、建築年割引（1981年6月1日以降新築）、耐震等級割引、免震建築物割引、耐震診断割引などである。耐震性の高い建物の優遇は既存建物の耐震化促進に役立つ。さらに税制上の控除もある。

保険金の支払い

保険金額は主契約である火災保険の保険金額の30〜50％に相当する範囲内で設定される。上限は建物5,000万円、家財1,000万円である。被害の査定は査定員により行われる。東日本大震災では査定員が不足した。保険金は実際の損害額が支払われるのではなく、損害を「全損・半損・一部損」の三段階に査定し、地震保険金額の100％、50％、5％を定額で支払う（図1）。

仮に1回の地震で損保保険会社全社の総支払い額が6兆2,000億円を超える場合、算出された支払い保険金総額に対する6兆2,000億円の割合で削減されることがある（2012年7月時点）。しかし、そこまでの総支払い額は政府負担で担保されているのである。

なお、この総支払限度額は関東大震災クラスの被害でも超えないように設定されているという。

地震保険の問題点

地震保険の対象は建物の場合、主要構造部の「軸組、基礎、屋根、外壁など」である。したがって、地震で非構造部材や設備の被害は対象とされない。マンションのバルコニー、廊下、高置水槽、水道などの共用部被害は補償されない。東日本大震災で浦安市に生じた液状化による地盤沈下でも、主要構造部以外、設備の引込み管や外構、駐車場などの被害は補償されなかった。これは約款には明記されていたが、契約者にとっては意外であり不満が生じた。また損害査定が、全損（50％以上の損害率）、半損（20〜50％未満）、一部損（3〜20％未満）の三段階で、支払いが100％、50％、5％と大きく差があることも契約者には不満となる。1％の損害率の差が10倍の保険金額の差になるのである。

補償対象を拡大すれば保険料も上がる。定額補償をやめれば補償のスピードが落ちる。それらの問題はある

が、せっかくつくられた地震保険がさらに改善され、被災者救済と耐震化促進により役立つことが肝要である。

建築家賠償保険

通称、ケンバイは設計者が設計などの業務の瑕疵に起因する損害を補償する保険である。設計などの業務とは、日本国内で行った設計図書の作成、施工者に対する指示書の作成、施工図の承認業務である。具体的な損害とは、①設計した建築物に物理的な滅失もしくは損傷事故が発生し被害を与えた、②設備の機能不具合、③第三者への身体障害、④訴訟対処、事故原因調査の費用、⑤自由・名誉・プライバシーの侵害、⑥法適合確認ミスである（図2）。

さらにオプションでは、①構造設計などのミスによる構造基準未達、②建物調査業務（耐震診断など）の遂行中の第三者への損害、③廃業後に発生した損害である。なお、故意、戦争、地震、噴火、津波によるものなどは補償されない。

建賠は、日本建築家協会、建築士会連合会、日本建築士事務所協会連合会などの職能団体で扱っている。建築家が共同し、万が一の危険負担を行い、設計活動に専念するためのものである。同時に依頼主への社会的な責任を果たすためでもある。医師、弁護士、会計士賠償責任保険と同等である。2007年の建築士法改正で賠償責任能力の開示が求められるようになった。保険料は設計・監理の報酬額によって異なり、事務所規模にかかわらず加入すべき保険である。

（安達和男）

図版出典
1) 一般社団法人日本損害保険協会のホームページに掲載の情報をもとに作成
2) JIA建築家賠償保険事故事例集2010年版

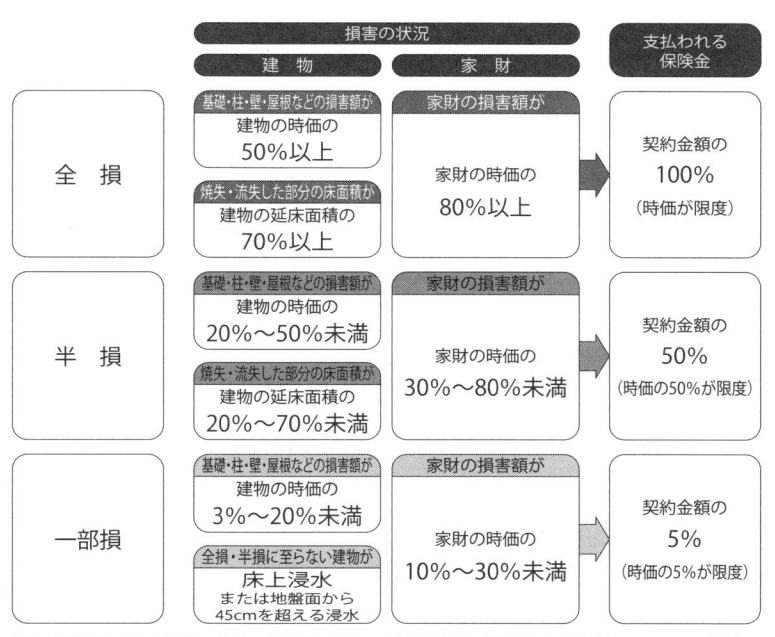

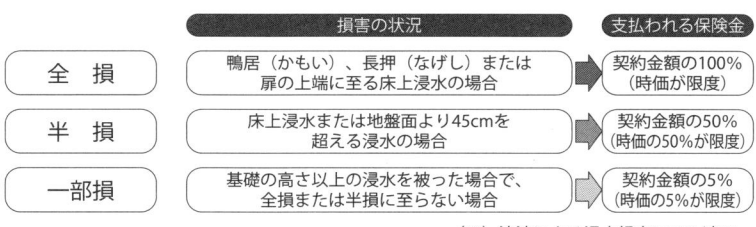

図1 地震保険の補償対象の内容[1]

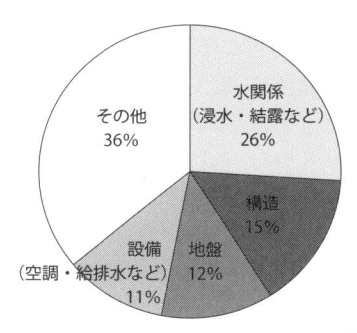

図2 建築家賠償責任保険の支払内容の分析[2]

12 構造技術者、設備技術者との協働

12-1
建築家の統括力とチームワーク

建築は、要望に応えるかたちで、さまざまなジャンルの専門家が関与してつくられる。一方で建築は、社会的存在であり、その規範の中で関与する分野の調整を図り、総合的な視点で具体的なものへつくり上げていく作業を統括する役割を建築家は担う。

建築はさまざまな分野の集合体

東日本大震災（3.11）が起きて、2012年は初めての冬である。雪がちらつき始めた「まち」では、家々があったことを示す基礎のラインをうっすらと積もった雪が浮かび上がらせている。1年前には、まちの屋根が連なり人々の暮らしがあった。また、首都圏でも、エレベーターは止まり、音楽ホールの天井が崩落し、棚に入っていた書類は飛び出し床に散乱した。このように、躯体の耐震性だけでは建築としての安全性は確保できない。

今日の建築は、さまざまな分野の技術が結び合わさりでき上がる。それは知を生かした成果であり、建築家はそれをまとめる役を担っている。建築の安全性確保は、耐震技術の基本的考え方を熟知した者が、さまざまな専門分野の人たちとチームを組んでまとめ上げていくことで得られる。

躯体のみでは安全確保は無理

阪神・淡路大震災（1995年）では、1951年以前の古い建物でもバランスのよい形をした壁式構造の公団住宅では被害がなく、その一方で新耐震設計法に基づく建物でも、バランスがずれた形のものに被害が多数発生している。福岡県西方沖地震でも、新耐震設計法で設計された16階のマンションで、避難の要になる1階玄関の石貼りが剥脱したり、建物高さの半分の8階までの雑壁には、ことごとくせん断亀裂が入り、各戸の玄関扉は亀裂の入った壁に押されて面外に膨らみ変形し、8階以上では室内の什器が飛び出し足の踏み場がないほど散乱した状態にあった（図1～6）。しかも、外観はどこが損傷しているかわからない程度であった。

建築家の役割

今日の建築は、さまざまな分野で発展した技術の成果を生かして設計が進められている。具体的には、専門化したさまざまなジャンルの人たちとチームを組んで作業を行う。チームは、建築家が軸となって構造技術者、設備技術者や、インテリアコーディネーター、照明に関する専門の技術者、音響の技術者や造園関係のデザイナーが関わり、時には都市計画家や再開発コーディネーターが加わる。

建築家は、チームで設計を進めるに当たって、建築全体を総括する。空間の基本的あり方を提案し、施主の意向をつかみながら建築空間としてまとめる。次の段階で各分野での予算枠を算出し、その枠を目安に空間を支える骨組と設備を組み込んだ構成を基本設計としてまとめ、施主の承認を得て次のステップの実施設計に移る。

実施設計では、設備などの取合いを整理し、空間を構成する材料を決め、実現するためのディテールを決め、各分野でコストを集計して予算内に収め、実施設計図書（設計図・仕様書・内訳明細書）としてまとめる。

建築家は、これをもとに施工者の選定、施工段階での体制づくりに関与し、施工段階に入って設計図書通りに施工されているか否かを監理し、完成した建物を検査して施主に引き渡す。

竣工後も不具合が生じていないか見守り、施主が建物を問題なく使えるように面倒を見るのも建築家である。ひとたび不具合が生じた場合には、関係者の協力をあおぎ問題解決に当たるのも建築家である。

統合力

建物の安全性確保においては、建物の骨組である躯体が重要であり、構造技術者の分野であるが、それだけでは安全性は確保できない。仕上げや設備といった非構造部材の安全性確保が必要となる。さらに建物の総合的な安全性確保は、ハードの部分だけでは十分とはいえず、ソフトを含めた対策が必要となる。このように生活の総合的な安全確保に関して、建築全体をまとめることが建築家に求められている。

①建築は、人間の住まいであり、安全に深く関わる。建築家および設計チームは、自らの資金ではなく、自分以外の他者の資金で具現化する。
②建築は、大量の資源を使う。それを方向付ける権限を、建築家は有している。さまざまな検討を重ねた結果、建築として結実していく。

この作業は、総合的判断が必要であり、専門分野を連携させる総合力

が必要となり、その任に当たるのが建築家である。

業務に見合う報酬の分配

建築は、好き勝手に存在してよいものではなく、社会的存在である。建築としてできあがるまでにはさまざまな段階での検討がなされ、それぞれの段階での決定の積重ねで具現化する。その決定は、他者から縛られることなく自由な立場で決定できるところに建築家が身を置くことが必要であり、報酬はその自由を保障する対価として位置付けられるものである。

大枠としての報酬基準は、国の指針で示されているが、発注方法によって報酬額に大幅な差が生ずることが日常起きている。総括者として位置付けられる建築家は、業務に関する報酬を各分野に適正に分配する役を担う。適正な分配は、対象となる業務の各分野の内容と業務量を認識し、各分野の要望を取り入れて最終的には決めることになる。

(中田準一)

図1　1階エントランスロビー壁の仕上げが剥落している。玄関は避難ルートの要であるが、石の瓦礫が広がる

図2　バルコニーに置かれている貯湯式湯沸器等は、位置がずれたり傾いたりして損傷する

図3　エキスパンション・ジョイント。非常に激しく揺れた様子が手すりの変形に見られる

図4　扉が面外にはらんでいる。雑壁に亀裂が入り、角を圧迫したことによる。外からバールでこじ開け、室外へ出るが、戸締りができず、家財の盗難の恐れがある

図5　地震波には方向がある。激しい地震波と直交方向は地震の揺れは弱く、損傷の程度は軽い。

図6　16階建てマンションの9階の屋内状況。下階の損傷が免震効果を生み、上階の揺れが増幅し生活用品が散乱する

12-2
建築家と構造技術者、設備技術者

現代建築は計画から竣工まで、竣工後のメンテナンスや調査・診断から修繕・改修設計や工事監理まで、多分野の専門家が多数関わる。とりわけ、建築家と構造技術者、および設備技術者は建物の調査診断、計画・設計に関する知識をできる限り共有し、業務遂行の過程でお互いに指摘し合うべきである。

専門家の協働と総括力の重要性

現代建築は計画から竣工までに、そして竣工後のメンテナンスからリニューアル、建替え計画まで多分野の専門家が多数関わる。この作業全体を統括する建築家の力量と、各専門分野の技術者が計画・設計する建物への統一した意思とチームワークの重要性がますます増している。

構造技術者と建築家の協働

建築とは人々が生活する空間を支える架構であり、内部空間を創出するシェルターであり、建物の重力をバランスよく大地に伝える構造物であり、集合してまち並みや都市を形成するものである。そして建築家とは建物の生活空間を計画し、その構造や架構をしっかり表現し、すばらしいまち並みや建築をつくり出すところに原点があったのではなかろうか。

建築家は架構形態に対するバランス感覚を磨き、構造技術者がこれを的確にアドバイスし、構造計算により緻密に実証するのが本来の関係ではなかったか。

3.11地震被害で見られた問題点

ごく最近竣工した建物に、意匠設計と構造設計との情報の共有がなされていない被害例が多数見られた。以下に示す東日本大震災の被害事例は震度4〜5の東京、神奈川の事例である。
①耐震スリット周りのタイルなどの仕上げ材が破損し、脱落事故を起こした（図1）。
②エキスパンション・ジョイント金物や天井材、手すり壁などが破損し、脱落事故を起こした（図2、3）。
③超高層マンションの軽量鉄骨下地の間仕切り壁や防火扉、サッシなどが変形に耐えられず破損し、修復費用が1棟当たり1億円以上を要した建物が多く見られる（図4）。
④超高強度コンクリートの超高層マンションで柱・梁接合部などのコンクリート片が剥落した。
⑤多くの高層オフィスビルや大空間ホールの天井材が脱落した。

これらの事故は構造設計者が想定した建物の振動解析の結果と、建築設計者が行う構造躯体に取り付けられた非構造部材の固定方法や変形に対応する納まりの詳細設計に関して十分に情報が共有されていなかったことにあるのではなかろうか。

センター評定を受けた最新建物の周辺に建つ中低層のローテックな建物にはまったく被害が見られなかった。東日本大震災が巨大であったとはいえ、震度4〜5程度の地震のたびに激しい揺れと数億の復旧工事費を必要とする超高層建築への不信感はぬぐい切れないものがある。

東日本大震災による超高層建物などの地震被害例の検証が求められている。

（三木 哲）

設備技術者と建築家・構造技術者

建物の機能を維持するには、構造躯体と設備機能を切り離して論ずることはできない。防災の機能も同様である。災害発生時にはいずれの部分に機能障害を生じても居住者の生命や財産を守ることは困難になる。

したがって、建物の設計者はすべての分野に精通していることが望ましいが、高度化し複雑化している建物では、不可能に近いので部門別に専門化せざるをえないと思われる。この専門家にも、建物の使用目的すなわち病院、ホテルや学校建築のような専門分化と、意匠、構造および設備のように職能別に専門分化されている場合とがある。

ここで問題となるのは前者の建物の使用目的による専門分化ではなく、後者の職能別の場合である。後者の場合、前述のようにますます高度化し複雑化してきている建築物に対応するために避けて通れないが、往々にして専門分化したために他の部門に関心がなくなったり知識を持たなくなり、連携動作に欠け、せっかくお互いに努力したにもかかわらず、完成した建物が十分に機能を発揮することができないという弊害を生じさせる。阪神・淡路大震災では、この連携動作に欠ける悪い例が多く露呈した。たとえば構造躯体には被害がほとんどないか、あってもわずかしか破損していないのに、建築設備の一部に大きな損傷を生じ、相当期間その建物が使用できなくなる例が多数発生した。しかも災害発生時に重要な働きを期待されている建物でさえも屋上水槽や冷却塔の破損・倒壊、スプ

リンクラーによる水損事故、受変電盤に破損が生じ建物全体の機能を喪失してしまった。

この例は、設備技術者が建物の使用目的に無関心であったか、あるいは地震対策についての知識がなかったかのいずれかである。たとえば構造躯体の耐震性の向上は、内部への地震力の増大を意味し、設備の耐震性もそれに応じて向上させなければならないことなど、十分な知識を持っていたか疑わしいところである。

なお1981年の建築基準法施行令の改正に伴って1982年に「建築設備耐震設計・施工指針」が発表され、2005年に改訂版が出された。

耐震クラスS、A、Bのグレード分け、アンカーボルトの選定基準、配管接合部の継手などが規定された。

具体的な建物の計画設計段階で設備技術者は、建築家、構造技術者とよく協議し、建物の計画・設計に関する知識をできる限り共有し、業務遂行の過程でお互いに指摘し合うべきである。また前述の指針についても建築家や構造技術者の助言をあおぎ、検討を加えることが必要かと思われる。

（稲生　宏、三木　哲）

図1　耐震スリット上に貼られたタイルの脱落

図2　エキスパンション・ジョイント部の天井材の脱落

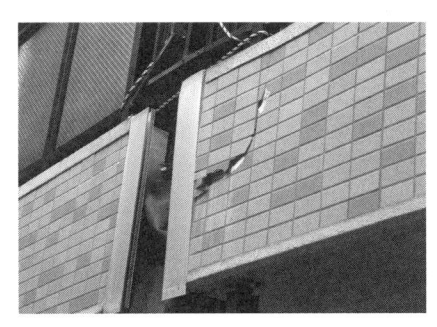

図3　エキスパンション・ジョイント部の手すり壁の破損

図4　超高層マンションの共用廊下の軽量鉄骨間仕切り壁の破損

既存建物の耐震診断・改修の連携

既存建物の耐震診断・改修設計においても、建築家、構造技術者、設備技術者の連携は欠かせない。しかもチームワークは新規建物の設計ではなく、既存建物の調査診断、改修計画・設計の経験と能力のある技術者のチームワークが求められる。

診断の段階では構造技術者は構造体の耐震診断を行い、設備技術者は給排水衛生、空調・換気、電気・ガス、防災設備などの耐震診断を行い、建築家は建築の非構造部材、避難経路や地域防災などの診断を行いつつ、全体の業務遂行をコーディネートする。診断の段階では構造技術者が主役であり、建築家、設備技術者はこれをサポートする。

補強計画の段階では三者がお互いの知恵と能力を出し合い方向性を模索する。補強計画が軽微な場合は構造が主となり、建築、設備がバックアップするが、大規模改修やリノベーションが中心になる場合は、建築家が設計の主体となる。

（三木　哲）

12-3
構造技術者および設備技術者の役割

構造技術者は建築の骨格を長期にわたり保証する役割を建築家とともに担う。設備技術者は建築家とともに高度化した建築の機能を支える。どちらも、その業務全般に一貫した責任を負う。2006年には構造設計一級建築士と設備設計一級建築士の資格制度ができ、より重い責任を担うことになった。

構造技術者の業務

建築物の骨格の基本性能（耐震性や耐久性など）を長期にわたり保証する役割を建築家とともに担う構造技術者は、その業務全般に終始一貫した責任を負うことは当然であり、また、その役割はますます重要になっている。建築物の企画・計画段階から、それが完成し、さらにその後の維持管理にまで十分なエンジニアリング上のコンサルタントサービスを提供することが社会的に強く求められている。

（1）構造技術者の業務内容の分類

通常、構造計画・設計・監理業務は下記の通りで、それらはさらに8項目に分類される。
1) 企画・計画業務
　①企画業務
　②計画業務
2) 設計業務
　③基本設計業務
　④実施設計業務
3) 監理業務
　⑤工事監理業務
4) 既存建物の調査・診断、計画・設計業務
　⑥調査・診断業務
　⑦補強・改修業務
　⑧移設・解体設計監理業務

設計・監理業務は「通常業務」と「特殊業務」とに区分される。「通常業務」は構造技術者が通常行う業務である。「特殊業務」は、特別の専門領域を必要とし、通常一般では必ずしも必要ない業務を指す。

（2）構造技術者の業務内容と成果品

構造技術者は建築家や設備技術者やその他の専門技術者と協力して、建築物をつくる過程に参画するが、このうち構造技術者が担う業務の分担と成果品は以下のようになる。
1) 企画計画業務
○構造計画書
○地質調査計画書
2) 基本設計業務
○仮定断面など建築家との打合せ
○構造工事費の概算予算書
3) 実施設計業務
○構造計算、および計算書の作成。
○動的解析、および解析書の作成。
○構造図の作成。
○構造特記仕様書の作成。
○確認申請時の関係官庁への説明。
○構造評定にかける場合の説明。
4) 工事監理業務
躯体などの施工図を始め杭打ち、配筋、鉄骨加工、コンクリート打ちなどの各工事段階での検査などがある。

（3）業務内容の補足

建築家や、設備技術者へのコンサルタントが強く求められる事項は設計業務のほか以下のようなものがある。
①ボーリング（地盤調査）の業者選定と指示、調査報告内容の解説。
②地盤調査の結果から地耐力、基礎杭の工法などについてのコンサルタント。
③生コン工場の選定、およびコンクリート打設についての具体的かつ詳細な注意。これは構造技術者だけでなく専門コンクリートコンサルタントを起用するのが望ましい。
④鉄骨加工所の選定や、鉄骨加工、組立て、溶接などについての注意事項。これも専門の鉄骨コンサルタントを起用するのが望ましい。
⑤建物の振動性状に適したカーテンウォール、塔屋工作物、非構造部材などに対する適切なアドバイス。
⑥建築の地階から塔屋に至る各階での設備機器の設置、据付けについての設備家へのアドバイス。　　（井上　博）

構造技術者の資格

2006年に公布された新建築士法により、構造設計一級建築士と設備設計一級建築士の制度がつくられた。それまで日本では公的な構造設計者の資格はなく、（社）日本建築構造技術者協会（JSCA）の「構造士」資格のみだったが、耐震強度偽装事件を経て法改定された。

この資格をとるためには一級建築士として構造や設備の設計実務に5年以上従事する必要がある。一定以上の建築物ではこの資格者の関与（自ら設計する、もしくは法適合確認を行う）が必要である。一定以上の建築物とは、「木造建築物で高さが13mまたは軒の高さが9mを超えるもの。鉄骨造建築物で地階を除く階数が4以上のもの。RC造またはSRC造の建築物で高さが20mを超えるもの、その他政令で定めるもの」である。ピアチェックを含め2009年5月から運用されている。　　　　　　　（安達和男）

建築設備技術者の役割と業務

建築設備に要求される機能や性能には、安全、安心、健康はもとより、快適性、利便性、機能性、信頼性、経済性、生産性がある。また、環境面では、建築単体から、都市レベル、地球レベルまで考慮し、資源の有効利用、省エネルギー、省CO_2などの環境負荷低減など広範囲に及ぶ。これらの実現が、社会から建築設備技術者に期待されている役割である。建築設備技術者は自身の高度な職能を遺憾なく発揮し、次の（1）〜（3）のように、要求性能を計画・設計し、建築物のライフサイクルにわたって、業務を行っている。

(1) 設計与条件の構築と設計への具現化

発注者の要望・要求事項を、専門家としての技術や広い知見に基づいて再構成し、設計与条件を明確にしていく。この設計与条件から適切な解を設計としてまとめる。

(2) 設計性能・品質の確保

建築設備技術者に求められる建物の性能は快適性、信頼性、維持管理性、長寿命化とLCCおよびLCCO$_2$、環境保全と省エネルギーであり、これらを実現するには、計画・設計だけでなく、竣工後の性能検証（コミッショニング）、LCM（ライフサイクルマネジメント）、建築物の総合性能評価なども行なう。

(3) 意匠、構造、建築設備の統合による高品質建築

設計業務は意匠、構造、設備の専門別に分化された状態で進行している。しかし、それぞれの領域内だけを設計しては建物は成り立たない。各専門家が技術力を結集し、それが統合されたものが高品質の建物となる。

建築設備では、環境、空調、給排水衛生、電気、情報防災、昇降機など幅広い分野を扱っている。

建築設備技術者の資格

(1) 設備設計一級建築士

建築技術の高度化に裏付けられた近年の建築の高層化・大規模化・複合化により、設計の専門分化が進み、設計者の得意分野の偏在が見られるようになった。これらの時代の変化への対応として、高度化、専門化した建築設備設計業務に関与する「設備設計一級建築士」という新たな資格制度が制定され、2009年5月より運用されている。高度かつ複雑な建築設備が設置される、一定規模以上（階数が3以上で床面積が5,000 m^{2}以上）の建物は設備設計一級建築士が関与しなければならない。

ここでいう関与とは、設備設計一級建築士による設計、または、表1に示す設備関係規定に適合するか否かの確認、すなわち法適合確認を行うことである。設備関係規定は表1のように限定的な範囲である。

(2) 建築設備士

建築設備士は、建築設備全般に関する知識および技能を有し、建築士に対して、高度化・複雑化した建築設備の設計・工事監理に関する適切なアドバイスを行える資格者として位置付けられている。

建築士法第20条第5項においては、建築士が、大規模の建築物その他の建築物の建築設備に関わる設計または工事監理を行う場合において、建築設備士の意見を聴いたときは、建築基準法による建築確認申請書など、設計図書または工事監理報告書において、その旨を明らかにしなければならない。

（黒田　渉）

表1　設備関係規定

建築基準法	対象設備
建築基準法第28条第3項	・特殊建築物の居室等の換気設備 ・火気使用室の換気設備
建築基準法第28条の2第3号 （換気設備に係る部分に限る）	・ホルムアルデヒド等に係る換気設備
建築基準法第32条〜第34条	・電気設備（第32条） ・避雷設備（第33条） ・昇降機（第34条）
建築基準法第35条 （消火栓、スプリンクラー、貯水槽その他の消火設備、排煙設備および非常用の照明装置に係る部分に限る）	・非常照明 ・排煙設備 ＊消火設備の設置義務、構造基準は消防法によるため法適合確認は除外される。（第36条も同様）
建築基準法第36条 （消火設備、避雷設備および給水、排水その他の配管設備の設置および構造並びに煙突および昇降機の構造に係る部分に限る）	・避雷設備 ・給水、排水その他の配管設備の設置および構造 ・煙突 ・昇降機

13 都市施設の限界と自律的防災体制

13-1
都市インフラの限界

東日本大震災では被災地域が広く、都市インフラの被害や復旧にばらつきが大きかった。原発事故も電力供給を悪化させた。巨大都市インフラに依存する日本のエネルギー構造に限界が来ている。

東日本大震災での被害・復旧状況

東日本大震災におけるインフラ被害の概要を図1に示す。以下、上下水道、電気、ガスについて詳細を記す。

(1) 水道

1995年の阪神・淡路大震災の断水被害は約130万戸、2011年の東日本大震災では、4月7日以降の余震による被害を含め12都道府県において約230万戸で断水被害が生じた。津波により家屋などが流出した地域を除く断水被害の復旧率は、概ね1カ月で90%以上に達している。

東北3県における水道施設の基幹管路（導水管、送水管、配水本管）の耐震比率は、岩手34.3%、宮城30.3%、福島46.5%で、東日本大震災で断水戸数が最も多かった茨城県（約67万戸）の耐震比率は、21.0%と低い値となっている（平成20年度実績、厚生労働省調査、以下同様）。首都圏では神奈川61.5%、千葉39.4%、埼玉29.9%、東京29.5%で、都道府県別の水道施設の基幹管路の耐震化状況は4.5～61.5%とばらつきが大きい。全国平均は28.1%とまだまだ低い状況にあり、今後の耐震化促進が重要である。

(2) 下水道

下水道の管渠は、埋戻し土や臨海部の干拓地での液状化などによりマンホール隆起や歩車道の損壊などの被害を受けた。被害が確認された市町村は135、被害延長約1,000km（最長の宮城県は約400km）に及ぶ。過去の地震で被害を受け、埋戻し土の締固め度90%以上などの埋戻し基準にしたがい補修された下水管は東日本大震災では被害が軽微だった。震災当初は、地震動や津波により48カ所の下水処理場が稼動を停止した。宮城県仙台市域の7割の汚水を処理する南蒲生浄化センターも津波により壊滅的な被害を受けた（3月18日に簡易処理（沈殿＋消毒）を開始）。津波で市街地とともに浄化センターが壊滅した岩手県陸前高田市では残存する400世帯用にユニット型膜処理装置を設置し、4月28日に処理を開始した。大規模地震などにより下水道施設が被災しその機能を果たすことができなくなると、トイレが使用できないなど住民の生活に大きな影響を与える。同時に、汚水の滞留や流出による公衆衛生被害、洪水被害などの二次災害が生じる恐れがある。

(3) 電力供給網

阪神・淡路大震災では、地震発生直後約260万世帯で停電し、2時間後に100万世帯まで復旧、6日後には応急送電を完了している。東日本大震災では地震発生直後に東北電力管内で約450万件（停電率約78%）、東京電力管内で約405万件（約14%）の停電があった。電力インフラは二次災害を防止するため安全確認を行いながら停電復旧されるが、東北電力管内では、4月25日に（津波などで流出、安全性が未確認、立入り制限区域などを除く）、東京電力管内では3月19日に停電復旧が完了した。福島第一原子力発電所は基準水面＋15mの津波で浸水し電源を喪失、原子炉などの冷却機能を失い大事故を引き起こした。この発電所被害の影響で東京電力管内は電力供給能力不足となり、予測不能な広域停電を未然に防止するために計画停電（五つのエリアに分割、エリアごとに順番に3時間程度停電）を実施、歴史的な都市機能の混乱を招いた。電力供給能力不足から大口需要家を対象に、夏期（2011年7月1日～9月22日）の使用最大電力を前年比85%以下に制限（使用制限）した。建築に関わる学会や協会はこの危機に際し、広く社会に節電対策を提言し、具体的な節電策をパンフレットに取りまとめ啓蒙活動を展開した。

(4) 都市ガス供給網

都市ガスは、全国約2,900万件の需要家に、250社程度の供給事業者から供給されており、供給区域内の普及率は約80%である（平成21年度）。東日本大震災での都市ガス停止は宮城、茨城、福島、岩手、青森、千葉、神奈川の16事業者で発生しており、発生総戸数は約40万戸、地震発生から概ね1カ月で復旧完了（石巻ガスを除く）し、阪神・淡路大震災の概ね3カ月（約85万戸）と比べ短期間で復旧している。全体の被害戸数の75%超が仙台市であったが、地震による中圧ガス導管設備への被害はなかった。津波により都市ガス製造所が被害を受け、全面供給停止を実施したが、常用防災兼用発

電設備を所有する重要施設にはガスホルダーや中圧ガス導管内の残存ガスを利用して供給を継続している。また、医療施設などの重要施設には臨時ガス供給施設設備を導入し対応している。

都市インフラの限界

日本の水・エネルギーの供給処理は、山間地域の遠隔地に建設された水源、河川流域設置の下水処理場、沿岸部に建設された発電所・LNG受入れ基地などのような巨大な都市インフラで成り立っている。東日本大震災の原子力発電所事故に伴う地震直後の電力供給能力不足による混乱が示す通り、地震や津波に対し脆弱なエリアに立地するこれらの都市の基幹インフラが被災した場合には都市機能は広域エリアで麻痺する。ダムからの送水管に被害が発生した場合には給水不能となり、また千葉県千葉市や浦安市のように液状化によりマンホールが浮き上がりトイレが使用できず住民生活に大きな影響を与えることもある（図2）。都市インフラに過度に依存しない自律的な備えが必要である。

（桂木宏昌）

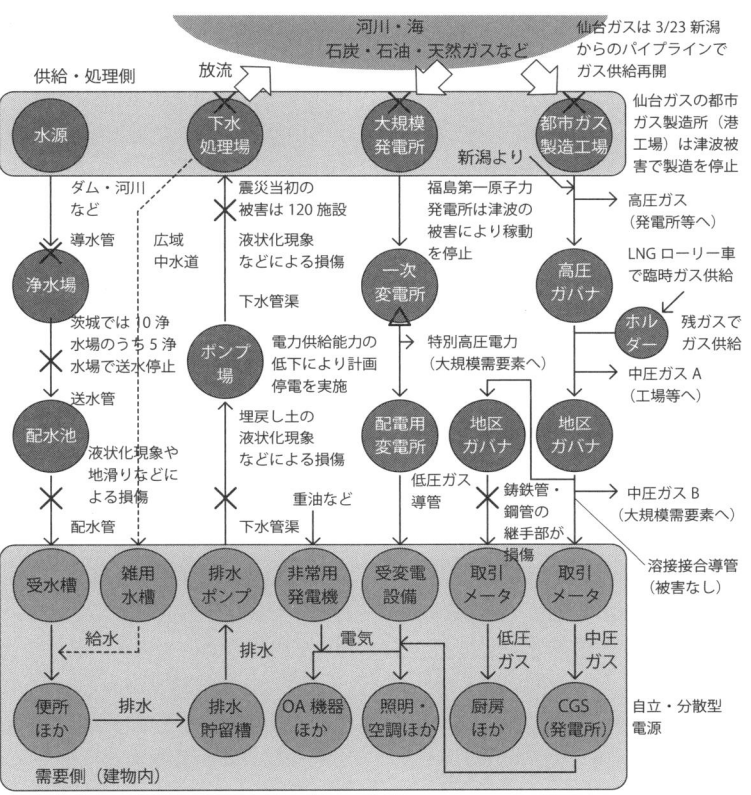

図1　東日本大震災における都市インフラの被害概要

＊上図中の「×」印とコメントは、東日本大震災における主な事象を参考例として記載した（すべてを示すものではない）。

図2　せり上がったマンホール（千葉県浦安市）

13-2
防災と環境を両立するインフラ整備

太陽光、太陽熱、地熱、風力、水力ほかの再生可能エネルギーを利用するスマートグリッド、スマートエネルギーネットワーク、スマートコミュニティーは防災機能にも優れている。

都市型と分散型のベストミックス

東日本大震災による原子力発電所の事故により、大きな電力供給網に過度に依存する社会の脆弱性が明らかになり、自立・分散型電源への関心が高まった。震災直後からの電力供給能力不足に伴う節電対応と同時に、事業継続計画（BCP）などのリスクマネジメントに取り組む先端企業が増えている。火力、水力、原子力などの大規模発電所、太陽光、風力などの再生可能エネルギー利用の発電施設、コジェネレーションなどの自立・分散型電源、蓄電池などを組み合わせて、都市インフラからのエネルギー供給が途絶えた場合でも、自給で建物の機能を維持できるよう防災備蓄と同様に被災時を想定した自己電源確保のニーズが高い。「スマートグリッド（次世代送電網）」は、電力の流れを供給側／需要側の両方から制御し、最適化できる送電網と定義されている。業務・商業ビルや住宅などの需要側と電力供給施設を情報通信網で連係し、高効率で安定した電力需給制御を行うためのインフラである。

震災後の2011年夏は電力供給能力が逼迫し、企業などは事業所での節電や工場の操業調整などさまざまなピークカット対策を実施し成果を得た。これは、同時に省エネの大幅な成果をもたらし、それまでの過剰なサービス提供の無駄を実感させた。「スマートグリッド」は、このようなエネルギー運用の最適化を支え、太陽光発電や風力発電などの再生可能エネルギー利用の普及と利用量増大に不可欠なシステムである。エネルギー供給源の多元化により防災対応力も高まる。

地産の再生可能エネルギー利用

枯渇することのない自然由来のエネルギー源で、石油や石炭、天然ガスなどの化石燃料などと違って半永久的に発電や給湯、冷暖房、燃料などに利用できる「太陽光・太陽熱」「地熱」「風力」「水力」「雪氷熱」「バイオマス」「波力」などを再生可能エネルギーと呼ぶ（図1）。

大規模な太陽光発電や風力、地熱、バイオマスなど再生可能エネルギーによる発電電力の全量を、電力会社が15～20年の間買い取るという全量買取制度を骨子とする「再生可能エネルギー特別措置法案」が2011年8月に成立（2012年7月1日施行予定）し、一層の普及を図っている。日本は、国土が細長く南北に連なり、暖流や寒流が周囲を流れ、山地が多く地形が複雑になっているため、地域ごとに気候・風土も異なる。再生可能エネルギーの賦存量は地域によってさまざまであるが、地域特性を踏まえた地産の自然エネルギーや再生可能エネルギーを活用する計画が望まれる。天候に左右される再生可能エネルギーの出力変動が配電系統の周波数や電圧などに与える影響は大きく課題もある。独立行政法人新エネルギー・産業技術総合開発機構（NEDO）はこれらの課題を解決するため、マウイ島のキヘイ地区にスマートグリッド環境を構築し、マウイ島を走る電気自動車の充電のタイミングを調整するマネジメントシステムを実証研究する。

スマートエネルギーネットワーク

通常時の省エネや低炭素まちづくりの観点から計画されている「スマートエネルギーネットワーク」が防災面でも有効となる。高効率で大規模のコジェネレーションシステムからなるオンサイトの自立・分散型電源（発電排熱は地域冷暖房施設などで有効利用）と発電所からの系統電源を組み合わせた「スマートエネルギーネットワーク」は、需要側（建物）のエネルギー利用設備と供給側のスマートエネルギーセンター（地域冷暖房施設）をエネルギー供給網と情報通信網で連携し、統合管理によりエネルギー運用の最適化を行い、災害に強い低炭素まちづくりを実現する。自立・分散型電源のエネルギー源となる都市ガスは、大都市圏では東京ガス、大阪ガス、東邦ガスなどが広域のループ状の供給網を形成している。沿岸部にLNG受入れ基地があり、バース、タンク、気化設備、熱量調整設備などを経て供給される。都市ガスの供給圧力は高圧、中圧、低圧に段階的に区分され、圧力調整施設（ガバナステーション）で安定した供給圧力制御を行っている。裏波溶接で接続される中圧ガス配管は耐震性が高く自

立・分散型電源の信頼性を高めている。ガス会社の地震防災システムの機能の中には、供給指令センターのオペレーターに遠隔での停止を促す機能や、地震発生から10分後までに建物被害や液状化などを予測する機能なども備えられている。

スマートコミュニティーへの展開

「スマートコミュニティー」はスマートメーターやHEMS⁽¹⁾・BEMS⁽²⁾と、インフラ事業者、クラウドコンピューティングなどを連係し、需要側と供給側の双方にさまざまなエネルギー情報を送受信してエネルギー分野の最適化を図るとともに、情報通信インフラ、交通インフラ、上下水道、リサイクル・廃棄物処理施設、緑地・公園など、都市を構成するさまざまな環境インフラを、情報通信技術を活用して高度に最適化する快適・安全・便利な新しいコミュニティーの概念である（図2）。経産省は、エネルギー分野を中心としつつも、通信、都市開発、交通システム、ライフスタイルなどを含め、さまざまな実証を都市の中で行うため、先駆的な取組みを行う四つの地域（横浜、豊田、けいはんな学研都市、北九州）を「次世代エネルギー・社会システム（スマートコミュニティー）実証地域」として選定した。「スマートコミュニティー」は、デマンドコントロールやエネルギーの融通など省エネルギーや防災面でも有効であり、新たな都市インフラとして期待が大きい。スマートコミュニティーを実現するためには、多層的なあらゆる業種の連携が必要であり、各地域の特性を踏まえた個性豊かなマスタープランが不可欠である。実現のためには、個々のシステムをインテグレートする機能、健全な採算性を有する事業の枠組みが重要である。

（桂木宏昌）

注記
(1) Home Energy Management System
(2) Building Energy Management System

図1　給湯需要を支える太陽熱温水器

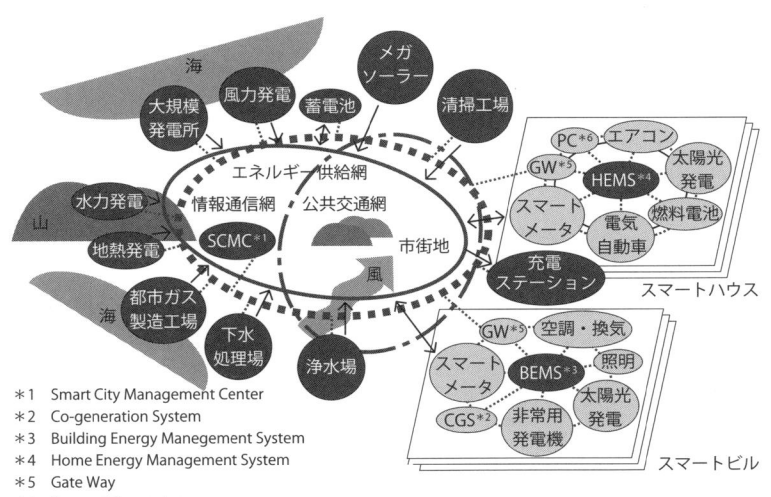

＊1　Smart City Management Center
＊2　Co-generation System
＊3　Building Energy Manegement System
＊4　Home Energy Management System
＊5　Gate Way
＊6　Personal Computer

図2　スマートコミュニティーの概念図

13-3
自分で賄う機能を身につける

被災後に建物機能を維持するためには当初からの計画立案・対応方法の設定が重要な位置を占める。また、電源、空調、給排水の各機能の確保レベルを的確にとらえる必要がある。自然エネルギーが利用できる建物は必要エネルギー量が少なくてすみ、災害にも強い施設となる。

機能確保のとらえ方

震災、津波、火災、液状化などの災害に対し、被災後の建物機能確保レベルを想定することは重要である。

このレベル設定のためには、目的と手段の二つの事項を検討する。目的とは「被災後の機能として何を確保すべきか」という機能確保の内容である。災害の種類、規模に対してどのような機能を確保すべきかを明確に設定する。二つ目は「確保すべき機能に対してどのような対応方法を見込むか」である。これらは計画の当初から発想し、盛り込んでいく。

通常時の建物機能は電力、ガス、上水、下水、通信などの都市インフラに頼って活動が行われている。まずはこのインフラの信頼性を確認し、インフラ機能が寸断された場合に備え自己機能を確保する。

建物を運営するためには電気、空調、給排水の各機能を確保する。また、時間軸に沿って以下の三段階に分け、対応方法を検討すると整理しやすい。
① 災害発生時の対応
② 被災直後の短期対応
③ 広域災害・中長期対応

「②短期対応」は庁舎・病院などの基幹用途では被災後数時間から3日程度が目安となる。私企業の本社機能などでは②の時間設定が異なるため個別に検討する必要がある（図1、2）。

自然エネルギー

太陽光による採光、自然換気による空調削減、地中熱利用、風力発電など、自然エネルギーをうまく利用できている施設は必要エネルギー量が少なくてすみ、災害にも強い施設となる。建物のエネルギー自給率を高め、負荷を減らす方策は災害に対しても寄与するため、大いに議論されるべき項目である。

電源の確保

電源を確保するためには非常用自家発電機を設置する。燃料は発電機近傍に燃料槽を設け供給するが、想定する運転時間により大量の燃料を備蓄する場合には地下の埋設タンクを設置する。燃料の種類は重油、灯油が多い。燃料の選定に当たっては地域の供給基地や供給方法を確認し、確保しやすい種類を選定することが重要である。発電機はエンジン方式、タービン方式が大多数を占める。コジェネレーション設備を設置する場合にはその発電機を非常用自家発電機兼用として設置する施設も見受けられる。耐震性ガス配管が敷設されている場合はガスエネルギーによる非常用自家発電機を選択する方法もある。今後は技術の進展により大型蓄電設備と太陽光発電の組合

災害発生時	地震対応	・重要部門放送、スタッフ携帯電話への地震警報伝送システム ・医療活動を継続するための制振構造 ・災害時に二次災害を起こさない安全なシステム（籠城区画等） ・電気・空調・衛生機能確保のための耐震レベルS設定 ・重要室の個別空調方式 ・エレベーターの最寄り階着床と感震器設置 ・無停電電源（UPS）の設置による信頼性の高い電力供給と蓄電機能
短期 発生後 〜3日	電力インフラ途絶	・2回線受電によるインフラ途絶時のバックアップ ・非常用発電機・保安用発電機・コジェネにより80％の負荷を賄う ・3日分の燃料備蓄
	水の確保	・3日分の水量確保・排水槽の設置 ・2系統給水（上水・雑用水） ・備蓄倉庫の設置
	空調の確保	・非常系用熱源・コジェネの設置 ・非常系統空調機・ファン・ポンプの非常電源対応
	被災患者の受入れ	・トリアージスペースの確保 ・緊急導入口による仮設ボンベでの医療ガス供給 ・共用部への医療ガスアウトレットと非常電源コンセントの設置
中長期 （広域災害）	電源確保	・電源車接続用予備フィーダーの設置 ・オイルタンク給油口の最適位置 ・節電対策としての中央監視電力デマンド制御 　（20％カットに合わせた機器制御）
	水の確保	・非常給水口による受水槽への補給
3日以降	給食／炊出し	・ガス、電気併用のベストミックス厨房機器の選定 ・食料・飲料水備蓄スペースの確保

図1　災害時における施設のBCPフロー（病院の例）

せ、燃料電池などの新たな手法も模索されている。電源の供給が一瞬たりとも途絶えてはならない電算センター、病院の手術室などにはUPS（無停電電源装置）を設置する。中長期的な対応としては電源車などの外部仮設電源からの供給が可能な接続フィーダーの設置、異なる計画停電グループからの二回線引込みを計画することが挙げられる。

空調の確保

空調を確保する必要性はほとんどが冷房能力の確保である。暖房の場合は備品で対応する方法もあるため、目的を明確にすることが重要である。空調機、ポンプ、ファンなどの機器を動かすためには電気が供給されていることが絶対条件となる。その上で、熱源設備、空調機の選定を行う。

空調エリアが限られている場合は単独系統とし、電気式パッケージ空調機を設けることが多い。中央熱源方式で、ある程度広範囲なエリアの空調を確保する場合には熱源機器の一部を電気式とする。短期的な対応であれば蓄熱槽による蓄熱により賄うことも考えられる。

給排水の確保

給水は「②短期対応」までを対応することが一般的である。

非常時の3日分の水量を的確にとらえ、受水槽容量の選定、耐震性貯水槽の採用、井水の利用などを計画する。いずれの場合もポンプ電源は非常用電源とする。トイレの洗浄水用の水源として雨水、蓄熱槽の水を利用することも考えられる。また、可搬式濾過装置を用意できれば、飲用水としても利用できる。「③中長期対応」に対しては給水車からの補給が受けやすい工夫を行う。

液状化などで下水放流が行えない場合は排水槽容量を確保して一時貯留することを計画する。

（井田 寛）

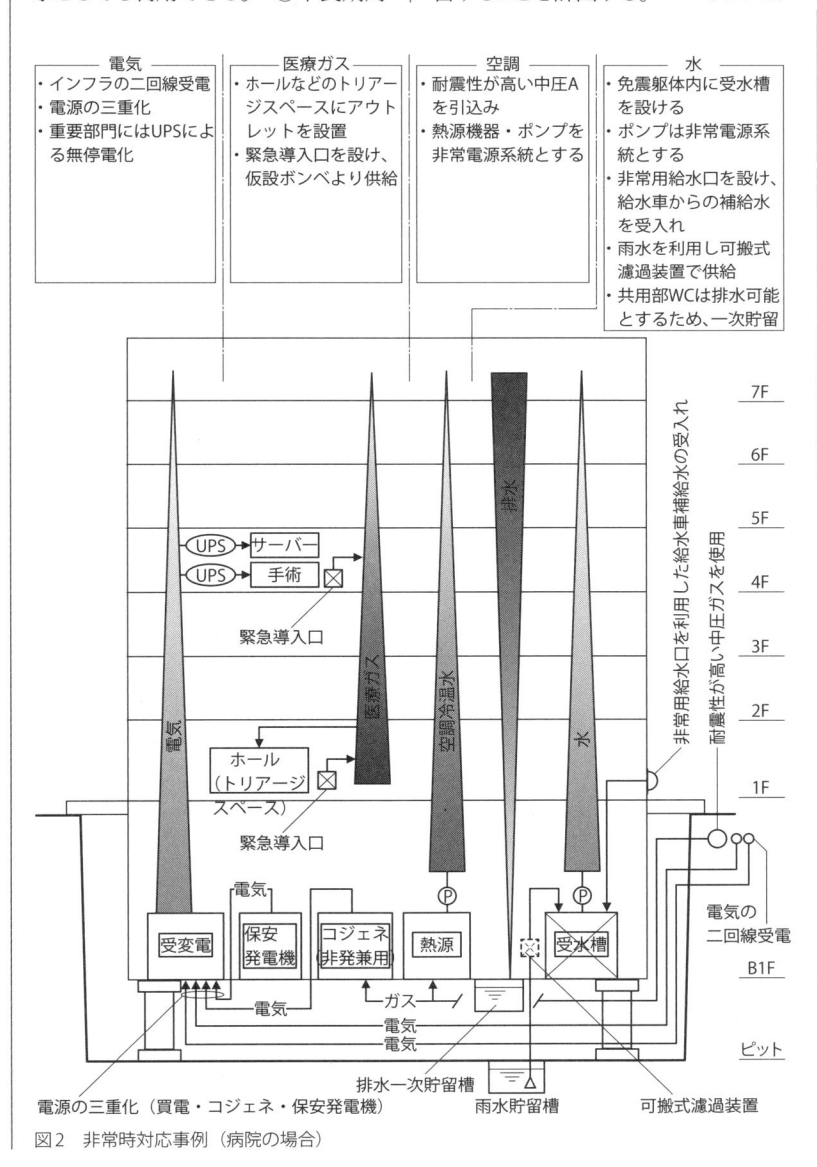

電気	医療ガス	空調	水
・インフラの二回線受電 ・電源の三重化 ・重要部門にはUPSによる無停電化	・ホールなどのトリアージスペースにアウトレットを設置 ・緊急導入口を設け、仮設ボンベより供給	・耐震性が高い中圧Aを引込み ・熱源機器・ポンプを非常電源系統とする	・免震躯体内に受水槽を設ける ・ポンプは非常電源系統とする ・非常用給水口を設け、給水車からの補給水を受入れ ・雨水を利用し可搬式濾過装置で供給 ・共用部WCは排水可能とするため、一次貯留

図2　非常時対応事例（病院の場合）

13-4
情報インフラの限界と活用

情報インフラなど、存在しない。企業活動や人々の暮らしを支えるものは、ライフラインにほかならない。電力・上下水道・ガス、交通機関・道路、建物の立地・耐震性、食料や水の確保、何よりも人を守らなければならない。この意味において、建築家の使命は大きい。

情報インフラとライフライン

情報インフラとは、ライフラインそのものである。人と施設・装置が一体となって、情報が確保される。以下、阪神・淡路大震災、東日本大震災、東京湾北部地震について、ライフラインの問題を概説する。

阪神・淡路大震災

阪神・淡路大震災（1995年1月17日）においては、すでに確定報が公になっている。

交通規制については、地震発生当日から道路法（第46条）・道路交通法（第4～6条）に基づく現場警察官による通行禁止措置が実施された。翌日には、緊急車両の通行可能路線が確認できた時点で、道路交通法に基づき神戸市内への緊急輸送路を設定し、緊急車両以外の通行が禁じられた。翌々日（1月19日）には、災害対策基本法（第76条）に基づく緊急輸送ルートが指定され、2月24日まで続いた。

2月25日には道路交通法に基づく復興物資輸送ルート、生活・復興関連物資輸送ルートが指定され、翌1996年2月19日に規制が解除された。交通規制が全面解除されたのは、1996年8月10日であった。

避難者数は発災後7日目の1月24日が最大で、23万6,899人に達する。避難所数は最大599カ所で、応急仮設住宅の計画戸数の建設が進み、災害救助法に基づく避難所は1995年8月20日に閉鎖された。

道路・交通網の復旧状況を確認しておく。阪神高速道路神戸線の倒壊、同湾岸線の落橋の映像は、目に焼き付いていると思われる。1995年1月17日の発災から復旧までに半年から1年半前後、幹線道路の復旧に至っては約3年の歳月を要している。

次に、ライフラインの復旧状況を見る。上水道の完全復旧は10週間後、2週間後には復旧率が50％を超えている。電力は発災後6日間で応急送電を完了し、2日後には停電率が10％以下にまで回復した。通信が100％復旧したのは、2週間後であった。ガスが100％復旧したのは4月11日、約3カ月を要した。復旧率が50％に達したのは2月21日で、1カ月以上を要している。

東日本大震災

紙幅の都合で、電力の復旧に限って要約する。また、執筆時点では確定報ではないことに留意いただきたい。大まかな感覚を理解すればよい。

東北電力管内（青森県、岩手県、秋田県、宮城県、山形県、福島県）での大震災当日（2012年3月11日昼）の停電戸数は500万戸弱、50％復旧は翌日の夜、90％復旧は3月16日の夜であった。90％復旧までに、5日間を要している。

復旧が最も遅れたのは宮城県であり、50％復旧は3月14日夜、90％復旧は3月20日夜であった。90％復旧までに、10日間近くを要している。

東京電力管内（東京都、神奈川県、栃木県、千葉県、埼玉県、群馬県、茨木県、山梨県、静岡県）では、発災翌日の夜までに、ほぼ100％復旧している。

東京湾北部地震・M7.3の場合

東京湾北部地震・M7.3の場合のライフラインの被害および復旧予測を表1に示す。

国土交通省業務継続計画

発災直後に最も重要な安否確認などの情報インフラの被災予測を、『国土交通省業務継続計画』（国土交通省、2007年6月）に基づき概説する。電力は場所（行政中枢機能、病院などは優先的に復旧）によるが、応急復旧に1～6日程度かかるものと見積もられている。

NTTなどの通信事業者回線は、首都直下地震の場合、阪神・淡路大震災（6日間）を上回る7～10日間は、電話はつながりにくくなると想定している。携帯電話についても1週間程度、輻輳によりつながりにくいと予想している。ただし、パケット通信（携帯電話での電子メールの送受信）は使用可能と想定している。

インターネットについては、地震の発生後6日間程度は、通信回線の断線などが発生し、事業者による復旧も行われないため使用不可としている。

東日本大震災における通信サービス

東日本大震災では、NTT東日本におけるサービス罹障回線数のピークは3月12日および13日であり、約140万回線に達した。ほぼ安定したのは3月22日以降であり、10日余りを要している。

災害用伝言ダイヤル（171）の累積利用件数は約320万件に及んだが、3月16日以降安定的な運用に移り、3月20日以降の利用者は激減している。災害用ブロードバンド伝言板（web171）は、累積利用件数が約25万件にとどまり、171の1割にも満たない利用率であった。

なお、震災当日の通信手段のアンケート調査（東京大学・NTT研究所など）によれば、災害用伝言ダイヤルを利用した人は約1割、最も使われた情報通信手段は「携帯メール」であり、次が「携帯電話」であった。携帯メールを使いこなす人が何割いるのだろうか。PCは電気の供給がなければ作動しない。一方、固定電話は災害時に威力を発揮する。

無料公衆電話・公衆電話

注目すべきは無料公衆電話である。無料公衆電話の設置は発災翌日から始まり、3月15日から急増、3月25日以降約2,300台で安定した。

公衆電話には災害時に利用する第一種公衆電話と営業目的で設置する第二種公衆電話がある。阪神・淡路大震災当時は全国に80万台あったが、その後収支が合わない第二種公衆電話の撤去が進められ、街中で姿を見ることも少なくなった。

固定電話は災害時に威力を発揮する。建築家は、もう一度、固定電話の役割を考え直す必要がある。

「釜石の奇跡」と「津波てんでんこ」

釜石市では、津波に襲われながら、小中学生3,000人の大半が避難して無事だった。指定された避難場所では危ないと判断し、高台に上がって難を逃れた。「釜石の奇跡」という。

長年、地道な防災教育を実践し、この奇跡に多大な貢献をしたのが片田敏孝群馬大学教授である。言うまでもなく、「津波てんでんこ」とは「津波が来ると思ったら、親子が信頼し合い、別々に、いち早く高台へ逃げろ」という言い伝えである。

建築家はハード技術だけに頼らず、ソフト面の手当ても熟慮して設計しなければならない。レイチェル・カーソンは名著『沈黙の春』の中で、「もし、土壌がなければ、いま目にうつるような草木はない。草木がそだたなければ、生物は地上に生きのこれないだろう」（新潮社、1987年）と書いている。

（大沢幸雄）

表1 ライフライン被害と復旧（東京湾北部地震・M7.3の場合）
(1) ライフラインの被害（単位：%）

	①電力（停電率）	②通信（不通率）	③ガス（供給停止率）	④上水道（断水率）	⑤下水道（下水道管きょ被害率）
東京都	16.9	10.1	17.9	34.8	22.3
区部	22.9	13.2	22.9	46.3	25.4
多摩	2.4	1.9	0.0	10.9	17.7

注．下水道管きょ被害率：管きょ被害延長が管きょ総延長に占める割合

(2) ライフラインの復旧予測（単位：%）

	発生当日	1日後	4日後	1週間後	1カ月後	復旧日数
①電力（停電率）	16.9	13.2	5.3	0.0	0.0	6日
②通信（不通率）	10.1	10.1	2.8	2.1	0.0	14日
③ガス（供給停止率）	17.9	15.9	14.8	13.7	8.0	53日
④上水道（断水率）	34.8	34.8	7.0	5.7	0.0	30日
⑤下水道（流下機能支障率）	22.3	2.8	2.4	1.9	0.0	30日

注1. 復旧日数：発生当日を除く。
2. 電力の1日後の値：被害状況の調査により、焼失建物や倒壊等で居住が困難な建物を除いた後の値。
3. 電力の1週間後の値：交通の寸断等により復旧できない停電を除く。
4. 通信の不通率：4日以降については、被害状況の調査により建物の焼失・全壊を除いた値。
5. ガス：発災後1日目に被害状況の調査を実施し、復旧対象地域を決定。
6. 上水道：東京都営水道管轄のみを対象とする。
7. 流下機能支障率：管きょ被害延長のうち、流下機能に支障をきたす管きょの延長が管きょ総延長に占める割合。

参考文献
(1) 大沢幸雄編著『地震リスク対策―建物の耐震改修・除却法』中央経済社、2009年
(2) 大沢幸雄編著『建築士・会計士・税理士の災害FAQ』中央経済社、2011年
(3) 河田恵昭『津波災害―減災社会を築く』岩波書店、2010年

14 まちづくりと震災対策

14-1
建築とまちは社会の資産である

建築はまちという舞台の上で価値を維持している。まちと一体となった建築は社会の資産として市民生活を豊かにする。その建築を、まちを、つくり上げるのが「まちづくり」であり、よいまちであることが安全をもたらす。

建築はまちに立地している

　建築は都市を構成する重要な要素であることは言うまでもないが、大都市の都心部と郊外部では状況は一変するし、地方都市では地域性や歴史性などさまざまな要素が絡み合い独自の環境特性の上に立地している。さらに農山漁村やリゾート地などあらゆる地域に建築は立地している。

　これらすべての建築は都市部であれ大自然の中であれ、道路や鉄道などの交通施設や上下水道などの施設に依存し、また護岸や防風林などの施設や設備などの土木インフラに護られて存続している。建築は国土全域に立地する市民の社会的・経済的活動を支える社会資産であり、都市や自然などさまざまな環境（これらを「まち」と呼ぶことにする）と密接に補完し合って機能している。

　まちを構成する建築は住宅を始め庁舎、病院、学校など公益施設、生産施設など多様である。建築家は日常的にこれらの建築の設計に従事しているわけだが、同時に建築の周辺環境を含めたまちの一部を設計しているという意識が求められ、建築を設計する行為そのものが「まちづくり」活動であるという認識が必要である。

　阪神・淡路大震災や東日本大震災の被災実態を見ると、建築がいかにインフラに依存しているかが理解できる。建築単体で耐えることなど不可能であり、まち全体の防災力が問われることが明白となった。まちあっての建築であり、建築家がまちづくりに取り組む必要性がそこにある。

災害危険度を把握する

　建築する建物の基本性能のうち、安全に関する指標はまず建築基準法の体系から決定できるわけだが、加えて周辺を含めた自然環境や社会的要素についても配慮する必要がある。まちを知り設計すること、すなわちまちづくりの一環として建築設計に取り組む必要があるということである。

　阪神・淡路大震災以降、多くの自治体が防災施策に注力することになり、専任の所轄を設置し都市計画から社会福祉や教育分野までも束ねた防災対策に取り組んできた。しかしながら東日本大震災では、地震と火災に津波という大きな力が加わり、まちそのものが壊滅的なダメージを被り多くの人命を失う結果となった。

　建築単体の安全対策ではとてもたちうちできないことを目の当たりにした。建築の設計に当たり、自然に対する謙虚さが求められたともいえよう。古来、耐震設計に際しては地質や地盤調査を行うことは必須であったわけだが、加えてあらゆる自然災害を視野に入れた総合的な防災対策と連動した建築の安全設計が求められているのである。

　東日本大震災に前後して大型台風による土砂崩れ被害や竜巻による被害などが各地に発生した。都心部では近年局地的集中豪雨による浸水被害で死亡者が出るなど、自然の猛威にまちが耐えかねていることが明らかになってきた。震災だけでなくさまざまな災害に対する「まち」の危険度を総合的に評価し情報を公開している自治体が多い（図1、2）。建築家としてこうした基礎情報を的確に把握することは必須の仕事である。

建築設計を通じてまちを整える

　従来の耐震設計は建築単体の構造設計が主眼であったが、東日本大震災では建物の構造強度の問題よりも、建築やまちの立地に関する弱点や、被災時の避難誘導、仮設住宅など復興に向けてのさまざまな問題がクローズアップされている。建築家が一つの建築を計画・設計するに当たり、周辺の自然環境や歴史、文化、経済などを複合的にとらえた環境特性を十分に把握して臨む必要があること、まちづくりの視点からの建築設計が必要であることの所以である。

　そのためには与えられた「建築敷地」を越えた検討作業が必要となる。少なくとも対象敷地を含む数街区程度を視野に入れ、隣近所との関係や学校や公園などへの動線を調べたり、街並み景観の調和を意識したり、その建物ができることで周辺のまちの設えを整える努力をすべきである（図3、4）。こうした設計姿勢が、建築やまちという社会の資産価値を高める「まちづくり」なのである。

（南條洋雄）

図版出典
1) 渋谷区の資料より
2) 日本建築家協会都市災害特別委員会『建築家のための耐震設計教本』彰国社、1997年

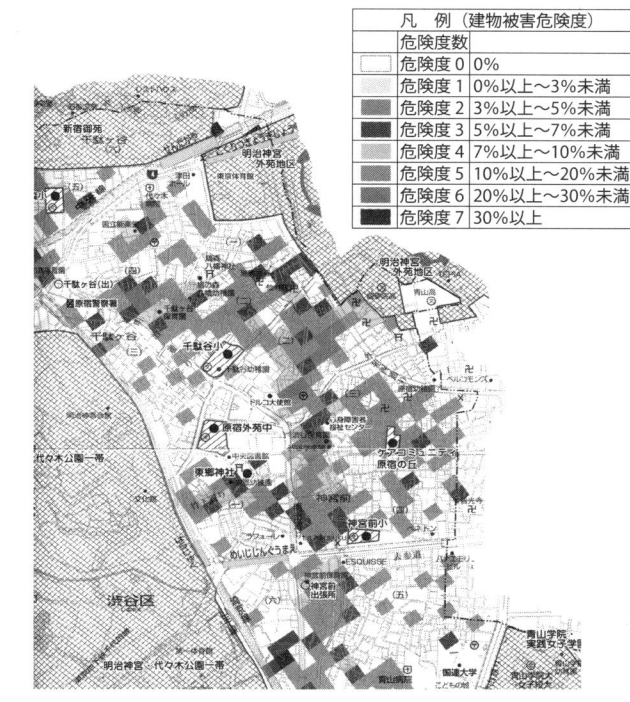

図1 地震防災マップ（東京都渋谷区一部抜粋） 揺れやすさマップに表示された震度分布に建物の構造（木造・非木造）と築年データ、外観目視調査による建物の形状、経年指標を考慮した結果、測定された建物倒壊危険度を50mメッシュごとに7段階に分けたもの[1]

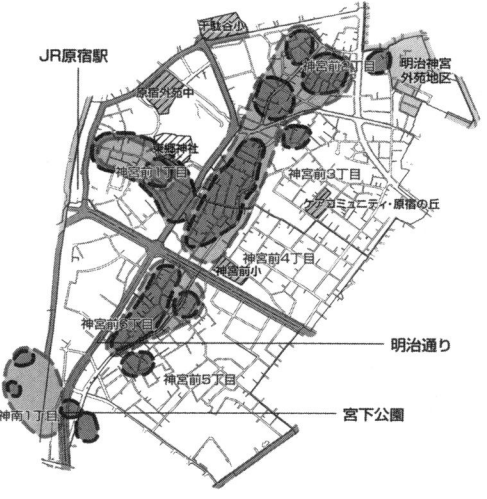

図2 地域危険度マップ（東京都渋谷区）[1]

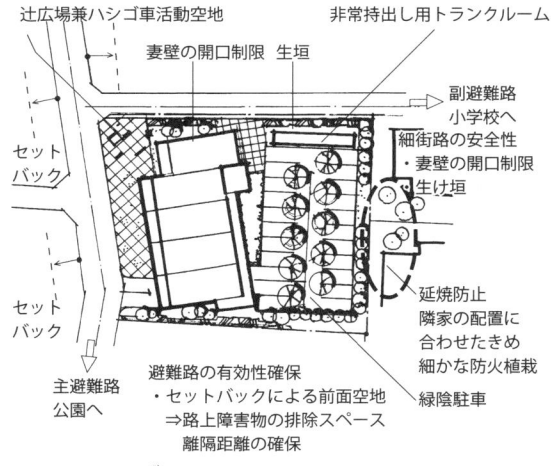

図4 設計方針図[2]

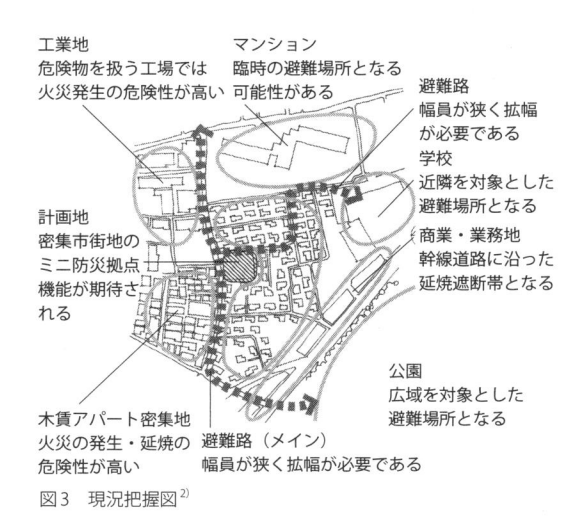

図3 現況把握図[2]

14-2
まちに防災機能を組み込む

一つの建築は既存のさまざまな環境（まち）の上に成り立っている。建築単体での耐震に加え、まちそのものに防災機能を組み込むことで、より頑強な建築が可能になり、また被災時にはまち全体で市民生活を守ることができる。

身近な既存資産を活用する

わが国では土地所有を絶対視し私有財産として所有者の意のままに利用する権利が優先され、まちの部分としての公共性の認識が希薄になってしまった。建築家も法律の定める限界まで所有者の利益を行使する立場になり、公共性を忘れてしまったといえないだろうか。敷地の有効利用という大義名分により、その土地固有の環境要素を無視、あるいは破壊してまで新築を優先してきてしまったのではなかろうか。

伝統的な住宅地では古くからあった生け垣や屋敷林などが相続に伴う土地の細分化や駐車場確保のために激減している。建替えに当たり古くからの井戸や池を埋めてしまうケースも多い。税制や都市政策などに根本的な原因があるとはいえ、建築家が建築やまちの社会的な資産価値を高める方向で、地域防災や街並み景観などの側面にもバランスよく配慮した周辺とも連携したまちづくりを実践する必要がある（図1、2）。建築家の日常の設計活動において、まず身近な自然環境資源を評価し設計に取り込むことから始める必要がある。

集合住宅や戸建住宅地の開発や大規模都市再開発などにおいても、事業性が優先され自然環境が失われる傾向が強かったが、近年の持続可能性に配慮する立場から、大規模な緑地の保全や再生に努め、防災拠点としての要素も兼ね備えた計画なども増えつつある。十分な緑地や広場を確保し地域に開放するとともに、非常時に備えた備蓄倉庫や防災便器やかまどスツールの設置など、身近な資源やアイデアを生かした対策も有効である（図3〜7）。

公的空間との連携

被災時には個々の建築での対応には限界があり、まち全体の防災性能が問われることになる。道路、広場、公園、田畑、山林、河川、港湾などさまざまな公的空間にも目を向けて、災害に備えたシステムとして整備する必要がある。しかしこうした公的空間整備は行政主導の都市計画として整備されることから、建築家が関わることは稀である。都市計画という縦割り発想では総合的な防災対策ができないことが阪神・淡路大震災ならびに東日本大震災でも明らかになっており、多くの建築家がまちづくりや都市計画の決定システムに関与する必要性が再認識されたといえよう。

一方、庁舎、学校、病院など公的な施設の設計では建築家が主役となることが多いが、施設の日常的な本来機能に加えて被災時の防災拠点や被災後の復興拠点としての機能にも配慮して設計に当たるべきである。このような場合、関連する土木分野やランドスケープなどデザイン関係に加え、医療や社会心理など異分野の専門家たちとの連携も有効であり、常日ごろからこうした広範な関係者との情報交換や連携をとりながら、防災建築への理解を高めておく必要がある。

防災まちづくり活動

二度の大震災の経験からも明らかなように、行政主体ではなく生活者主体のコミュニティー活動がいざというときには大きな役割を果たす。わが国では過去のいくつかの大災害の経験から、地域の自治会組織や消防団の活動、企業や組織の防災組織などがそれなりに機能しているが、被害を最小限に抑える役割が主であって、災害に強いまちづくりという段階にはまだ至っていない。

防災まちづくりを進めるためには、主役たる生活者市民に加え、公的な立場からそれを支える行政と専門知識や経験を持って支援や指導ができる専門家が必要である。専門家には、都市計画や土木などさまざまな分野からの参加が期待されるが、建築設計に関わる建築家こそ、最も期待される防災まちづくりの担い手であるといえる。建築家がこの役割を担うためには、建築家は単に建物を設計する専門家としてではなく、地区の課題に常日ごろから住民とともに取り組む姿勢と、そこで求められるまちにまつわる広範な知識と技能を研鑽する必要がある（図8）。

近年コミュニティーアーキテクトという概念が論じられている。設計だけではなく、まちづくりの視点から専門家として係わる、いわばまち医者的な役割を意味する呼称であるが、まさに防災まちづくりの主役候補である。

（南條洋雄）

14 まちづくりと震災対策

調査
企画
設計
施工
維持
その他

図1 住宅地の古井戸。港区のマンション計画で関東大震災で活躍したこの古井戸を保存し、有事に備えることとなった

図2 津久井串川地域センター（神奈川県）。隣接する神社の境内と一体化した庭は日常の憩いの場であるとともに、防災無線も備えた地域の消防分団の基地として機能する（撮影：清水明）

図3 マンションの防災倉庫と非常用グッズ

図4 かまどスツール 公園などに設置する（写真提供：長谷エコーポレーション、以下図5、7も同）

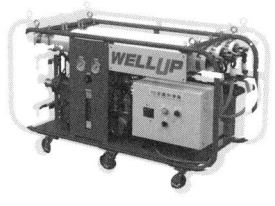

図5 非常用水生成システム「ウェルアップ」マンションの防災倉庫に保管

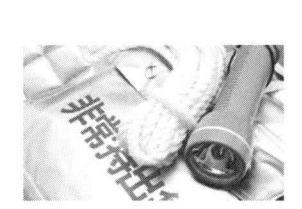

図6 非常持出し袋

図7 非常用マンホールトイレ

図8 渋谷区木造住宅耐震化促進調査 区内に約1万棟ある古い耐震基準で建てられた木造住宅の目視調査を渋谷区が日本建築家協会に委託して行った（写真提供：JIA渋谷）

14-3
火災に備える地域計画

大地震に伴う出火は大規模な市街地火災に発展しやすい。関東大震災、阪神・淡路大震災、東日本大震災など過去の大震災では、いずれも市街地大火による被害をもたらした。今後起きるかもしれない地震に備えて、燃えない・壊れない、災害に強いまちづくり計画が重要になる。

地震火災

阪神・淡路大震災に伴う出火件数は293件で、7,000棟余りが焼失した（平成18年5月19日消防庁確定）。

東日本大震災における出火件数は284件（2012年3月13日「消防庁平成23年東北地方太平洋沖地震被害報（第145報）」）で岩手県山田町では7件発生、うち2件の市街地広域火災では延焼範囲が約16haに及んでいる。そのほかにも宮城県石巻市、気仙沼市などでも大規模な市街地火災が発生している（消防研究センター平成23年4月26日報告）。件数の割には焼失面積が大きいのが地震火災の一つの側面である（図1）。

一般に最大震度と出火件数には相関があるといわれており、揺れの大きい地域では火災が多発する傾向が見られる。また、東日本大震災では従来の地震火災に加えて火のついた建物や車、あるいは瓦礫などが流されて延焼を拡大するという津波に起因する、いわゆる津波火災も多く発生した（図2、3）。消防車両が水没するなど消火活動への影響も報告されているように、地震動による建物の倒壊などによって引き起こされる地震火災とは様相を異にしている。

地震火災、津波火災それぞれに対して、出火原因の把握および延焼パターンなどの検証を踏まえて、大規模火災の予防や延焼被害軽減のための対策を講じておかねばならない。

地域危険度

地震では地域によって被害の程度に差が生まれる。災害に対する地域の脆弱性を把握して平時の対策を講じておく必要がある。東京都は昭和50年から概ね5年ごとに地域危険度を公表している。地域危険度は地震の揺れによる以下の三つの指標を設けている。
①建物倒壊危険度（建物倒壊危険性）
②火災危険度（火災の発生による延焼の危険性）
③総合危険度（建物倒壊や延焼の危険性）

都内の市街化区域内5099町丁目ごとの危険性の度合を五段階に評価している。これらの結果は道路などの延焼遮断帯の整備、建物の不燃化などの防災都市づくりのために活用するとともに、市民がまちの危険性を正しく理解して災害への備えを進めるためにも活用されている。

被害想定

被害想定とは、各地の実状に応じて想定した地震が発生した場合の被害の発生状況を推定し、防災対策の基礎資料とするものであるが、東日本大震災では各地で事前の想定をはるかに上回る被害が出た。いざというときの被害を低減するためには科学的知見を積み上げて被害想定調査の精度を上げていくことは、極めて重要であるが、一方で被害想定とは「これぐらいの地震が起きたらこれぐらいの被害が出るかも知れない」ということにすぎず、地震の規模や被害の最大値を保証するものではない。

被害想定に基づいて事前の備えをするとともに、想定を越えた場合の対策を考えておかなければならない。

建築物の耐火性

耐火建築物が増加すれば不燃領域率[1]は向上し、それだけまちは燃えにくくなるが、住宅を中心に木造建築は今後もなくなることはない。耐火木造建築もできているが、多くは準耐火構造や防火木造である。

外壁にモルタル塗りを施した防火木造は戦後急速に普及し、今も多くが木造密集地を中心に残存している。鉄網モルタルには一定の防火性能が認められているが、大地震でたとえ倒壊を免れたとしても、モルタルが剥落して防火性能を失う。地震火災という点では防火木造も裸木造同様と考えるべきである。

市街地の延焼防止

地震に伴い発生する火災は同時多発のため、消防力を上回り延焼が拡大する。大規模火災の焼け止まりには人為的な消火活動のほかに、建物構造や密集度、空地などの都市構造が大きく寄与することがわかっている。要因は大きくは次の二つである。
①道路や鉄道敷き、公園などのオープンスペース。
②耐火性のある建造物。

阪神・淡路大震災における焼け止まりの状況について消防研究所（現・

消防大学校消防研究センター）が行った調査では道路・鉄道などによるものが約40％、耐火建造物と空き地の効果によるものが各々約23％程度となっている。

市街地大火の防止には不燃領域率の向上、延焼遮断帯[(2)]の整備、そして消火活動の妨げとなるような細街路の解消などが必要とされている（図4、5）。

道路などの延焼遮断帯の性能を担保するには道路幅員のほかに、沿道の建物の耐火・高層化および後背地の建物群の不燃化が重要になる。

災害時には延焼遮断帯で囲まれた一定のエリア内の生活道路から避難場所まで安全に避難できなければならない。

（庫川尚益）

注記
(1) 不燃領域率：市街地の燃えにくさを表す指標。70％で焼失率はほぼゼロになる。以下の式で定義される。

不燃領域率（単位：％）
＝空地率^{*1}＋（1－空地率／100）×不燃化率^{*2}

＊1 空地率：一定以上の要件を満たす公園、道路等の合計面積の割合（単位：％）
＊2 不燃化率：地域の建築面積総数に占める耐火建築物等の割合（単位：％）
(2) 延焼遮断帯：道路、公園、河川などの都市施設と沿線の不燃建造物からなり、延焼を遮断する機能を有する。市街地大火を防止して避難路や救援活動空間を確保することを目的とする。

図版出典
1) 国土交通省都市・地域整備局資料より作成
2) 平成22年防災都市づくり推進計画より作成

図1 延焼した学校（宮城県石巻市）

図2 焼損したボンベ（宮城県石巻市）

図3 津波に流された消防自動車（宮城県名取市）

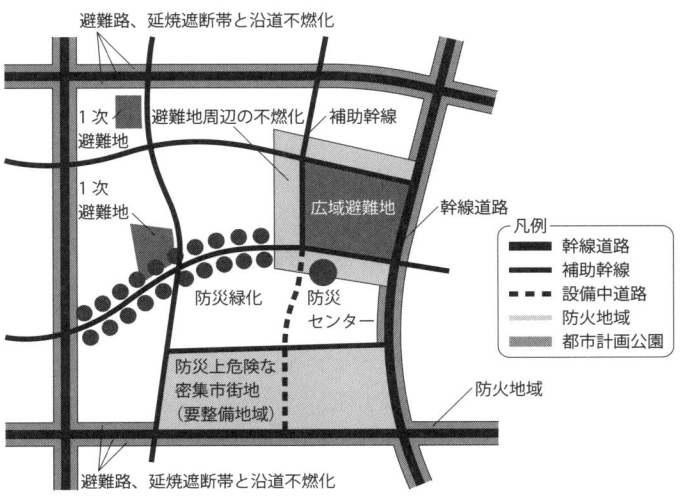

図4 防災都市構造のイメージ[1)]

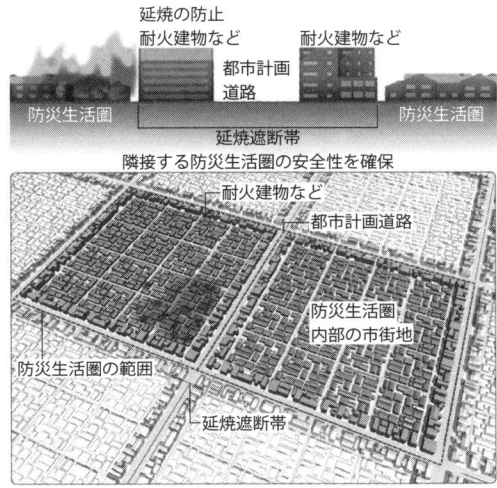

図5 防災都市づくりと延焼遮断帯のイメージ[2)]

14-4
外部空間の防災機能

外部空間には地震発生時に建物からの落下物や倒壊などから身を守るための安全対策が必要であり、また、震災後に避難路や避難場所として有効に活用できるようにするための方策も大切である。

密度と道路・オープンスペース

　現行の都市の大部分は、都市計画による用途地域によって建蔽率や容積率が決められている。比較的低容積の住居地域から高容積の商業地域や業務地域まで、建物の延べ床面積の敷地に対する割合が定められており、それによっておおよその居住人口密度や就業人口密度などは想定することができる。阪神・淡路大震災においては、地震発生時刻が早朝であったため、人的被害の多くが住宅密集地域に偏って発生した。しかし、発生時刻が日中や夕方にずれただけで被害発生の地域も被害規模も大きく異なったであろうことは想像に難くない。この地震による人的被害の大半が就寝中の木造住宅倒壊による圧死であり、住戸の庭先や道路・広場などの建物周辺における被害例は幸いにして少なかった。

　建物の外部空間の震災対策を考える場合、地震発生時の安全対策の問題と発生後の避難経路および避難場所としての外部空間の備えるべき要件という二つの面がある。地震時における市街地の安全性を向上させるためには、人口および建物の密度を適正に抑え、過度の集中を避ける必要がある。また地区の性質上ある程度の集中が避けられない商業地域や業務地域においては、建物周辺に十分な空地を確保し、樹木などの緑や水面を計画する（図1）。高層ビルのガラスやカーテンウォールが地震時に崩落すると、建物高さと同じくらいの範囲に飛散するといわれている。落下物が直撃する危険とともに、道路や広場にそれらが散乱することにより、緊急車両や避難者の通行を妨げ、また避難者の避難場所としての広場の機能を阻害することにもなる。総合設計制度を利用してつくられた公開空地としての歩道上空地や広場が市街地の貴重なオープンスペースとしてつくられる例が増えている（図2）。しかしこれらの空地も、十分な安全対策と震災後の有効活用を考えた備えを怠ると危険が多く、また役に立たないスペースとなる。昨年東京都は、近々発生が予測される大地震の際の、救命・消火・物資輸送などのための緊急輸送道路として、都内の道路（延長2,000km）を指定し、その沿道建築物の耐震化を促進する事業を開始した。道路通行を阻害する恐れがあるとされる建物には耐震診断を義務付け、診断・改修を補助する制度である。

日常機能を非日常機能

　十分な緑によって修景され、池やせせらぎなどの水面をもつ市街地のオープンスペースは平常時には四季折々の変化で歩行者の目を楽しませ、鳥や昆虫のサンクチュアリとしても機能する都市内の貴重な自然となる。災害時には建物周辺の緑は落下物の緩衝装置としての役割を果たし、火災の延焼を止める防火帯としても有効である。池やせせらぎなどの水面は、災害時の消火用水や洗浄水としても活用されるだろう。また規模の大きなオープンスペースとなれば罹災者の避難場所や連絡所、救援物資の集積、支給場所など災害時には必要不可欠なスペースとなる。阪神・淡路大震災においても、小中学校の校庭や近隣公園など、日ごろ地域住民に親しまれているコミュニティーの中心施設が避難場所や緊急の仮設住宅用地などに活用されたが、市街地の安全性を高め、さらに罹災後の救援活動を容易にするためにも、大小さまざまなオープンスペースを市街地内に用意し、災害時の役割分担と相互のネットワークを組み立てておく必要がある。

構造・仕上げ

　建物周辺の外部空間の安全対策として考えなければならないのは、第一にその外部空間を構成する建物は当然として、塀、擁壁、池、樹木、その他の構築物などが地震で倒壊したり、陥没したりしない堅牢な構造を有することである。これまでの大地震ではブロック塀の倒壊や斜面地における石積みやコンクリート擁壁の崩壊が多数見られた。ブロック塀は生け垣に変えるとか、高い擁壁は二段ないし三段に分割し、十分な基礎工事を行うなどの注意が必要である。また今回の東日本大震災でも、海岸沿いの埋立て造成地では地盤の液状化により建物が傾斜し、周辺の舗装や駐車場がデコボコになって使用不能になったり、上下水道などのインフラ

が深刻な被害を受けた例も多く見られた。今後液状化の危険が予測される当該地域では、地盤改良などの対策をとる必要があるだろう。また万一被害を受けた場合には容易に復旧が可能な材料や構法の採用についても検討しておくことが必要である。第二にはその外部空間に対するガラスや壁の剥落、空調室外機などの落下物や倒壊物の防御対策を行うことである。建物周りに樹木や池などによる緩衝スペースを設けることも必要であるが、ガラスが割れたり、外れたりしないディテールの開発や剥落しない仕上げ材の採用、あるいは落下物を受けることのできる庇や下屋の計画など、建築物本体の適切な設計が先決であることは言うまでもない。

設備

建物の外部空間、とりわけ市街地内のオープンスペースは災害時にさまざまな役割を期待されている（図3）。罹災者の避難場所となる場合には火災などの二次災害に対して安全であることはもちろんであるが、ライフラインの破断と復旧までの間の食料、飲料水の確保、排泄物の処理、的確な情報収集手段などが必要となる。ある程度まとまったオープンスペースには食料やテント、毛布、仮設トイレなどを常備し、備蓄倉庫を設け、地下水利用の井戸や貯留槽を設けるなどの飲料水対策も計画する必要がある。避難所生活を快適にも不快にもする大きな要素の一つが排泄物の処理である。大量の仮設トイレの設置と収集ないしは域内処理システムの開発が必要である。罹災者およびその関係者が最も知りたいのが災害の情報であり、近親者および友人知人の安否および連絡先の情報である。避難場所には、これらの情報を迅速かつ正確に伝えるための無線を中心とした通信手段を確保することも重要である。

（河野　進）

図1　新宿三井ビルディング55広場

図3　東京臨海広域防災公園
通常は公園として利用されているが災害時は現地対策本部が置かれる

図2　ニューピア竹芝海上公園（東京都港区）

14-5
土木構造物・工作物などの耐震性

港湾・空港、道路・鉄道などの交通インフラは、大地震時には救急活動、緊急物資輸送などの機能が求められる。地震時に損傷が限定的で早期の機能回復が図れることなどを性能目標として、耐震補強が順次進められている。河川堤防は、河川水の市街地への流入防止を目的とした堤体の沈下防止対策を講じている。

ライフラインとしての土木構造物

過去の多くの地震で港湾・空港、道路・鉄道、河川堤防、ガス・上下水道・電気・通信などの交通インフラ・情報インフラ・生活関連インフラはたび重なる被害を受けてきた。

1978年宮城県沖地震以降、地震被害による施設機能の喪失・回復の遅れが人命救助、経済活動、市民生活に大きな影響を及ぼした。これを低減するため、各施設を管理する国などの機関で耐震補強が順次進められている。

これらインフラの耐震補強に共通する課題は、その機能を維持しながら（インフラを使いながら）補強工事を行うという難しさである。本項では、交通インフラを中心に耐震性の現状と耐震補強方法について述べる。

港湾・空港

港湾・空港施設は、大規模地震時には、緊急物資輸送拠点、救急活動拠点としての機能が求められている。

港湾施設の主要な構造物の一つに岸壁とコンテナクレーンがあり、両者の耐震性を同等に保つように耐震補強が行われている。

岸壁には、重力式、矢板式、桟橋式があるが、いずれも基礎地盤や背面地盤の液状化により大きな被害を受けることが多い。対策は、緩い砂地盤の締固めや薬液注入による液状化抵抗の強化が原則であるが、施設を供用しながら工事を行うことは多くの困難を伴う。矢板式岸壁では、小口径推進工法の制御精度の向上により、岸壁から離れた位置に控え杭を設置してタイロッドで補強する対策もとられている（図1）。

コンテナクレーンは、特に桟橋式の岸壁では両者の固有周期が一致するため、地震時に揺れが増幅され被害が拡大する。最近は免震クレーンの導入が進められている。

空港の滑走路は、地震時の液状化により路面に不陸が生じると使用が不可能となる。空港を使用しない夜間の数時間を利用して液状化対策を行うとすると、短時間で施工機械の設置・撤去が可能な工法に絞られる。低流動性のモルタルを圧入して球根上の固化体をつくり地盤を締め固めるコンパクショングラウチング工法や、薬液注入工法などがよく用いられる。

道路・鉄道

道路・鉄道は、大地震時には、被災地からの住民の避難や、復旧のための人員や資材、生活物資の緊急運搬路としての機能が求められる。

道路・鉄道の特徴は、土工区間（盛土、切土・盛土斜面を含む）、橋梁、トンネルからなる線状の構造物であり、震災により路線の1カ所でも寸断されると、緊急輸送路としての機能が果たせないことである。耐震補強は、重要度に応じて、レベル2地震動に対して、損傷が限定的で早期の機能回復が図れること、損傷が致命的にならないことを性能目標として優先順位を決めて進められている。

土工区間のうち、高さ30mを超える盛土や、山岳部の片切・片盛土、谷を埋めた盛土で被害が多い。対策としては、ふとん籠の設置によるのり尻部の補強、排水ボーリングによる盛土内地下水の排除、土留めやアンカーによる補強が行われている。東海道新幹線では、1978年宮城県沖地震以降、盛土のり尻の両側に鋼矢板を設置し、その頭部をタイロッドで結ぶ耐震補強が行われた。また、地震時の列車の脱線を防ぐために、バラスト流出防止工、地山補強土工法による不同沈下の低減、橋梁裏の段差防止などの対策も併せて行われている。

なお、市街地の道路や歩道では、下水道設置工事の埋戻し土の沈下、マンホールの浮き上がり、橋梁裏の埋戻し土の沈下による段差の発生が交通障害となる（図2）。

橋梁は、過去の地震で橋脚の損傷（図3）や大変位を原因とする落橋が多く見られた。そのため、鉄板や炭素繊維の巻立てによる橋脚の補強が進められている。その結果、2011年東北地方太平洋沖地震でも、落橋などの壊滅的な被害を防ぐことができ、早期に機能回復が図れた。最近では、地震後の早期の機能回復を目的として、被害箇所の特定を行うためのセンサー設置と自動電送システムの設置も行われている。

トンネルは、坑口付近で斜面崩壊等の地震被害が多く、アンカーなどによる斜面補強が行われている。

河川堤防

1995年兵庫県南部地震で、淀川河口付近で延長2kmにわたり、最大3m程度堤防が沈下した事例を契機として、市街地への河川水の流入防止を目的とする対策を講じることになった。

堤防が沈下する原因は、基礎地盤が軟弱なために発生する堤体の円弧滑り破壊と、基礎地盤が液状化することによる堤体全体の沈下である。対策としては、堤体盛土のり尻の外側に、セメント等固化材を用いた地盤の固化（図4）や鋼矢板の設置、2-4節で示されている液状化対策を実施することである。

（田部井哲夫）

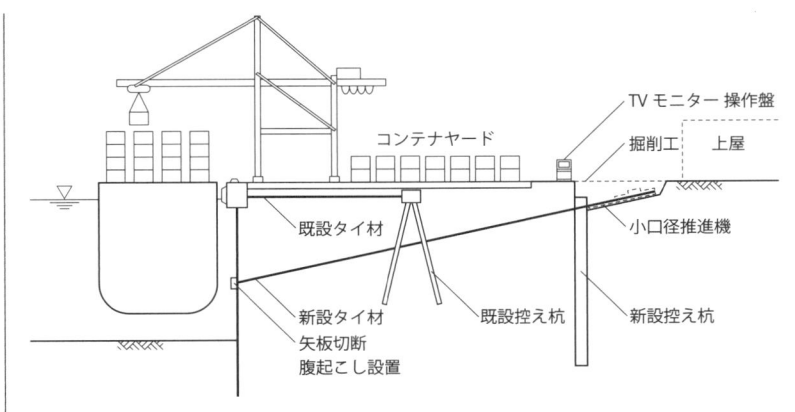

図1 矢板式岸壁の耐震補強の例[1]

図2 橋梁裏の段差の例

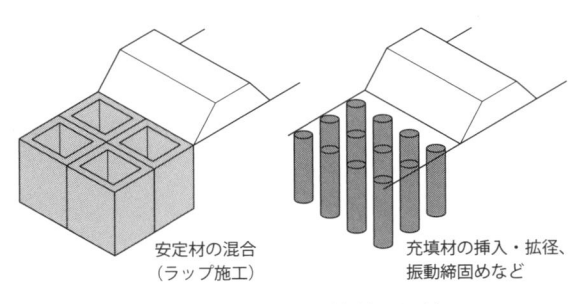

図3 橋脚の被害（左）[2]と復旧の事例（右、撮影：左右とも高橋良和・京都大学防災研究所）

図4 堤防の液状化対策の例[3]
(a) 固結工法　安定材の混合（ラップ施工）
(b) 締固め工法　充填材の挿入・拡径、振動締固めなど

図版出典
1) 菅野高弘「港湾・空港における耐震診断と補強の取組み」『基礎工』2011年4月号、総合土木研究所
2) 土木学会地震工学委員会「土木学会東日本大震災被害調査団緊急地震被害調査報告書」2011年5月
3) 佐々木哲也・谷本俊輔「河川堤防における耐震点検と対策の取組み」『基礎工』2011年4月号、総合土木研究所

14-6
復興計画の考え方

過去の大災害の経験は先人たちによってなされた復興の結果として、現在の私たちの生活を支えている。災害は不可避であり災害から自然の摂理を学習し、謙虚さをもって復興計画に生かしていかなければならない。

復興計画の意味

都市計画の分野では関東大震災後の後藤新平による帝都復興計画と第二次世界大戦の各地の戦災復興計画がよく取り上げられている。近年では阪神・淡路震災復興計画が記憶に新しい。東日本大震災では復興対策基本法に基づき対策本部が設置され、復興の基本方針の検討ほかを行っている。

復興計画の基本的な意味は、通常の都市計画に基づく整備の枠を越え、かつ時間的な緊急性の高い内容であるところに特別の意味がある。宿命的に「抜本的な改革」を伴うことになり、とりわけ土地の私有権に係わる内容を避けては通れないことや平等性の解釈を巡っての議論など、実際には顕著な成果を見ることができずに今日に至ったわが国の歴史がある。

阪神・淡路大震災では、区画整理事業や市街地再開発事業の延長線上で多くの復興がなされたが、被災者の心理面への対処や時間がかかりすぎる現実、あるいは情報開示の不備、そして従前コミュニティーの崩壊や孤独死の問題など、多くの課題が指摘された。東日本大震災では、津波により道路などの都市インフラが壊滅的な被害を受けたことから、まちや集落をまるごと高地に移転する計画などこれまでの都市計画では対応できない深刻な課題となって議論が続いている。加えて福島第一原発の問題も重なり、復興計画の意味合いも地域によってかなり異なる内容となっている（図1、表1）。

建築家と復興計画

復興計画は国民的関心事ではあるが、一人の建築家としてどう取り組むかとなると、実際は不透明である。一市民としてのボランティア活動は価値ある行為ではあるが、建築家という職能として復興にどう関わるかは別の話である。

東日本大震災の復興まちづくり施策を見ると、建築の専門家としての関わりは復興推進計画や復興整備計画などの策定や、それらに準ずる規定の各種整備促進事業などに参加する部分と、各種復興関連の人的支援の当事者になることが考えられる。

これら公的事業に参加するためには、都市計画や土木のコンサルティング業務に長けたグループである必要があり、ゆえに一部の大手設計事務所やコンサルタント会社の参加が多くなり、個人的に建築家が参加する可能性は少ないのが現実である。

では復興計画の現場に建築家が不要かといえば、それはまったく逆であり、東日本大震災の場合でも、限りなく多様な復興課題が各地にある中で、特に居住空間の質やコミュニティー形成に関わる課題や、環境共生やサステナビリティーといったさまざまな課題に対して、建築家の参加が期待されているのが現実である。ただし、すべての課題は建築の領域だけのものではなく、土木や法律、福祉、医療、心理などなど、そして法律的ないし社会制度としての判断などが同時に求められるものであることから、それらとの連携をとりながらチームの一員として建築家としての役割を発揮し、全体に貢献していく必要がある。そのためには、日常からこうした複合性や全体性にも適応できる準備があってしかるべきであり、それが「まちづくり」への参画によって可能になるはずである。

JIAまちづくり憲章

JIA大会99鎌倉で「JIAまちづくり憲章」が採択された。その骨子は建築家の使命が「まちづくり」への寄与であることを基本理念に謳い、市民・行政・専門家たちとの連携、まちづくりの実践と自己啓発、広義のデザインへの取組み、そして最後に職能人としてまた市民として「まちづくり」に参加することを宣言したものである（図2）。

東日本大震災を経験した今、この憲章はそのまま生きている。建築家憲章ともいえる内容である。一人の建築家としてこれからも安全な建物を設計する際に、また復興計画に参加するに当たってこの「憲章」の精神にのっとり行動することが望まれる。

（南條洋雄）

図版出典
1) 佐々木晶二「東日本大震災の復興まちづくり施策の枠組みとポイント」、「都市計画」294号

14 まちづくりと震災対策

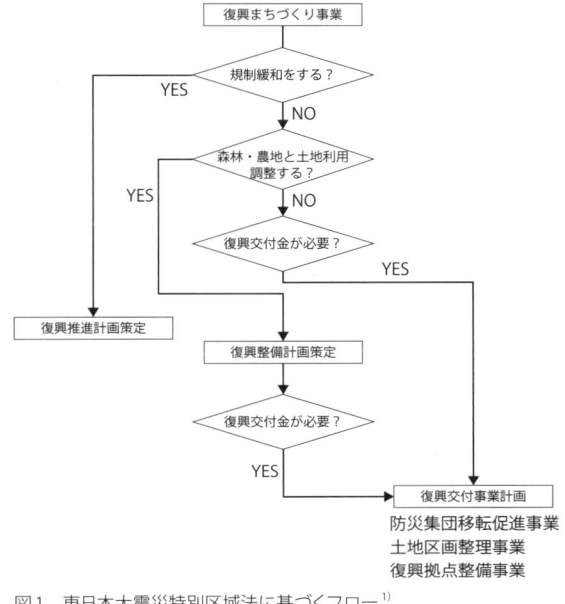

図1 東日本大震災特別区域法に基づくフロー[1)]

```
復興まちづくり事業
    ↓
規制緩和をする？ ─YES→ 復興推進計画策定
    ↓NO
森林・農地と土地利用
調整する？ ─YES→
    ↓NO
復興交付金が必要？ ─YES→
    ↓NO
復興整備計画策定
    ↓
復興交付金が必要？
    ↓YES
復興交付事業計画
  防災集団移転促進事業
  土地区画整理事業
  復興拠点整備事業
```

図2 JIAまちづくり憲章

JIAまちづくり憲章
二十世紀後半に飛躍的発展をとげた我が国の生活環境にあって、個々の建築の質の向上は認められるとしても、その集合としての街や都市の現状には多くの問題が残されています。これら街や都市空間の質を向上させ、より豊かな環境を築くことは、今後われわれ建築家が取り組むべき最大の課題です。
ここに、日本建築家協会は、こうした新しい時代の要請をうけて、「まちづくり」に対する建築家の基本姿勢と役割を社会に対して明らかにするため、「JIAまちづくり憲章」を制定します。
[基本理念]
建築家は、地域社会と市民生活文化への深い理解と先見性をもって、建築や環境のデザインを通して「まちづくり」に寄与します。
[市民、行政、専門家との連携]
建築家は自らの職能にたって、市民、行政、他領域の専門家と協力し、信頼を得て、専門性を発揮し、「まちづくり」に貢献します。
[実践と自己啓発]
建築家は「まちづくり」計画の実務者として、広範な知識に基づく高い技能を磨き、常に自己啓発に努めます。
[まちづくりとデザイン]
建築家は、自然、歴史、文化、地域社会、安全などに配慮した、優れた「まちづくり」のデザインに取り組みます。
[まちづくりへの参加]
建築家は、里づくり、街づくり、都市づくりに職能人としてまたは市民として積極的に参加します。
1999年11月12日 JIA大会1999鎌倉にて

表1 復興まちづくり関連事業比較表[1)]

事前手法検討	復興交付金の基幹事業（都市防災総合推進事業（復興まちづくり計画策定費補助・専門家派遣費用補助））			
事業手法	防災集団移転促進事業		津波復興拠点整備事業	都市再生区画整理事業
	移転もと	移転先		
計画段階補助	計画策定費補助		計画策定費補助	計画策定費補助
事業の補助対象	宅地・農地の用地取得費、建物補償費	公共施設の用地費・整備費、公益施設の用地費、造成費、再分譲区域の赤字部分	公共防災施設の整備費、津波避難ビルなどの津波防災拠点の整備費、地区全体の用地費（再分譲部分を除く）、地区全体のかさ上げ費用	公共施設の用地費相当分、公共施設の整備費、かさ上げ費用（計画人口40人／ha以上）
対象地域	都市計画区域内外を問わず		都市計画区域内が原則（区域外で都市計画決定すれば行うことも可能）。1市町村2地区又は1地区あたり20haが原則	都市計画区域内のみ（市町村施行でも市街化調整区域、非用途地域でも可）
対象規模要件	なし	5戸以上	なし	なし
対象区域どり	災害危険区域をかけられるだけのまとまりが必要	5戸以上の一団性	用地買収する範囲を区域どりする。公益施設区域を先行的に決定し、段階的に拡大する考えもありうる	区画道路を一体的に整備できるだけの一団性。ただし、一つの施行地区を二つに分離することも可能
事業主体	県・市町村			
必要な法定手続き	防災集団移転促進計画の策定・国土交通大臣の同意		都市施設の都市計画決定、県（又は国）の事業認可	区域の都市計画決定、設計の概要の認可、土地区画整理審議会、仮換地指定、換地計画の認可、清算
復興交付金手続き	復興交付金事業計画への計上・復興本部への申請			
交付率	実質全額国負担（交付金＋特別交付税）			
復興交付金申請後の事業計画の変更	3事業とも復興交付金対象事業なので、復興交付金申請後の事業計画の変更は容易			
税制上の措置	従前の土地を売却した場合に2000万円の特別控除	なし	地区内の土地を一度事業者に売却し、地区内で再度取得する場合には、譲渡所得税、不動産取得税が課税されない	地区内の土地を土地区画整理事業の中で換地処分により移転しても、譲渡所得税、不動産取得税、登録免許税は課税されない

15 これからの生活空間と震災対策

15-1 ライフスタイルと災害

第三次産業中心の高度消費型社会は過剰な消費を強いられる。
日本人は、電力エネルギー消費や過剰住宅消費を改めて見直し、賢明な選択的消費やライフスタイルを見直すことにより、現代の社会構造を転換させるところまで来たのかもしれない。

災害に立ち向かう生活思想

1923年の関東大震災から1995年の阪神・淡路大震災まで72年、さらに2011年の東日本大震災まで16年が経過している。都市直下型の地震と、太平洋沖を震源とする海溝型地震という、我々は異なる地震を体験した。この間に日本人の姿はどう変わり、災害にどう向き合ってきたのだろうか。

第一次産業から第三次産業へ

1920年の就業構成は第一次産業就業者が55％、第二次、第三次産業がそれぞれ20％強であったのに対し、1995年から2011年にかけて、第一次産業就業者が6→4％、第二次産業が34→25％、第三次産業が60→70％へと変化してきた。大正期の日本人の過半は農林漁業民であったが、今は7割がホワイトカラーになった。現在、国内総生産に占める第一次産業の割合は2％を切り、極めて生産性が低くなっている（図1）。

この傾向は被災した神戸でも、東北3県でも変わらない。が、今、改めて「ものづくりの大切さ」が問い直されてもいる。

高度消費社会への疑問

関東大震災から東日本大震災の間に、日本は農林漁業が中心の「前産業資本主義段階」から、第二次産業の生産労働を中心とした「産業資本主義段階」を一気に飛び越えて、商業、流通、情報、サービスなどの第三次産業が大半を占める「消費資本主義社会」へと転換した。阪神・淡路大震災のころ、世界で最も所得水準が高い国民となり、「勤勉と質素を美徳とする」生活意識から「趣味や休養、家族団らん志向」の余暇型、浪費型意識へと転換した。

だが、1996年を頂点に日本の世帯の所得は2010年には20％以上下落し、世界の中進国へと転落した。

選択的消費が意味するもの

国民の消費構造は「必要的消費」中心の生活から「選択的消費」が過半を占めるようになった。このことは日本人が「選択的消費」を手控え、大正期のような「質素を美徳とする生活」に戻せば、第三次産業が主力の日本経済はたちまち不況に落ち込み、国家財政を破綻させ、世界恐慌も実現可能な状況にある。国民が強いられた消費社会にあって「賢い消費」を選択することにより、日本の産業構造を転換させられる時代が来ているのかも知れない。

高齢化、家族解体と単身世帯

戦後日本人の平均身長は10cm以上伸びた。女性の平均寿命は43歳から86.4歳と約2倍に伸び、世界一の長寿国となった。

平均世帯構成員数は大正期は5人だったが現在は3人を割った（図2）。大正期には女性は生涯に平均4.7人の子供を出産していたが、今ではその1/3の1.23人しか産まなくなった。晩婚化、高学歴化、離婚率上昇などによる世帯分割がさらに進み、核家族の割合は頭打ちとなり、単身世帯が全世帯数の2割を超えた。また生涯未婚率の割合が増加し、死亡者数が出生数を上回る「衰退社会」に突入した。ここ数年、子ども手当ての支給などで女性の平均出生数はやや持ち直した。また、東日本大震災を契機に「家族の絆」の大切さが再認識され始めている。

エネルギー過剰消費と住宅余り

原発事故とその後の計画停電を契機に、一晩中、明るく照明された都市の風景に慣れた都会人の感性は、夜空や闇の美しさを見直し、街中に置かれている自動販売機に疑問を感じるようになった。

2000年には年間5,483万tだった日本のごみ総排出量は、2009年には年間4,525万tまで削減したものの（図3）、阪神・淡路大震災では2,000万t、東日本大震災では2,500万tもの瓦礫＝ごみを排出した（図4）。

2003年には1戸当たりの新築住宅の平均床面積は120m^{2}となり、ヨーロッパ諸国の新築床面積を超えた。また住宅総ストック数は5,389万戸で、総世帯数4,726万世帯を上回り、空き家は659万戸、空き家率は12.2％となり、今も増え続けている。少子高齢化、家族の縮小と解体が進み、空き家が増え続ける状況にあって、なおヨーロッパ以上の面積

の住宅が年間80万戸も新築され続けている。高度消費社会を支えるために、莫大な住宅建設の過剰投資(浪費)はまだ続いている。

土建屋国家の転換

1991年の国土1km^{2}当たりの建設額は、日本が217億円で、ドイツの3倍、フランスの6倍、アメリカの36倍に達していた。同じ年の人口1,000人当たりの建設額は、日本が6.73億円で、ドイツ、フランスの2倍、アメリカの3倍、英国の3.8倍であった。これは狭い国土の日本が世界一莫大な建設を浪費していたことを意味する。

1991年ごろ、80兆円だった日本の建設投資額は、現在40兆円と半減している(図5)。また建設投資に占める既存建物などの維持・修繕工事費は2割を超え、フローからストックへと建設産業の構造も転換しつつある。転換した日本の建築界が東北の地にどのような復興のイメージを描けるか、正念場に来ているのだ。

(三木 哲)

図版出典
1) 労働力調査
2) 社会国立生活保障・人口問題研究所「国民生活基礎調査」
3) 環境省資料
4) 環境省「沿岸市町村の災害廃棄物処理の進捗状況」
5) 国土交通省

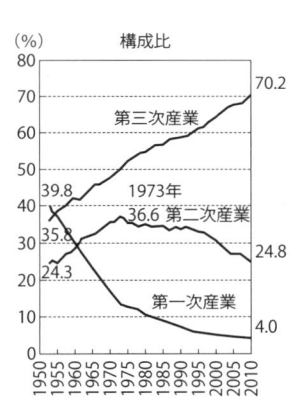

図1 構成比[1]

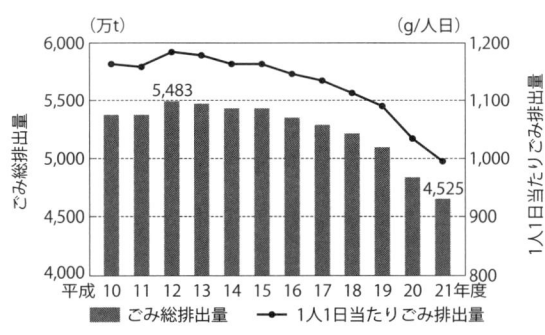

図3 ごみ排出量の推移[3]
注:ごみ総排出量とは、廃棄物処理法第5条の2に基づく「廃棄物の減量その他その適正な処理に関する施策の総合的かつ計画的な推進を図るための基本的な方針」(以下基本方針)における「一般廃棄物の排出量」と同様とする。
ごみ排出量=収集ごみ量+直接搬入量+集団回収量

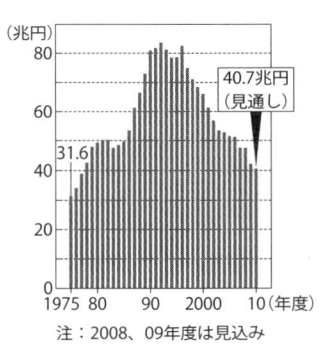

図5 国内建設投資額の推移[5]
注:2008、09年度は見込み

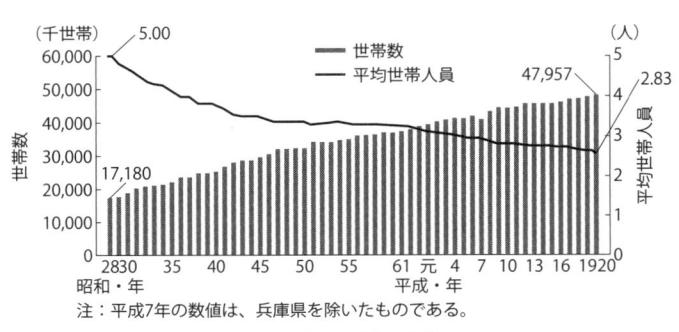

図2 増え続ける日本の世帯数と減り続ける世帯人員[2]
注:平成7年の数値は、兵庫県を除いたものである。

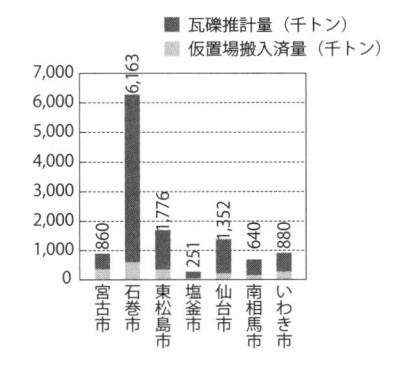

図4 東日本大震災被災地の瓦礫量[4]

15-2
高度情報化社会と災害対策

情報の災害対策には、①通信手段の確保、②安否確認手段の確保、③電子データのバックアップ、④情報システムのバックアップシステム、⑤情報システムの耐震性能強化、⑥紙媒体情報の保全がある。

通信手段の確保

通信手段の確保については、通信手段の併用（固定電話、携帯電話、衛星電話、FAX、PC電子メール、携帯電子メール、Webなど）と、複数の通信会社やネットワーク・プロバイダーとの契約、および通信回線の多重化を検討する。

また、電力の途絶に対応するために自家発電機やバッテリーを設置する対策もとられている。しかしながら、電力やインターネットは1週間程度我慢すれば復旧し、携帯電話・固定電話も1〜2週間で輻輳状態は解消すると予想されている。社会的・経済的使命が大きくはない一般企業においては、過剰な投資に走る必要はさほどないと考えられる。

安否確認手段の確保

災害用伝言ダイヤルは個人向けであり、一定規模の企業は安否確認システムを保有すべきである。単純に確率論から見ても、「休日・夜間」に大規模地震が発生する確率が高いため、自動通報機能を持った「安否確認サービス」提供業者との契約を考慮することは、経営者の義務ともいえる。最近の安否確認サービスは、気象庁（日本気象協会）と地震情報を共有し、プロバイダーのシステムセンターから役職員に安否確認メールを自動的に送信し、返信情報を整理して災害対策本部（または、安否確認拠点）に送信する機能を有する。

電子データのバックアップ

内閣府のガイドラインでは、「必要な情報のバックアップを取得し、同じ災害で同時に被災しない場所に保管することはもとより、特に重要な業務を支える情報システムについては、バックアップシステムの整備が必要となる」としている。

バックアップデータを本社などの拠点内（同一建物内）に保管する場合と、別サイト（テープ保管倉庫、ネットワーク経由によるリモートサイト）に保管する場合の二通りがある。

前者の場合は、通常、週に一度のフルバックアップおよび残りの日に増分（または差分）バックアップを行う。災害に備えてリストア（復旧作業）の検証も、確実に行わなければならない。拠点の耐震性が高く、サーバやテープライブラリが耐震化（または、免震台を用いた免震化）されていれば、この方法をまず検討する。

また、本社などの拠点でバックアップされたテープの保管を「外部保管業者」へ依頼し、遠隔地の倉庫へ保管することもできる。

別サイトの場合は、拠点のバックアップ専用サーバ（または、バックアップ対象サーバ）と「データバックアップサービス」を提供する業者のデータセンター内に設置されたデータバックアップシステムとをネットワークで結びリモートバックアップを行う。したがって、バックアップデータは、業者側のデータセンターに保管されることになる。また、たとえば大阪に支店があって本社並みの情報システムが整備されていれば、これをバックアップシステムとする方法もしばしば採用されている。

バックアップシステム

サーバ施設は、稼動環境（電源、空調設備、換気設備、通信インフラ、配線ネットワークなど）とシステム（さまざまなハードウェアおよびソフトウェア）を必要とするので、通常の事務所などの施設とは大きく異なる。

リカバリの方法は、表1に示す三つの方法がある。ここでは、本社・電算センターなどの既存のサーバ施設とは別の場所（同一災害で同時に被災しない場所）に、別のサーバ施設を設ける場合を想定する。

ウォームサイトの場合は、ソフトを設定しデータを投入しテストを行い、システムを運用する「要員」が確保できるか、という課題を解決しなければならない。

これは、コールドサイトでも同じであり、交通規制や鉄道の復旧状況を想像すると、ウォームサイトおよびコールドサイトでは「現行サイトから遠く離れた場所で要員が確保できること」が条件になる。

情報システムの耐震性能強化

サーバやテープライブラリを耐震固定する、配線に十分な余長をとる、配管接続部にフレキシブルジョイントを設ける、免震床（免震台）を設置する、電源や回線など各種設備の二

重化など、耐震性能そのものを増強する対策である。

また、サーバなどの精密機械は電力／電圧の変化に大きく依存しているために、停電時に電圧が急降下するとコンピュータ内の電子データが毀損（データの喪失、ファイルの破壊など）する恐れが大きいので、無停電電源装置（UPS：Uninterruptible Power Supply）がシステムに組み込まれているかを確認する必要がある。停電が発生すると、UPSが内臓するバッテリーに蓄えていた電力を供給するとともにシャットダウン信号を発信し、システムが安全に停止する時間を確保する。なお、社会的・経済的使命が大きな企業などの場合は、自家発電装置（非常用、常用）の設置を検討しなければならない。行政の中枢施設や災害拠点病院・金融機関の電算センターなど電力の途絶が許されない施設では自家発電装置で3日間以上電力を供給するものもあるが、社会的・経済的使命が比較的小さい業種の大企業の本社ビルにおいては、自家発電装置の電力供給能力は、通常、数時間（3〜8時間）のものが多い。自家発電装置の効用は、電力の供給自体よりも、むしろ、被災者の緊急避難・救出や被害状況の点検、火災時に必要最低限の非常放送、照明、排気、放水などの機能を確保することにあるという考え方に十分に留意する必要がある。

表1　バックアップシステムの方法

	ホットサイト	ウォームサイト	コールドサイト
方法	情報システムの稼働環境およびシステムそのもの（ハード、ソフト）一式が設置され、最新のデータもインプットされている。要員も配置され、現行システムと平行して運用される場合もある	情報システムの稼働環境および主要なシステムのハード・ソフトが準備（保管）されている。ただし、データは投入されておらず、ソフトも未設定の状態であり、運用を開始するためには、ソフトを設定し、データを投入し、テストを要する	情報システムの稼働環境のみが容易されている。災害発生後にハード・ソフトを持ち込み、設置・設定・テストを行う
特長	・災害発生後数分から半日でリカバリが可能である ・銀行や証券会社のようにシステムの中断が許されない場合に採用される	・上記の作業を必要とする ・災害発生後にハードおよびソフトを調達する必要がないため、比較的早期にリカバリすることができる	・上記の作業を必要とする ・災害発生後にハードおよびソフトを調達する必要があるため、リカバリに最も時間がかかる

紙媒体情報の保全

まず、バックアップすべき文書を決定する。内閣府ガイドラインでは、「企業の存続に関わる文書や代替情報が他に求められない文書（バイタルレコードと呼ばれる）のバックアップを行う」とし、「設計図、見取図、品質管理資料等、災害時に直接的に必要な文書やコーポレートガバナンス・内部統制維持、法律遵守、説明責任確保のための文書、権利義務確定、債権債務確保のための文書等、間接的に必要な文書がある」と例示している。

保管の原則は、「現物」を安全な場所に保管することである。筆者がBCP（Business Continuity Plan：事業継続計画）策定を支援したある経営者は、現物を近傍の耐震性の高い銀行の貸し金庫に保管している。自社の本社では、バイタルレコードをリスト化し、文書を電子データ化してコンピュータで管理し、さらに、写し（紙媒体）を耐火金庫に保管するという三重の対策をとっている。

文書をコンピュータで管理するシステムは安価で使い勝手もよいため、多くの企業で活用されている。このように管理されていれば、「現物」を遠隔地の支店などで保管する方法も検討に値する。

なお、電子データの保全はもちろん大事だが、契約書や登記簿などの現物（原本）がいかに大切かは、東日本大震災における混乱を見れば明らかであろう。また、ここでは紙媒体としているが、紙媒体に付帯する社印・銀行印・各種届出印などの保全を忘れてはならない。

（大沢幸雄）

参考文献
(1) 大沢幸雄編著『地震リスク対策—建物の耐震改修・除却法』中央経済社、2009年
(2) 内閣府『事業継続ガイドライン　第一版』2005年

15-3
高齢化社会と災害対策

都市型住宅、住宅地では中高層の住宅でも、接地性を高め、コミュニティースペースを確保することにより、避難性を向上させ近隣との交流を深め、緊急時の住民相互の扶助体制を醸成することが必要である。また、若い世代と高齢世代の日常的な交流を促進すべきである。

高齢者の被災状況

東日本大震災では平成24年5月現在警察庁発表で死亡1万5,000人強、行方不明3,000人強に上っている。平成23年4月のデータであるが、東北3県の65歳以上の人口比率22～27%に対し、地震・津波による被害は55%を占め、高齢者の被災割合が2倍余り高かった。死因はほとんどが水死か、瓦礫とともに流されたことによる多発性外傷とのこと。これに対し阪神・淡路大震災では死者6,000人強で、65歳以上が占める割合は49.6%であり、家屋倒壊による圧死が多数を占めた。津波被害から人命を守る手段は住宅の立地、まちづくりを含めて今後の課題となっている。災害時において、住宅の安全性向上はもちろんのこと、安否の確認が迅速に行えたか、救出の際のポイントとなろう。

高齢化対応の建築計画上の対策

安全性の向上とコミュニティーを活性化するスペースの創出が対策の骨子であろう。

(1) 日常安全

段差の解消、手すりの設置、スロープの設置、車いす対応環境整備、エレベーターの新設などの高齢者の日常生活に対するバリアフリー対策は、高齢者が自立できる住宅環境を整えることであるが、同時に震災などの緊急時にも高齢者の被害を食い止める上で有効であろう。

(2) 住宅に接地性を与える

中高層住宅に接地性の高い居住スペースを確保することは、高齢者自身が避難しやすく、一方外部からの救助活動がしやすくなることにつながる。身近な外部であるバルコニーや共用廊下をゆとりのある快適な空間としてつくることが望まれる。これは近隣と交流を深める上でも効果的であろう。また、住戸はとかく閉鎖的になるため廊下などの共用部分ではより開放的なつくりを工夫するとよい。

(3) コミュニティースペースの充実

マンションや戸建住宅地では住宅の維持管理を居住者自身で行い、改善していくことが必要である。建築・設備の維持管理（老朽化の阻止、耐久性・耐震性向上も含め）、管理組織による管理運営が求められる（図1）。そのためのスペースの有無がコミュニティー活動を醸成するのに影響が大きい。マンションでは規模に見合った集会スペースが求められる。集会室などのないマンションも多いが、玄関ホールや管理事務室を集会スペースとして活用、充実したい。戸建住宅地でも街路を歩行者専用空間として活用できるとよい。

高齢化社会と住宅地計画

(1) 多世代が住める住宅地

安定・成熟した住宅地では若い世代や高齢世代がバランスよく暮らしている。一方新築のマンションや団地では入居者は若い世代に偏りがちとなる。短期間に均一規模の大量供給を行えば、居住者の新陳代謝も少なく、当然のことながら高齢化社会ができ上がっていく。若い世代や高齢世代がバランスよく住めるのは豊かなコミュニティーを形成でき、また災害などの緊急時に相互扶助が可能なまちとなる。東京の高島平団地や千葉の西小中台団地では近隣の大学と連携した試みが注目される（図2、3）。これは大学生に積極的に空室の増えた団地の入居を斡旋し、コミュニティー活動にも参加してもらうことで団地を再生しようというものである。学生にとっては低家賃で大学の近くに居住でき、団地にとっては若い世代の参加で活気が生まれる。

(2) 近居・隣居による世代のつながり

高齢者世帯は子供世帯と別居するスタイルが都市生活では一般化している。スープの冷めない距離という言葉があるように、問題はその二世帯の住宅の距離である。二世帯住宅や隣居もあるが、近居であれば選択肢の幅が広がる。住宅地の中や鉄道沿線で多様な規模、価格、家賃の住宅が選べる条件を整えることが住宅地計画に求められる。

図1　高層住宅防災対策パンフレット（中央区）[1]

防災活動とマニュアル（名簿、管理組合と自治会、防災マニュアルと訓練）

コミュニティーにおける防災活動は安全確認、救助、弱者支援など重要な役割を持つ。自治体による支援の前に自助、共助が可能な体制を構築しておかなければならない。高齢者や障害者の把握は名簿整備により行われる。防災マニュアルが県、市、区、住宅地、マンション単位に整えられつつある。他のマニュアルを引き写すだけでは、その住宅地の特徴を反映できない。前例を参照しながら居住者自身で作成することが必要である。併せて訓練も大事である。日中、若い世代が遠方へ勤務に出かけているとき、残された高齢者や主婦がどう災害に対処するかを考えることが必要である。

（阿部一尋）

図版出典
1) 中央区のHPより http://www.city.chuo.lg.jp/kurasi/saigai/bosai/bousai/kosomove/files/hyousi.pdf

(a) 習字教室1 　(b) 習字教室2
(c) コミュニティー・カフェの入口 　(d) 高島平団地の住棟 

図2　高島平団地の取組み

図3　マンションの防災訓練（グランフォーレ戸塚ヒルブリーズ、撮影：森崇）

付録

地震発生時における敷地の揺れや被害の想定について参考となるサイトを一部ではあるが紹介する。

１．**将来の地震予知**（防災科学技術研究所：地震ハザードステーション）
http://www.j-shis.bosai.go.jp/map/ （図①）
・文部科学省の地震調査研究推進本部で作成した、全国地震動予測地図を検索するサイト、地震ハザードステーション（J-SHIS）である。
・地震のカテゴリー別に、今後30年内、50年内に震度5弱〜6強の地震が発生する確率を色別で表した地図である。
・地震のカテゴリー
カテゴリーⅠ：海溝型地震のうち震源断層を特定できる地震
カテゴリーⅡ：海溝型地震のうち震源断層を特定しにくい地震
カテゴリーⅢ：活断層など陸域と海域の浅い地震

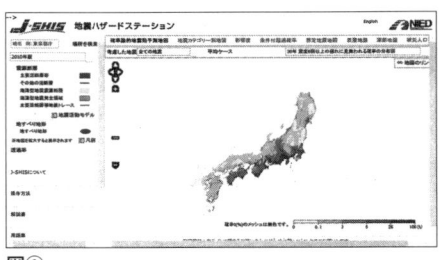

２．**わが国で発生する地震**（内閣府）
http://www.bousai.go.jp/jishin/chubou/taisaku_gaiyou/pdf/hassei-jishin.pdf
（図②）
・世界の地震分布、日本の地震分布、日本周辺のプレートと地震発生のメカニズム、わが国で発生する地震のタイプ、マグニチュードと震度、わが国の主なる地震災害、首都直下地震の切迫性を解説している。

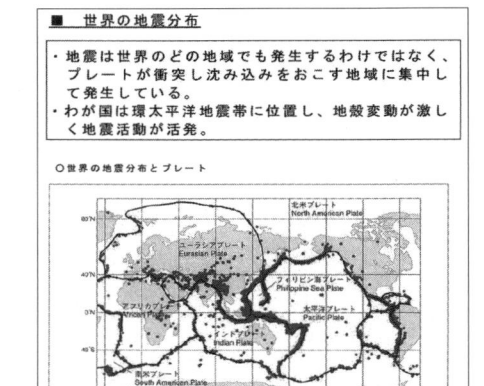

３．**内閣府防災情報のページ**
http://www.bousai.go.jp/
・日本のあらゆる災害についての情報を内閣府が集めている。ここに、緊急災害対策本部や、中央防災会議がある。

４．**南海トラフの巨大地震モデル研究会**（内閣府）
http://www.bousai.go.jp/jishin/chubou/nankai_trough/15/index.html
（図③）
・南海トラフの地震や津波のシュミレーション情報が提示されている。

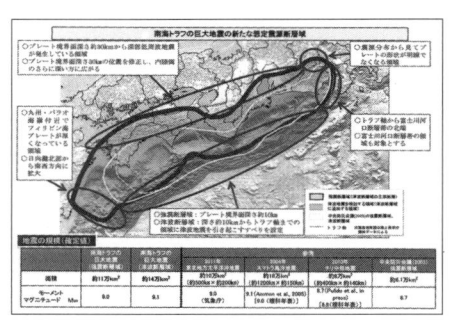

５．**地震防災マップ作成技術資料**（内閣府）
http://www.bousai.go.jp/oshirase/h17/050513siryou.pdf
・地震防災マップ作成技術資料で、各行政が地震防災マップを作成するときの技術マニュアルである。

６．**震度階級の解説**（気象庁）
http://www.jma.go.jp/jma/kishou/know/shindo/shindokai.html （図④）
・震度と揺れなどの状況（概要）を表した表である。

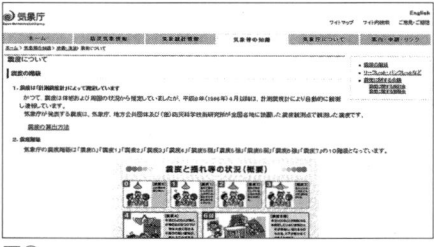

７．**建物倒壊危険度ランク図**（東京都）
①建物倒壊危険度
http://www.toshiseibi.metro.tokyo.jp/bosai/chousa_6/download/houkoku_2.pdf （図⑤）
・東京都内の建物倒壊危険度上位100町丁目の表と、建物倒壊危険度ランクを水色1〜赤色5で表した地図である。
②火災危険度
http://www.toshiseibi.metro.tokyo.jp/bosai/chousa_6/download/houkoku_3.pdf
・東京都内の火災危険度上位100町丁目リストと火災危険度ランクを水色1〜赤色5で表した地図である。

図①

図②

図③

図④

③総合危険度
http://www.toshiseibi.metro.tokyo.jp/bosai/chousa_6/download/houkoku_4.pdf
・東京都内の建物倒壊危険度と火災危険度の両危険度の順位の足し算により、順位を決定している。
・総合危険度上位100町丁目リストと、総合危険度ランクを水色1〜赤色5で表した地図である。

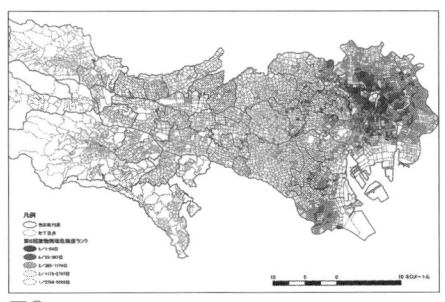

8．東京都の液状化予測図（東京都）
http://doboku.metro.tokyo.jp/start/03-jyouhou/ekijyouka/　（図⑥）
・東京都の液状化予測図を検索するサイトとして、東京都土木技術育成センターが作成した予測図である。
・液状化が発生しやすい地域、液状化が少ない地域、ほとんど発生しない地域と水色から赤色まで8色の色により液状化の予測をした地図である。

9．千葉県の液状化予測図（千葉県）
http://www.pref.chiba.lg.jp/bousai/jishin/higaichousa/souteijishin/ekijouka.html
・千葉県の液状化予測図。震源で3種類ある。

10．あなたの街の地震危険度MAP（東京工業大学翠川研究室）
http://riskmap.enveng.titech.ac.jp/　（図⑦）
・東京・神奈川県東部版の「大地震が起こった時、私たちの街や家はどうなるのか？」という疑問に対する地震危険度MAPである。
・地震の規模はM7.3で、東京湾北部で発生する地震を想定
・調べようとする建物の、建築年代（1981年前か後か）、建物種別（木造、低層鉄筋コンクリート造、中高層鉄筋コンクリート造）、を入力し、調べたい住所を入力すると、その場所での震度を示した地図と予想される被害の程度が表示される。

11．世田谷区地震防災マップ（世田谷区）
①揺れやすさマップ
http://www.bousai.go.jp/oshirase/h17/050513pdf/2-1.pdf
・震度6弱〜震度7までを7段階に色分けした地図である。
②地域の危険度マップ
http://www.bousai.go.jp/oshirase/h17/050513pdf/2-2.pdf　（図⑧）
・建物の地震に対する危険度1〜5までと、地域内の建物の中で全壊する建物の割合を表した地図である。

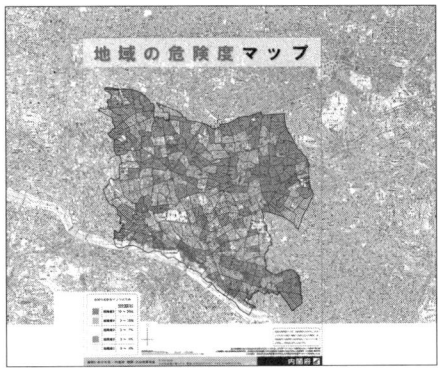

・掲載する資料は2012年4月時点のもの。URLや団体名称は予告なく変更される可能性もある。
・制作協力：軽石実（耐震総合安全機構）

図⑤

図⑥

図⑦

図⑧

181

あとがき

新訂版編集委員会　安達和男（日本設計、耐震総合安全機構理事）

阪神・淡路大震災と東日本大震災の間に

本書は、1995年の阪神・淡路大震災を受けて刊行された初版を、2011年の東日本大震災を契機に新訂版として再刊したものである。この間の16年で地震に関する知見は大きく変わった。さらに建築界ではほとんど考慮外であった津波被害の衝撃も大きかった。そのため初版の一部見直しでと考えていた新訂版は、ほとんどの章節で書き直しとなった。その結果、初版の特徴である地震災害の全体観を継承しつつ、数多くの新しい知見、視点、提案を本書に盛り込むことができた。本書活用への期待を記して、あとがきとしたい。

次の震災での被害を軽減するために

マグニチュード9という東北地方太平洋沖地震で、日本の地殻は新たな活動期に入った。東海・東南海・南海大地震や東京直下型地震の発生確率は急速に高まった。それら次に起こる地震や津波の減災に本書を活用してほしい。東海・東南海・南海大地震の最大の被害者数予測は30万人である。東日本大震災の2万人をはるかに超える。また日本の政治、経済、産業の中枢機能に測り知れない打撃を与える。こうした予測どおりの被害が生じないようにするのが、建築関係者の努めであると思う。まずは人命保護、次に機能保持、事業維持である。本書により地震や津波の仕組みを知り、それらに耐える建築を計画する、耐震補強する、あるいは津波対策をする手掛かりを得てほしい。

専門家と市民のギャップを埋めるために

阪神・淡路大震災で、建築の専門家と市民の認識には大きな乖離があることがわかった。この反省はその後、相当行き渡り、専門家が市民の側に大きく歩み寄った。しかし、まだ乖離はある。その際たるものは「新耐震基準の建物は阪神・淡路、東日本大震災でも強かった」という認識である。確かに被災地には多くの建物が、あるいは建物の躯体が残った。しかし、その多くが1年足らずで取り壊された。残った躯体は再利用されないのだ。地域社会が失われ、地盤が沈下し冠水地域となり、死傷者が出た建物は躯体が残っても再利用されず、取り壊される。また、多くのマンションで「雑壁」といわれる非構造壁が損傷し、扉が開かなくなった。戸境のボード壁が壊れ、防火区画が崩れた。構造が強いだけでは建築の役目は果たせない。建築が地域や生活の中で果たす機能を保持できて初めて、「強い建物」と市民から認められるのである。

建築設計者が建築家になるために

本書は比較的若い建築設計者が、地震や津波、耐震構造、設備機能の保持、防災的なまちづくりなどの分野の知識を広く（浅くても）得ることを目的にしている。施主の疑問、質問や要請に、建築設計者は設計の統括者として応えなければならない。防災機能と日常機能の相克を止揚する必要があるように、耐震設計の中で、建築・構造・設備の調和と融合を図らなければ、バランスのとれた建築はできない。それは建築設計者の役割である。日本の建築設計者は構造や設備の知識を有する点で、世界の中で優れているといわれる。業務の分業化、細分化の傾向に逆らい、建築全体を統括できる建築家としての耐震知識を本書から得てほしい。

コミュニティーアーキテクトが地域に信頼されるために

以上をまとめると、「建築家がトータルに建築を把握して、市民とのギャップを埋め、次の地震や津波を減災するために本書を活用してほしい」ということになる。

日本建築家協会（JIA）は2013年に公益法人化を迎える。その活動基盤は各地の地域会である。NPO耐震総合安全機構（JASO）は東京都・緊急輸送道路沿道建物の耐震化事業に協力している。また各区の耐震アドバイザー派遣、簡易診断、精密診断、耐震改修という一連の事業普及に実績を上げている。JIAもJASOも地域や集合住宅の管理組合の信頼を得て活動し、コミュニティーアーキテクトの役割を果たしはじめている。本書の読者はJIAやJASOのメンバーでない方が大半であろう。しかし本書を発端にさらに耐震・対津波に関する探究と実践を重ね、ご自身の地域の市民とともに間もなく起こり得る災害に備えることを期待したい。そのとき、本書は貴重な「教本」となるはずである。

建築家のための耐震設計教本　新訂版

1997年4月10日　第1版　発　行
2012年9月10日　新訂第1版　発　行

著作権者との協定により検印省略	編　者	日 本 建 築 家 協 会・耐 震 総 合 安 全 機 構
	発行者	後　　藤　　　　武
	発行所	株式会社　彰 国 社

162-0067　東京都新宿区富久町8-21
電話　03-3359-3231（大代表）
振替口座　　00160-2-173401
印刷：真興社　製本：ブロケード
http://www.shokokusha.co.jp

自然科学書協会会員
工学書協会会員

Printed in Japan

©日本建築家協会・耐震総合安全機構　2012年

ISBN 978-4-395-02301-1　C3052

本書の内容の一部あるいは全部を、無断で複写（コピー）、複製、および磁気または光記録媒体等への入力を禁止します。許諾については小社あてご照会ください。